CONTENIDO

PARTE I: Español-Inglés   v
   Prólogo (Español)   1
   Modismos Españoles   3
   Indice Español   278

PARTE II: Apéndices   **323**
   Verbos Irregulares Ingleses   325
   Abreviaturas   329
   Pesos y Medidas   334

2001 ENGLISH IDIOMS FOR SPANISH SPEAKERS

2001 MODISMOS EN INGLES

Por:

EUGENE SAVAIANO, PH.D.
Chairman, Department of Romance Languages
Wichita State University, Wichita, Kansas

y

LYNN W. WINGET, PH.D.
Department of Romance Languages
Wichita State University, Wichita, Kansas

BARRON'S EDUCATIONAL SERIES, INC.
London/Woodbury, N.Y.

This book is also published as Parts I and III of *2001 Spanish and English Idioms*.

© Copyright 1981 by Barron's Educational Series, Inc.

All rights reserved.

No part of this book may be reproduced in any form, by photostat, microfilm, xerography, or any other means, or incorporated into any information retrieval system, electronic or mechanical, without the written permission of the copyright owner.

All inquiries should be addressed to:
Barron's Educational Series, Inc.
113 Crossways Park Drive
Woodbury, New York 11797

Library of Congress Catalog Card No. 81-3628

International Standard Book No. 0-8120-2314-5

PRINTED IN THE UNITED STATES OF AMERICA

Library of Congress Cataloging in Publication Data

Savaiano, Eugene.
  2001 modismos en inglés.

  "This book is also published as Parts I and III of 2001 Spanish and English Idioms"—T. p. verso.
  Includes index.
  Summary: Approximately 2500 idioms alphabetically arranged in both Spanish to English and English to Spanish. Includes lists of irregular English verbs and abbreviations and a table of weights and measures.
  1. Spanish language—Idioms, corrections, errors—Dictionaries. 2. Spanish language—Dictionaries—English. [1. Spanish language—Idioms, corrections, errors—Dictionaries. 2. English language—Idioms, corrections, errors—Dictionaries] I. Winget, Lynn W. II. Title. III. Title: Dos mil un modismos en inglés.
  PC4460.S359   463'.21   81-3628
  ISBN 0-8120-2314-5   AACR2

© Es propiedad literaria 1981, de la Serie Educacional de Barron, Inc.

Queda hecho el depósito que prescribe la ley.
Prohibida la reproducción de este libro en todo o en parte de cualquier forma, por medio fotostático, micropelícula, xerox, o de algún otro modo o que sea incorporado en algún sistema electrónico o mecánico de recobro de información, sin el permiso del dueño de la propiedad literaria.

Toda pregunta debe dirigirse a:
Serie Educacional de Barron, Inc.
113 Crossways Park Drive
Woodbury, New York 11797

Número de Tarjeta de Catálogo de la Biblioteca del Congreso 81-3628

IMPRESO EN LOS ESTADOS UNIDOS

PARTE I:
ESPAÑOL-INGLÉS

PART I:
SPANISH-ENGLISH

PRÓLOGO

Este libro está destinado principalmente a los hispanohablantes que viven en los Estados Unidos y que quieren mejorar su conocimiento del inglés coloquial. Para conseguir este fin, es preciso reconocer y utilizar un número de expresiones comunes que se usan constantemente en la lengua hablada. El cuerpo de esta obra consta de aproximadamente 2.500 modismos ordenados alfabéticamente bajo su respectiva palabra clave. Se presentan los modismos, en su mayoría, acompañados de oraciones ilustrativas breves pero completas y esperamos que este procedimiento ayude a eliminar las frustraciones que a veces experimentan los que consultan diccionarios en que compilan modismos aislados, sin contexto alguno. Además de los modismos, hemos incluido materia adicional tal como listas de abreviaturas y verbos irregulares y tablas de pesos y medidas.

Ha sido nuestra intención, desde el principio, dejarnos guiar más bien por consideraciones prácticas que teóricas y por lo tanto no creemos que haya sido necesario preocuparnos de todos los aspectos técnicos relacionados con la definición precisa del término "modismo" hasta el grado que sería normal en una obra lingüística erudita. Para los fines de nuestro trabajo, se entiende que un modismo puede ser casi cualquier expresión que (1) conste de por lo menos dos palabras en una o ambas de las lenguas en cuestión y (2) se exprese de modo diferente en las dos lenguas ('to be cold' = 'tener frío,' o 'to pull his leg' = 'tomarle el pelo'). Hemos incluido también un número de expresiones que son iguales en las dos lenguas, basándonos en la teoría de que el estudiante querrá tener la seguridad de que efectivamente esto es así; el "buen" estudiante, quien ha aprendido que 'to take place' no es 'tomar lugar' y que 'to have a good time' no es 'tener un buen tiempo' probablemente se resistirá a dar por sentado que 'to take part in' se traduce 'tomar parte en' y bien podrá sentirse agradecido cuando le aseguramos en forma explícita que dicha traducción es correcta.

La mayoría de los modismos en este diccionario se hallan en la lengua moderna hablada, aunque se ha incluido cierta cantidad de materia esencialmente literaria. El inglés es principalmente el que se habla en los Estados Unidos más bien que el de la Gran Bretaña, pero en la sección dedicada al español nos hemos esforzado por tener en cuenta tanto el uso del idioma en España como en Hispanoamérica. Las diferencias lingüísticas regionales constituyen un problema mucho más difícil en el estudio del español que en casi cualquier otra lengua ''europea'' con la posible excepción del inglés y, por supuesto, no podemos garantizarle al lector que todas las expresiones que hemos incluido sean de uso común hoy día en todas partes del mundo hispánico, pero por lo menos no hemos incluido intencionalmente ninguna expresión que no se conozca o no se entienda fuera de una región hispánica determinada.

En la preparación de este trabajo hemos recogido materia tanto de una variedad de obras literarias peninsulares e hispanoamericanas (en especial, aquéllas que contienen un número considerable de ejemplos del lenguaje coloquial) como de diccionarios clásicos, libros de texto y listas de modismos. (El proceso compilatorio ha incluido, entre otras cosas, un examen minucioso, página por página, de la edición de 1970 del diccionario de la Real Academia Española). Por lo general no hemos incluido ningún modismo encontrado en dicho proceso que hayan desconocido los autores, pero sí hemos retenido cierto número de expresiones desconocidas por parecernos especialmente interesantes o pintorescas y por responder de ellas fuentes fidedignas.

Los paréntesis indican la materia que es o (a) optativa o (b) alternativa, y es nuestro deseo que hayan sido empleados de tal manera que se ponga de manifiesto cuál es cuál. Por ejemplo, 'al (buen) tuntún' implica que la expresión puede ser o 'al tuntún' o 'al buen tuntún,' pero 'a (en) nombre de' significa que la expresión puede ser o 'a nombre de' o 'en nombre de,' y de ninguna manera podrá interpretarse como 'a en nombre de'.

En conclusión, queremos expresar nuestros sinceros agradecimientos a todas las personas que de una manera u otra nos han ayudado en la preparación de este volumen, y en especial a nuestros colegas Kenneth Pettersen y John Koppenhaver, sin cuya generosa ayuda, consejo y cooperación nuestra tarea hubiera sido incomparablemente más difícil y el resultado final incomparablemente menos satisfactorio.

Modismos Españoles (Spanish Idioms)

a — *to, at*
a la semana (al mes) — *a week, (a month).*
Le pagan dos veces a la semana. *They pay him twice a week.*

a + infinitive — *if.*
A haberlo comprado yo, lo hubiera devuelto. *If I had bought it, I would have returned it.*

al + infinitive — *upon.*
Al verla, la saludó. *Upon seeing her, he said hello (to her).*

uno a uno — *one by one.*
Entraron uno a uno. *They entered one by one.*

---

abajo — *down*
de abajo — *below.*
Vive en el piso de abajo. *He lives on the floor below.*

hacia abajo — *downward.*
Miró hacia abajo. *He looked down.*

venirse abajo (a tierra) — *to collapse.*
La muralla se vino abajo (a tierra). *The wall collapsed.*

---

el abril — *April*
tener . . . abriles — *to be . . . years old.*
Tenía veinte abriles. *She was twenty years old.* [Said only of young people.]

---

absoluto — *absolute*
en absoluto — *at all.*
No dijo nada en absoluto. *He said nothing at all.*

la abuela — *grandmother*
  no necesitar abuela — *to toot one's own horn.*
  No necesita abuela. *He toots his own horn.*

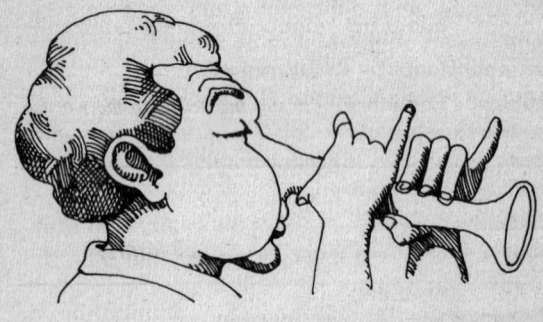

No necesita abuela.
He toots his own horn.

---

abundar — *to abound*
  Lo que abunda no daña. *You can't have too much of a good thing.*

abusar — *to abuse*
  abusar de — *to take advantage of.*
  Abusan de su bondad. *They take advantage of his (her) kindness.*

acá — *here*
  por acá — *this way.*
  Por acá, por favor. *This way, please.*

acabar — *to finish*
  acabar de — *to have just.*
  Acaban de comer. *They have just eaten.*

  acabar por — *to end up by.*
  Acabó por creerlo. *He ended up believing it.*

acaso — *perhaps*
por si acaso — *just in case.*
Tome dos, por si acaso. *Take two just in case.*

---

la acción — *action*
ganarle la acción — *to get the jump on someone.*
Me ganó la acción. *He got the jump on me.*

unir la acción a la palabra — *to suit the action to the word.*
Unió la acción a la palabra. *He suited the action to the word.*

---

el aceite — *oil*
echar aceite (leña) al fuego — *to add fuel to the flames (fire).*
Echó aceite al fuego. *He added fuel to the flames (fire).*

---

la actividad — *activity*
estar en plena actividad — *to be in full swing.*
Está en plena actividad. *It's in full swing.*

---

el acto — *act*
acto seguido (continuo) — *immediately afterwards.*
Acto seguido (continuo) apareció mi hermano. *Immediately afterwards my brother appeared.*

en el acto — *at once.*
Dígale que venga en el acto. *Tell him to come at once.*

hacer acto de presencia — *to put in an appearance.*
Hizo acto de presencia. *He put in an appearance.*

---

la actualidad — *present time*
en la actualidad — *at present; at the present time.*
En la actualidad hay mucho desempleo. *At present (At the present time) there is much unemployment.*

ser de actualidad — *to be important just now.*
Es de gran actualidad. *It's very important just now.*

el acuerdo — *agreement*
   concertar un acuerdo — *to come to terms.*
   Concertaron un acuerdo. *They came to terms.*

   de acuerdo con (a) — *according to.*
   Lo hizo de acuerdo con las instrucciones. *She did it according to the instructions.*

   de común acuerdo — *by mutual agreement.*
   Lo hicieron de común acuerdo. *They did it by mutual agreement.*

   estar de acuerdo — *to agree.*
   Estamos de acuerdo. *We agree.*

   estar en (fuera de) su acuerdo — *to be in (out of) one's right mind.*
   Está en su acuerdo. *He is in his right mind.*

   llegar a un acuerdo — *to reach an agreement.*
   Han llegado a un acuerdo. *They have reached an agreement.*

   ponerse de acuerdo — *to come to an agreement.*
   Nos pusimos de acuerdo. *We came to an agreement.*

adelante — *forward, ahead*
   ¡Adelante! — *Come in!*

   (de hoy) en adelante — *from now on.*
   (De hoy) En adelante compraremos menos. *From now on we'll buy less.*

   hacia adelante — *forward.*
   Va hacia adelante. *It's moving forward.*

   más adelante — *farther on.*
   La casa está más adelante. *The house is farther on.*

   más adelante — *later on.*
   Nos veremos más adelante. *We'll see each other later on.*

el ademán — *gesture*
   hacer ademán de — *to make as if to.*
   Hicieron ademán de disparar. *They made as if to shoot.*

además — *besides*
además de — *besides*.
Además de éste, tenemos otro. *Besides this one, we have another.*

---

adentro — *inside*
pensar para sus adentros — *to think to oneself*.
Pensé para mis adentros que no podía ser. *I thought to myself that it couldn't be.*

ser muy de adentro — *to be like one of the family*.
Es muy de adentro. *He's like one of the family.*

---

adiós — *goodbye*
decir adiós con la mano — *to wave goodbye*.
Les dijo adiós con la mano. *He waved goodbye to them.*

---

la afición — *fondness*
tener afición a — *to be fond of*.
Tienen afición al futbol. *They are fond of football (soccer).*

---

el aficionado — *fan*
ser aficionado a — *to be a fan of*.
Es aficionado al béisbol. *He is a baseball fan.*

---

el agosto — *August*
hacer su agosto — *to make a killing*.
Hicieron su agosto. *They made a killing.*

---

agotado — *exhausted*
estar agotado — *to be out of print*.
La novela está agotada. *The novel is out of print.*

---

el agrado — *pleasure, liking*
ser de su agrado — *to be to one's liking*.
No es de mi agrado. *It's not to my liking.*

el agua (f.) — *water*
  agua llovediza (lluvia) — *rainwater*.
  Se lava el pelo en agua llovediza. *She washes her hair in rainwater.*

  bailar el agua (delante) — *to dance attendance*.
  Le bailan el agua (delante). *They dance attendance on him.*

  Está tan claro como el agua. — *It's as plain as day.*

  hacerse agua en la boca — *to melt in one's mouth*.
  Estos bombones se hacen agua en la boca. *These chocolates melt in your mouth.*

  hacérsele agua la boca — *to make one's mouth water*.
  Se me hace agua la boca. *My mouth waters.*

  ir agua(s) arriba (abajo) — *to move upstream (downstream)*.
  Ibamos aguas arriba. *We were moving upstream.*

  nadar entre dos aguas — *to be on the fence*.
  Nadan entre dos aguas. *They're on the fence.*

---

la aguja — *needle*
  buscar una aguja en un pajar — *to look for a needle in a haystack*.
  Es como buscar una aguja en un pajar. *It's like looking for a needle in a haystack.*

  conocer la aguja de marear — *to know one's way around*.
  Conoce la aguja de marear. *He knows his way around.*

  meter aguja y sacar reja — *to do a small favor in order to receive a greater one*.
  Metió aguja y sacó reja. *He did a small favor in order to receive a greater one.*

---

ahí — *there*
  por ahí — *over there*.
  Está por ahí. *It's over there.*

el ahinco — *earnestness, eagerness*
  con mucho ahinco — *very diligently.*
  Trabajó con mucho ahinco. *He worked very diligently.*

---

ahora — *now*
  ahora bien — *now then.*
  Ahora bien, ¿adónde vamos? *Now then, where are we going?*

  ahora mismo — *right now.*
  Venga ahora mismo. *Come right now.*

  de ahora — *today's.*
  Los niños de ahora son distintos. *Today's children are different.*

  de ahora en adelante — *from now on.*
  De ahora en adelante, no salga sola. *From now on, don't go out alone.*

  desde ahora — *from now on.*
  Me escucharás desde ahora. *You'll listen to me from now on.*

  por ahora — *just now; for the present.*
  Por ahora no necesito más. *I don't need any more just now (for the present).*

---

el aire — *air*
  al aire libre — *in the open air.*
  Comimos al aire libre. *We ate in the open air.*

---

ajeno — *belonging to someone else, another's*
  ajeno de cuidados — *free from care.*
  Desea vivir ajeno de cuidados. *He wishes to live free from care.*

  estar ajeno a — *to be unaware of.*
  Está ajeno al problema. *He is unaware of the problem*

---

el ala (f.) — *wing*
  caérsele las alas (del corazón) — *to get discouraged.*
  Se le cayeron las alas (del corazón). *He got discouraged.*

cortarle las alas — *to clip one's wings.*
Le cortaron las alas. *They clipped his wings.*

volar con las propias alas — *to stand on one's own (two) feet.*
Vuela con sus propias alas. *He stands on his own (two) feet.*

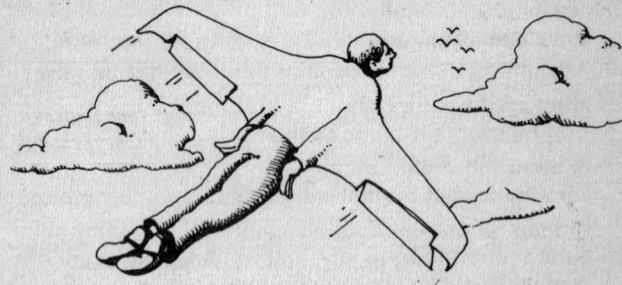

Vuela con sus propias alas.
He stands on his own (two) feet.

---

el alarde — *display, ostentation*
hacer alarde de — *to boast; to make a great show of.*
Hace alarde de su sabiduría. *He boasts (makes a great show) of his wisdom.*

---

el alba (f.) — *dawn*
al rayar (romper) el alba — *at the break of dawn.*
Salieron al rayar (romper) el alba. *They left at the break of dawn.*

---

el albedrío — *(free) will*
a su albedrío — *however one likes.*
Puede hacerlo a su albedrío. *You can do it however you like.*

---

el alboroto — *uproar, disturbance*
armar un alboroto — *to cause a commotion.*
Armaron un alboroto. *They caused a commotion.*

el alcance — *reach, range*
   dar alcance — *to catch up with.*
   Me dieron alcance. *They caught up with me.*

   estar a (estar fuera de) su alcance — *to be within (out of) one's reach.*
   Está a (fuera de) mi alcance. *It's within (out of) my reach.*

alcanzar — *to reach, overtake*
   alcanzar el tiempo (dinero) — *to have enough time (money).*
   No alcanza el tiempo (dinero). *There isn't time (money) enough.*

la aldaba — *(door) knocker; bolt*
   echar (pasar) la aldaba — *to bolt the door.*
   Echó (Pasó) la aldaba. *He bolted the door.*

   tener buenas aldabas — *to have a lot of pull.*
   Tiene buenas aldabas. *He has lots of pull.*

el alfiler — *pin*
   estar de veinticinco alfileres — *to be all dolled up; dressed (fit) to kill; dressed to the teeth; dressed to the nines.*
   Está de veinticinco alfileres. *She's all dolled up (dressed fit to kill; . . . to the teeth; . . . to the nines).*

   estar prendido (pegado) con alfileres — *to be shakily put together (barely hanging together).*
   Está prendido con alfileres. *It's shakily put together (barely hanging together).*

algo — *something*
   Más vale algo que nada (algo es algo). — *It's better than nothing.*

   para algo — *for a purpose.*
   Para algo me está buscando. *He has a purpose in looking for me (He is looking for me for a purpose).*

   por algo — *not for nothing.*
   Por algo es el presidente. *He's not the president for nothing.*

el algodón — *cotton*
  ser criado entre algodones — *to be born with a silver spoon (in one's mouth); to have a pampered childhood.*
  Fue criado entre algodones. *He was born with a silver spoon (in his mouth); (He had a pampered childhood).*

  tener entre algodones — *to handle with kid gloves.*
  Lo tienen entre algodones. *They handle him with kid gloves.*

---

alguno — *some*
  alguno que otro — *occasional.*
  Toma algún trago que otro. *He takes an occasional drink.*

---

la alhaja — *jewel*
  ¡Buena alhaja! — *He's a real gem! (a fine one!) (Sarcastic.)*

---

el aliento — *breath*
  cobrar aliento — *to take heart.*
  Cobraron aliento. *They took heart.*

  contener el aliento — *to hold one's breath.*
  Contenía el aliento. *He was holding his breath.*

  de un aliento — *in one breath.*
  Lo dijo todo de un aliento. *He said it all in one breath.*

  sin aliento — *out of breath.*
  Estaba sin aliento. *He was out of breath.*

  tomar aliento — *to catch one's breath.*
  Tomó aliento. *He caught his breath.*

---

alimentar — *to feed, nourish*
  alimentarse de — *to live on.*
  Los carnívoros se alimentan de carne. *Carnivores live on meat.*

---

el alma (f.) — *soul*
  Sale como alma que lleva el diablo. — *He takes off like a bat out of hell.*

el almíbar — *syrup*
estar hecho un almíbar — *to be especially nice.*
Está hecho un almíbar hoy. *He's especially nice today.*

la almohada — *pillow*
consultarlo con la almohada — *to sleep on it.*
Lo tendré que consultar con la almohada. *I'll have to sleep on it.*

alrededor — *around*
alrededor de — *around.*
Están sentados alrededor de la mesa. *They are sitting around the table.*

el alta (f.) — *certificate of discharge from a hospital or of induction into active service.*
dar de alta — *to discharge.*
El médico me dio de alta. *The doctor discharged me.*

darse de alta — *to join the ranks.*
Se dio de alta. *He joined the ranks.*

el altar — *altar*
conducir al altar — *to marry.*
La condujo al altar. *He led her to the altar (married her).*

alto — *halt*
¡Alto ahí! — *Stop right there!*

hacer alto — *to halt.*
Hizo alto. *He halted.*

alto — *high*
en lo alto de — *at the top of.*
En lo alto del cerro hay un restaurante. *At the top of the hill there is a restaurant.*

lo (más) alto — *the top.*
Llegamos a lo (más) alto. *We reached the top.*

la altura — *height*
 a estas alturas — *at this point.*
 ¿Para qué hablar de eso a estas alturas? *Why talk about that at this point?*

 estar a la altura de — *to be equal to.*
 No está a la altura de esa tarea. *He's not equal to that task.*

 mostrarse a la altura de las circunstancias — *to rise to the occasion.*
 Se mostró a la altura de las circunstancias. *He rose to the occasion.*

---

allá — *there*
 allá arriba (abajo, dentro) — *up (down, in) there.*
 Está allá arriba (abajo, dentro). *He's up (down, in) there.*

 Allá él (ella, usted, etc.). — *That's his (her, your, etc.) affair.*

 allá mismo — *right there.*
 Lo encontraron allá mismo. *They found it right there.*

 allá por — *about.*
 Murió allá por 1936. *He died about 1936.*

 ¡Allá voy! — *I'm coming!*

 el más allá — *the great beyond.*
 Se verán en el más allá. *They'll see each other in the great beyond.*

 más allá (de) — *beyond.*
 Está más allá del río. *It's beyond the river.*

 más allá — *farther (further) on.*
 Se encuentra más allá. *It's farther (further) on.*

 por allá — *over there.*
 Está por allá. *It's over there.*

---

amanecer — *to dawn*
 al amanecer — *at dawn.*

Salieron al amanecer. *They left at dawn.*

¿Cómo amaneció? — *How are you this morning?*

amén — *amen*
amén de — *aside from.*
Amén de lo dicho, no se le ocurrió nada. *Aside from what he had said, nothing occurred to him.*

decir a todo amén — *to consent to everything.*
Por ser tan bondadosa, dice a todo amén. *Because she is so kind she consents to everything.*

en un decir amén — *in no time at all.*
Terminaron el trabajo en un decir amén. *They finished the work in no time at all.*

el amigo — *friend*
hacerse amigo de — *to make friends with.*
Me hice amigo de ella. *I made friends with her.*

la amistad — *friendship*
hacer las amistades — *to make up (to have a reconciliation).*
Hicieron las amistades. *They made up (had a reconciliation).*

llevar amistad con — *to be a friend of.*
No lleva amistad íntima con nadie. *She's not an intimate friend of anyone.*

romper las amistades — *to have a falling-out.*
Rompieron las amistades. *They had a falling-out.*

trabar amistad con — *to strike up a friendship with.*
Trabé amistad con él. *I struck up a friendship with him.*

el amor — *love*
hacer el amor — *to make love.*
Le hacía el amor. *He was making love to her.*

ancho — *wide, broad*
estar a sus anchas — *to be comfortable.*

Están a sus anchas en el patio. *They are very comfortable on the patio.*

las andadas — *(animal) tracks.*
volver a las andadas — *to go back to one's old ways.*
Volvió a las andadas. *He went back to his old ways.*

andar — *to go, walk*
a largo andar — *in the long run.*
A largo andar se arrepentirán. *In the long run they'll be sorry.*

a todo andar — *at top speed.*
Salió a todo andar. *He set off at top speed.*

andar en dimes y diretes — *to squabble (to bicker).*
Siempre anda en dimes y diretes con su tía. *She's always squabbling (bickering) with her aunt.*

andando los años (días, etc.) — *as the years (days, etc.) pass (go by).*
Andando los años (días, etc.), se quieren cada vez más. *As the years (days, etc.) pass (go by), they love each other more and more.*

subir (bajar) andando — *to walk up (down).*
Subimos (bajamos) andando la escalera. *We walked up (down) the stairs.*

las andas — *stretcher*
llevar en andas — *to carry on a stretcher.*
Lo llevaron en andas. *They carried him on a stretcher.*

el anillo — *ring*
venir como anillo al dedo — *to suit to a T.*
Viene como anillo al dedo. *It suits me to a T.*

el ánimo — *spirit*
estar con ánimo de — *to have a notion to.*
La chica está con ánimo de irse. *The girl has a notion to leave.*

presencia de ánimo — *presence of mind*.
Afrentó la crisis con presencia de ánimo. *He faced the crisis with presence of mind.*

---

anochecer — *to get dark*
al anochecer — *at nightfall*.
Al anochecer se dirigieron a su casa. *At nightfall they made their way home.*

---

ansioso — *anxious, eager*
estar ansioso por (de) — *to be anxious to*.
Está ansioso por (de) verla. *He's anxious to see her.*

---

antemano — *beforehand*
de antemano — *ahead of time*.
Sacó las entradas de antemano. *He got the tickets ahead of time.*

---

la anterioridad — *anteriority, priority*
con anterioridad — *beforehand*.
Hicimos las reservaciones con anterioridad. *We made the reservations beforehand.*

con anterioridad a — *prior to*.
Lo terminé con anterioridad a su llegada. *I finished it prior to his arrival.*

---

antes — *before*
antes bien — *rather*.
No quería a su hija; antes bien la odiaba. *She didn't love her daughter; rather she hated her.*

Antes hoy que mañana. — *The sooner the better*.

---

la anticipación — *advance, anticipation*.
con anticipación — *ahead of time*.
El paquete llegó con anticipación. *The package arrived ahead of time.*

la antipatía — *dislike*
  tener antipatía — *to dislike*.
  Le tengo antipatía. *I dislike him.*

antojarse — *to fancy*
  antojarse — *to have a notion to*.
  Se me antoja invitarla. *I have a notion to invite her.*

el anzuelo — *fishhook*
  tragar el anzuelo — *to swallow it hook, line, and sinker*.
  Tragó el anzuelo. *He swallowed it hook, line, and sinker.*

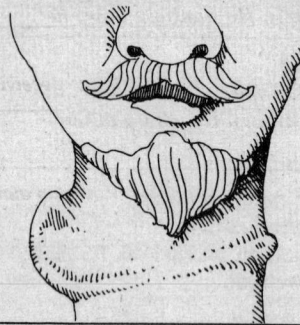

Tragó el anzuelo.

He swallowed it hook, line, and sinker.

la añadidura — *addition*
  por añadidura — *in addition*.
  Les dio el caballo y por añadidura la silla. *He gave them the horse and, in addition, the saddle.*

los añicos — *bits, fragments*
  hacer añicos — *to smash*.
  Hizo añicos el florero. *He smashed the vase.*

el año — *year*
  en estos últimos años — *in recent years*.
  En estos últimos años está de moda. *In recent years it has been in style.*

estar entrado (metido) en años — *to be well along in years*.
Ya está entrada (metida) en años. *She's well along in years.*

largos años — *(for) many years*.
Viví largos años en Río. *I lived (for) many years in Rio.*

por los años de — *around*.
Ocurrió por los años de 1890. *It occurred around 1890.*

quitarse años — *to lie about one's age*.
Se quita años. *She lies about her age.*

tener . . . años — *to be . . . years old*.
Tiene veintiún años. *She is twenty-one years old.*

---

la apariencia — *appearance*
Las apariencias engañan. — *Appearances are deceiving.*

---

aparte — *apart, aside*
aparte de — *aside from*.
Aparte de su tía, no tiene parientes. *Aside from his aunt, he has no relatives.*

---

apenas — *scarcely*
apenas ahora — *only now*.
Apenas ahora me han avisado. *Only now have they let me know.*

---

el apetito — *appetite*
abrirle el apetito — *to give one an appetite*.
Le abrió el apetito. *It gave him an appetite.*

---

apostar — *to bet*
(apostar) a que — *to bet*.
(Apuesto) a que no lo quiere. *I'll bet she doesn't want it.*

---

el aprendiz — *apprentice*
Aprendiz de todo, oficial de nada. — *Jack of all trades, master of none.*

aprovechar — *to take advantage of*
  aprovechar(se) (de) — *to take advantage of.*
  (Se) aprovechan (de) la oportunidad. *They take advantage of the opportunity.*

  Que (le) aproveche. — *Enjoy your meal.*

---

apurado — *hard-pressed*
  verse apurado — *to be hard put.*
  Me veo muy apurado. *I'm very hard put.*

---

el apuro — *fix, predicament*
  pasar apuros — *to have a hard time.*
  Están pasando muchos apuros. *They're having a hard time of it.*

  sacar del apuro — *to get one out of a jam.*
  Me sacó del apuro. *He got me out of the jam.*

---

aquello — *that*
  aquello de — *that matter of.*
  Aquello del partido fue resuelto. *That matter of the game was resolved.*

---

aquí — *here*
  aquí dentro — *in here.*
  Pase aquí dentro. *Come in here.*

  aquí mismo — *right here.*
  Le esperaré aquí mismo. *I'll wait for you right here.*

  de aquí — *hence.*
  Ya no amaba a su mujer; de aquí su indiferencia a su infidelidad. *He no longer loved his wife; hence his indifference to her infidelity.*

  de aquí en adelante — *from now on.*
  De aquí en adelante, llegue a tiempo. *From now on, arrive on time.*

  por aquí — *this way.*

Se entra por aquí. *You enter this way.*

arder — *to burn*
estar que arde — *to come to a head.*
La cosa está que arde. *Things are coming to a head.*

la arena — *sand*
sembrar en arena — *to labor in vain.*
Sembraron en arena. *They labored in vain.*

el arma (f.) — *weapon*
alzarse en armas — *to rise up in arms.*
Se alzaron en armas. *They rose up in arms.*

pasar por las armas — *to execute.*
Lo pasaron por las armas. *They executed him (by shooting).*

el aro — *hoop, ring*
entrar por el aro — *to fall into line; to yield.*
Por fin entró por el aro. *He finally fell into line (had to yield).*

arreglar — *to arrange*
arreglárselas (para) — *to manage (to).*
Se las arregla para llegar a tiempo. *He manages to arrive on time.*

el arreglo — *arrangement*
con arreglo a — *in accordance with.*
Lo prepararon con arreglo a las instrucciones. *They prepared it in accordance with the instructions.*

no tener arreglo — *not to be able to be helped.*
No tiene arreglo. *It can't be helped.*

arriba — *up*
de arriba — *upstairs.*
La familia de arriba es española. *The family upstairs is Spanish.*

de arriba abajo — *from top to bottom.*
Lo limpió de arriba abajo. *She cleaned it from top to bottom.*

hacia arriba — *up*.
Echó (Tiró) la pelota hacia arriba. *He threw the ball up.*

el arroz — *rice*
   haber arroz y gallo muerto — *to have a real feast.*
   Había arroz y gallo muerto. *It was a real feast.*

el arte (m. and f.) — *art*
   no tener arte ni parte — *to have nothing to do with.*
   No tengo arte ni parte en eso. *I have nothing to do with that.*

ascender — *to ascend, to go up*
   ascender a — *to amount to.*
   Los gastos ascendieron a 500 dólares. *The expenses amounted to 500 dollars.*

el asco — *disgust*
   dar asco — *to disgust.*
   Me da asco. *It disgusts me.*

   estar hecho un asco — *to be filthy.*
   Está hecho un asco. *It's filthy.*

   hacer ascos a (de) — *to turn up one's nose at.*
   Hizo ascos a (de) la comida. *He turned up his nose at the meal.*

   ¡Qué asco de vida! — *What a rotten (sordid) life!*

el ascua (f.) — *live coal*
   estar sobre (en) ascuas — *to be on pins and needles.*
   Está sobre (en) ascuas. *He's on pins and needles.*

   sacar el ascua con la mano del gato — *to get someone else to pull one's chestnuts out of the fire.*
   Sacó el ascua con la mano del gato. *He got someone else to pull his chestnuts out of the fire.*

así — *so, thus*
   así así — *so-so.*

¿Qué tal le gustó la comedia? Así así. *How did you like the play? (It was) so-so.*

así como — *as well as*.
Su padre, así como su madre, habla inglés. *His father, as well as his mother, speaks English.*

así ... como — *both ... and*.
Así los estudiantes como los profesores comieron en el comedor. *Both the students and the professors ate in the dining room.*

así de — *that*.
Son así de grandes. *They're that big.*

así (es) que — *so*.
Yo no traía dinero, así (es) que él tuvo que pagar. *I had no money with me, so he had to pay.*

así que — *as soon as*.
Comimos así que llegamos. *We ate as soon as we arrived.*

y así sucesivamente — *and so on*.
Uno para mí, otro para usted, y así sucesivamente. *One for me, another for you, and so on.*

el asiento — *seat*
tomar asiento — *to sit down*.
Tome asiento. *Sit down.*

asistir — *to attend*
asistir a — *to attend*.
Asistí a la conferencia. *I attended the lecture.*

asomar — *to show, appear*
asomarse a — *to look out*.
Se asoma a la ventana. *She looks out the window.*

asombrar — *to astonish*
asombrarse de (con) — *to be astonished at*.
Se asombraron de (con) mis relatos. *They were astonished at my stories.*

el asta (f.) — *shaft, staff; horn*
a media asta — *at half mast.*
La bandera estaba a media asta. *The flag was at half mast.*

dejar en las astas del toro — *to leave in the lurch.*
Me dejó en las astas del toro. *He left me in the lurch.*

el asunto — *matter, affair*
ir al asunto — *to get down to the facts.*
Vamos al asunto. *Let's get down to the facts.*

el atajo — *short cut*
echar por el atajo — *to take the easiest way out.*
Echó por el atajo. *He took the easiest way out.*

atardecer — *to draw towards evening*
al atardecer — *at dusk (in the late afternoon).*
Salimos al atardecer. *We left at dusk (in the late afternoon).*

la atención — *attention*
llamar la atención — *to attract attention.*
Llaman la atención. *They attract attention.*

llamar la atención sobre — *to call one's attention to.*
Me llamó la atención sobre el problema. *He called my attention to the problem.*

prestar (poner) atención — *to pay attention.*
Haga el favor de prestar (poner) atención. *Please pay attention.*

atenerse — *to abide*
atenerse a — *to go by.*
No sabía a qué atenerse. *He didn't know what to go by.*

atrás — *back*
hacia atrás — *back.*
Dio un paso hacia atrás. *He took a step back.*

la ausencia — *absence*
   brillar por la ausencia — *to be conspicuous by one's absence*.
   Brilla por su ausencia. *He is conspicuous by his absence.*

---

el avemaría — *Hail Mary*
   al avemaría — *at dusk*.
   Llegamos al avemaría. *We arrived at dusk.*

   en un avemaría — *in a jiffy*.
   Lo terminó en un avemaría. *He finished it in a jiffy.*

   saber como el avemaría — *to know backwards and forwards*.
   Lo sabían como el avemaría. *They knew it backwards and forwards.*

---

el avío — *preparation, provision*
   ¡Al avío! — *Hurry up! Get a move on!*

---

el aviso — *notice, warning*
   estar sobre aviso — *to be on guard*.
   Hay que estar sobre aviso. *You've got to be on guard.*

---

ay — *alas*
   ¡Ay de mí! — *Woe is me!*

   ¡Ay del que los ofenda! — *Heaven help whoever offends them!*

---

ayuno — *fasting*
   estar en ayunas (en ayuno) — *to be fasting*.
   Estaban en ayunas (en ayuno). *They were fasting.*

   quedarse en ayunas — *not to catch on*.
   Se quedaron en ayunas. *They didn't catch on.*

---

el azar — *chance*
   al azar — *at random*.
   Los escogieron al azar. *They chose (picked) them at random.*

azogado — *affected by mercury, restless, trembling*
  temblar como un azogado — *to shake like a leaf.*
  Temblaba como un azogado. *He was shaking like a leaf.*

la baba — *slobber*
  caérsele la baba — *to be absolutely delighted.*
  Se le cae la baba. *He's absolutely delighted.*

Babia — *proper name*
  estar en Babia — *to be up in the clouds; to daydream.*
  Está en Babia. *He's up in the clouds (He's daydreaming).*

la baja — *fall, drop; casualty*
  dar de baja — *to drop; to dismiss; to discharge.*
  Lo dieron de baja. *They dropped (dismissed; discharged) him.*

  darse de baja — *to drop out.*
  Se dio de baja. *He dropped out.*

bajar — *to go down, come down*
  bajarse en — *to stay (stop) at.*
  Se bajaron en el Hotel Ritz. *They stayed (stopped) at the Hotel Ritz.*

bajo — *low*
  por lo bajo — *in an undertone; under one's breath.*
  Lo dijo por lo bajo. *He said it in an undertone (under his breath).*

  por lo bajo — *on the sly.*
  Lo hizo por lo bajo. *He did it on the sly.*

la bala — *bullet*
  matar a bala — *to shoot.*
  Lo mataron a bala. *They shot him.*

salir como (una) bala — *to be off like a shot.*
Salió como (una) bala. *He was off like a shot.*

balde
de balde — *free.*
Se consiguen de balde. *You can get them free.*

en balde — *in vain.*
Fue en balde. *It was in vain.*

estar de balde — *to be superfluous.*
Está de balde. *It's superfluous.*

la banda — *band*
cerrarse a la banda — *to stand firm.*
Se cerraron a la banda. *They stood firm.*

la bandera — *flag*
con banderas desplegadas — *with flying colors.*
Entraron con banderas desplegadas. *They came in with flying colors.*

el baño — *bath*
darse un baño (una ducha) — *to take a bath (shower).*
Me di un baño. *I took a bath.*

la baraja — *pack, deck (of cards)*
jugar con dos barajas — *to be a double-crosser.*
Juega con dos barajas. *He is a double-crosser.*

la barba — *chin; beard*
en las barbas — *right to one's face.*
Me lo dijo en las barbas. *He told me right to my face.*

haberle salido la barba — *to be old enough to shave.*
Le ha salido la barba. *He's old enough to shave.*

hacerle la barba — *to butter up.*
Le hace la barba al profesor. *He butters up the professor.*

subirse a las barbas — *to be disrespectful.*
Se subió a las barbas de su padre. *He was disrespectful to his father.*
por barba — *apiece.*
Nos dieron uno por barba. *They gave us one apiece.*

barrer — *to sweep*
barrer hacia dentro — *to look out for oneself.*
Barre hacia dentro. *He looks out for himself.*

el barrio — *neighborhood*
pasar al otro barrio — *to pass on to the other world.*
Pasó al otro barrio. *He passed on to the other world.*

bartola — *paunch*
tenderse (tumbarse, echarse) a la bartola — *to take it easy.*
Se tiende (se tumba, se echa) a la bartola. *He takes it easy.*

los bártulos — *implements, tools*
liar los bártulos — *to pack up one's things.*
Vamos a liar los bártulos. *Let's pack up our things.*

preparar los bártulos — *to make preparations.*
Preparaban los bártulos. *They were making their preparations.*

el basilisco — *basilisk (a mythical monster)*
estar hecho un basilisco — *to be in a rage.*
Estaba hecho un basilisco. *He was in a rage.*

el bastidor — *frame; wing (of stage scenery)*
entre bastidores — *behind the scenes.*
Pasó entre bastidores. *It happened behind the scenes.*

bastar — *to be enough*
bastar con — *to be enough.*
Le bastaba con verla. *Just seeing her was enough for him.*

Ya basta de disparates. — *That's enough nonsense.*

el bastón — *cane, staff (of office)*
  empuñar el bastón — *to take over.*
  Empuñó el bastón. *He took over.*

  meter el bastón — *to intercede.*
  Metieron el bastón. *They interceded.*

la batuta — *(conductor's) baton*
  llevar la batuta — *to run things (the show).*
  Les gusta llevar la batuta. *They like to run things (the show).*

el bautismo — *baptism*
  romperle el bautismo — *to break someone's neck.*
  Le romperemos el bautismo. *We'll break his neck.*

la baza — *trick (at cards)*
  meter baza — *to get a word in edgewise.*
  No nos deió meter baza. *He didn't let us get a word in edgewise.*

Belén — *Bethlehem*
  estar (bailando) en Belén — *to be daydreaming; to be up in the clouds.*
  Estaban (bailando) en Belén. *They were daydreaming (were up in the clouds).*

el bemol — *flat (in music)*
  tener (muchos, tres) bemoles — *to be a tough job.*
  Tiene (muchos, tres) bemoles. *It's a tough job.*

la bendición — *blessing*
  echar la bendición — *to bless.*
  Les echó la bendición. *He blessed them.*

el beneficio — *benefit*
  a beneficio de — *for the benefit of.*
  Se hizo a beneficio de los pobres. *It was done for the benefit of the poor.*

el berenjenal — *eggplant bed*
meterse en buen berenjenal — *to get oneself into a fine mess.*
En buen berenjenal se han metido. *They've gotten themselves into a fine mess.*

la berlina — *berlin*
estar en berlina — *to be in a ridiculous position.*
Estaban en berlina. *They were in a ridiculous position.*

el bien — *good*
de bien — *reputable.*
Es un hombre de bien. *He's a reputable man.*

bien — *well*
no bien — *no sooner . . . than.*
No bien oyó la voz, reconoció a Pablo. *He no sooner heard the voice than he recognized Paul.*

o bien — *or else.*
Lo haré mañana, o bien el jueves. *I'll do it tomorrow, or else on Thursday.*

tener a bien — *to see fit to.*
Tuvo a bien ayudarnos. *He saw fit to help us.*

la bienvenida — *welcome*
dar la bienvenida — *to welcome.*
Nos dio la bienvenida. *He welcomed us.*

la blanca — *old coin*
no tener (estar sin) blanca — *to be flat broke.*
No tenía (Estaba sin) blanca. *I was flat broke.*

el blanco — *target*
dar en el blanco — *to hit the mark.*
Dio en el blanco. *He hit the mark.*

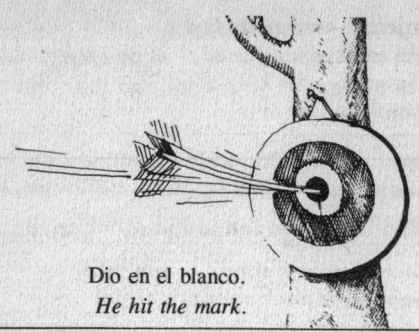

Dio en el blanco.
He hit the mark.

blanco — *white*
en blanco — *blank.*
La página estaba en blanco. *The page was blank.*

el bledo — *goosefoot (plant)*
no importar un bledo — *not to give a damn about.*
No me importan un bledo (no se me da un bledo de) sus problemas. *I don't give a damn about his problems.*

la boca — *mouth*
a pedir de boca — *smoothly.*
Todo salió a pedir de boca. *Everything went off smoothly.*

andar de boca en boca — *to be generally known.*
Anda de boca en boca. *It's generally known.*

andar en boca de todos — *to have everyone talking about it.*
Anda en boca de todos. *Everybody's talking about it.*

boca abajo (arriba) — *face down (up).*
Lo encontraron boca abajo (arriba). *They found him face down (up).*

callarse la boca — *to keep one's mouth shut.*
Se calló la boca. *He kept his mouth shut.*

cerrarle la boca — *to shut someone up; to silence someone.*
Le cerraron la boca. *They shut him up (They silenced him).*

decir lo que se viene a la boca — *to say whatever comes into one's mind.*
Dice lo que se le viene a la boca. *He says whatever comes into his mind.*

disparar a boca de cañón (de jarro) — *to fire at close range.*
Disparó a boca de cañón (de jarro). *He fired at close range.*

En boca cerrada no entran moscas. — *Mum's the word.*

sin decir esta boca es mía — *without saying a word.*
Se fue sin decir esta boca es mía. *He left without saying a word.*

quedarse con la boca abierta — *to be flabbergasted.*
Me quedé con la boca abierta. *I was flabbergasted.*

---

el bocado — *mouthful*
con el bocado en la boca — *just getting up from the table.*
Nos cogieron con el bocado en la boca. *They caught us just getting up from the table.*

---

el bofe — *lung*
echar los bofes — *to give something everything one's got.*
Echaba los bofes. *He was giving it everything he had.*

---

la bofetada — *slap in the face*
arrimarle una bofetada — *to slap someone's face.*
Le arrimó una bofetada. *She slapped his face.*

---

la boga — *vogue*
estar en boga — *to be in vogue (in style; in fashion).*
Ya no está en boga. *It's not in vogue (in style, in fashion) any more.*

---

la bola — *ball*
hacerse uno bolas — *to get all balled up.*
Se hace uno bolas. *You get all balled up.*

el bolsillo — *pocket*
   rascarse el bolsillo — *to cough up (the money).*
   Tuvo que rascarse el bolsillo. *He had to cough up.*

la bomba — *bomb*
   caer como una bomba — *to fall like a bombshell.*
   Cayó como una bomba. *It fell like a bombshell.*

la bondad — *goodness, kindness*
   tener la bondad — *please.*
   Tenga la bondad de acompañarme. *Please go with me.*

el borbotón — *bubbling, boiling*
   hablar a borbotones — *to talk a mile a minute.*
   Hablaba a borbotones. *He was talking a mile a minute.*

el borde — *edge*
   al borde del llanto — *on the verge of tears.*
   Está al borde del llanto. *She is on the verge of tears.*

la bota — *boot*
   ponerse las botas — *to strike it rich.*
   Se puso las botas. *He struck it rich.*

bote
   (lleno) de bote en bote — *packed.*
   El cuarto estaba (lleno) de bote en bote. *The room was packed.*

la brasa — *live coal*
   en brasas — *on pins and needles.*
   Estaban en brasas. *They were on pins and needles.*

   estar hecho unas brasas — *to be red in the face.*
   Estaba hecha unas brasas. *She was red in the face.*

el brazo — *arm*
   a brazo partido — *in hand-to-hand combat.*
   Pelearon a brazo partido. *They fought in hand-to-hand combat.*

con los brazos abiertos — *with open arms.*
Me recibieron con los brazos abiertos. *They received me with open arms.*

cruzarse de brazos — *to do nothing.*
No le interesó el proyecto y se cruzó de brazos. *The project did not interest him and he did nothing.*

el brazo derecho — *right-hand man.*
Es mi brazo derecho. *He's my right-hand man.*

en los brazos de Morfeo — *in the arms of Morpheus; asleep.*
Está en los brazos de Morfeo. *He is in the arms of Morpheus (asleep).*

estarse con los brazos cruzados — *to be doing nothing.*
Se está todo el día con los brazos cruzados. *He does nothing all day long.*

ir del brazo — *to walk arm in arm.*
Siempre iban del brazo. *They always walked arm in arm.*

no dar el brazo a torcer — *to stick to one's guns; not to give in.*
No da su brazo a torcer. *He sticks to his guns (won't give in).*

---

breve — *brief*
  en breve — *presently.*
  En breve sabremos. *Presently we'll know.*

---

la brevedad — *brevity*
  con la mayor brevedad — *as soon as possible.*
  Avíselo con la mayor brevedad. *Let him know as soon as possible.*

---

la brida — *bridle*
  a toda brida — *at top speed.*
  Iba a toda brida. *He was going at top speed.*

---

brindar — *to toast; offer*
  brindar con — *to offer.*
  Nos brindaron con muchas atenciones. *They offered us many courtesies.*

brindarse a — *to offer*.
Se brindó a hacerlo. *He offered to do it.*

la brocha — *brush*
de brocha gorda — *poorly done*.
Escribió unos cuantos versos de brocha gorda. *He wrote a few poorly done verses.*

un pintor de brocha gorda — *a house painter*.
Es un pintor de brocha gorda. *He's a house painter.*

la broma — *joke*
bromas aparte — *all joking aside*.
Bromas aparte, ¿qué quieren? *All joking aside, what do they want?*

en (de) broma — *joking*.
Lo dije en broma (de broma). *I didn't mean it (I was joking).*

gastar bromas pesadas — *to play practical jokes*.
Le gustaba gastar bromas pesadas. *He liked to play practical jokes.*

hacer una broma — *to play a joke*.
Me hizo una broma. *He played a joke on me.*

tomar a broma — *to take lightly*.
Lo tomó a broma. *He took it lightly.*

la bronca — *row, dispute*
armar una bronca — *to start a fight*.
Siempre arman una bronca cuando están en el bar. *They always start a fight when they are in the bar.*

bruces — *lips*
caer de bruces — *to fall on one's face*.
Cayó de bruces. *He fell on his face.*

el buche — *craw, crop*
sacarle el buche — *to make someone tell everything they know*.
Le sacaron el buche. *They made him tell everything he knew.*

bueno — *good*

¡Buena se va a armar! — *There's trouble brewing!*

¡Buenas! — *Hello!*

¡Bueno está! — *That will do!*

Bueno está lo bueno. — *Leave well enough alone.*

de buenas a primeras — *right off the bat.*
De buenas a primeras comenzó a hacer preguntas. *Right off the bat he started to ask questions.*

el bueno de . . . — *good old. . . .*
Así es el bueno de Juan. *That's the way good old John is.*

estar de buenas — *to be in a good mood.*
Está de buenas. *He's in a good mood.*

hacerla buena — *to make a fine mess of it.*
Buena la ha hecho. *He's made a fine mess of it.*

por las buenas — *on the up and up.*
Lo arreglaron por las buenas. *They settled it on the up and up.*

por las buenas o por las malas — *whether one likes it or not.*
Tendrá que asistir a la reunión por las buenas o por las malas. *He will have to attend the meeting whether he likes it or not.*

el buey — *ox*

¿Adónde irá el buey que no are? — *Where can the ox go that he won't have to plow? (Nothing is easy).*

El buey suelto bien se lame. — *The ox that's loose licks himself best. (He travels fastest who travels alone).*

trabajar como un buey — *to work like a horse.*
Trabaja como un buey. *He works like a horse.*

el bulto — *bulk, form, body*

buscarle el bulto — *to lie in wait (have it in) for someone.*
Le buscaban el bulto. *They were lying in wait (They had it in) for him.*

la burla **el caballero**

escurrir el bulto — *to slip away.*
Escurrió el bulto. *He slipped away.*

la burla — *mockery, ridicule; joke*
burlas aparte — *all joking aside.*
Burlas aparte, ¿qué piensas hacer? *All joking aside, what do you intend to do?*

hacer burla burlando — *to do unobtrusively.*
Lo hizo burla burlando. *He did it unobtrusively.*

burlar — *to ridicule, mock; trick, deceive*
burlarse de — *to make fun of.*
Se burla de ellos. *She makes fun of them.*

la busca — *search*
salir en (a la) busca de — *to go out in search of.*
Salió en busca de sus padres. *He went out in search of his parents.*

cabal — *exact, complete*
estar en los cabales — *to be in one's right mind (to be all there).*
No está en sus cabales. *He's not in his right mind (not all there).*

el caballero — *gentleman; knight*
armar caballero — *to knight.*
Lo armaron caballero. *They knighted him.*

caballero andante — *knight errant.*
Don Quijote fue el último caballero andante. *Don Quixote was the last knight errant.*

Poderoso caballero es Don Dinero. — *Money makes the world go round.*

el caballo   **la cabeza**

el caballo — *horse*
   A caballo regalado no hay que mirarle el diente. — *Don't look a gift horse in the mouth.*

   a mata caballo — *at breakneck speed.*
   Iban a mata caballo. *They were traveling at breakneck speed.*

   montar a caballo — *to ride (on) horseback.*
   Van montados a caballo. *They are riding (on) horseback.*

   pasear a caballo — *to go horseback riding.*
   La paseaba a caballo. *He used to take her horseback riding.*

el cabello — *hair*
   asirse de un cabello — *to grasp at a straw.*
   Se ase de un cabello. *He grasps at a straw.*

   en cabello — *with one's hair down.*
   La vimos en cabello. *We saw her with her hair down.*

   en cabellos — *bareheaded.*
   Estaba en cabellos. *She was bareheaded.*

   estar pendiente de un cabello — *to be hanging by a hair.*
   Estaba pendiente de un cabello. *It was hanging by a hair.*

   ponérsele los cabellos de punta — *to have one's hair stand on end.*
   Se me pusieron los cabellos de punta. *My hair stood on end.*

caber — *to fit, be contained*
   caber todo en — *to (be able to) expect anything of.*
   Todo cabe en él. *You can expect anything of him.*

   no caber de contento — *not to be able to be any happier.*
   No cabe de contento. *He couldn't be any happier.*

la cabeza — *head*
   asentir (afirmar) con la cabeza — *to nod (yes).*
   Asintió (afirmó) con la cabeza. *He nodded (yes).*

   de cabeza — *head first.*

Se cayó de cabeza. *He fell head first.*

doblar la cabeza — *to bow one's head.*
Dobló la cabeza y se puso a llorar. *He bowed his head and began to cry.*

levantar cabeza — *to get on one's feet.*
Por fin está levantando cabeza. *He's finally getting on his feet.*

metérsele en la cabeza — *to get it into one's head.*
Se le metió en la cabeza que estaban enfermos. *He got it into his head that they were sick.*

romperse (calentarse) la cabeza — *to rack one's brains.*
Se rompía (Se calentaba) la cabeza. *He was racking his brains.*

subírsele a la cabeza — *to go to one's head.*
La fortuna se le subió a la cabeza. *Success went to his head.*

la cabezada — *nod*
  dar cabezadas — *to nod (with drowsiness).*
  Daba cabezadas. *He was nodding (with drowsiness).*

la cabida — *space, capacity*
  tener (gran) cabida — *to have (a lot of) pull.*
  Tiene (gran) cabida con el gobernador. *He has (a lot of) pull with the governor.*

el cabo — *end*
  al cabo — *at last.*
  Al cabo llegó. *At last he arrived.*

  al cabo de un rato — *after a while.*
  Al cabo de un rato regresó. *After a while he returned.*

  atar cabos — *to put two and two together.*
  Ataron cabos. *They put two and two together.*

  cabos sueltos — *loose ends.*
  Todavía hay algunos cabos sueltos. *There are still a few loose ends.*

de cabo a rabo (de cabo a rabo) — *from one end to the other.*
Lo leímos de cabo a rabo (de cabo a rabo). *We read it from one end to the other.*

el cabo del mundo — *the ends of the earth.*
La seguiré hasta el cabo del mundo. *I'll follow her to the ends of the earth.*

llevar a cabo — *to carry out.*
Llevó a cabo sus planes. *He carried out his plans.*

---

cada — *each*
A cada cual lo suyo. — *To each his own.*

cada cuánto (tiempo) — *how often.*
¿Cada cuánto (tiempo) pasa? *How often does it go by?*

cada poco — *every so often; every once in a while.*

Toma uno cada poco. *He takes one every so often (every once in a while).*

---

caer — *to fall*
caerle bien — *to like someone.*
No me cae bien. *I don't like him.*

caer enfermo — *to fall ill.*
Cayó enferma. *She fell ill.*

caer redondo — *to fall flat.*
Cayó redondo al suelo. *He fell flat on the floor.*

---

la caída — *fall*
a la caída del sol — *at sundown.*
Llegué a la caída del sol. *I arrived at sundown.*

a la caída de la tarde — *late in the afternoon.*
Nos encontramos a la caída de la tarde. *We met late in the afternoon.*

Caín — *Caín*
pasar las de Caín — *to go through hell.*
Pasaron las de Caín. *They went through hell.*

la caja — *box; drum*
despedir con cajas destempladas — *to send packing.*
Lo despidieron con cajas destempladas. *They sent him packing.*

la cal — *lime*
ser de cal y canto — *to be as solid as a rock.*
Es de cal y canto. *It's as solid as a rock.*

la calabaza — *pumpkin, squash*
dar calabazas — *to flunk.*
El profesor le dio calabazas. *The professor flunked him.*

dar calabazas — *to jilt.*
Su novio calabazas. *His girlfriend jilted him.*

la calada — *soaking*
darle una calada — *to give someone a dressing down.*
Le dieron una calada. *They gave him a dressing down.*

el caldo — *broth*
hacerle el caldo gordo — *to play into someone's hands.*
Le hacían el caldo gordo. *They were playing into his hands.*

la calidad — *quality*
en calidad de — *in one's capacity as.*
Lo hizo en calidad de alcalde. *He did it in his capacity as mayor.*

la calma — *calm*
con calma — *calmly.*
Se lo tomó con calma. *He accepted it calmly.*

estar en calma — *to be calm.*
El mar estaba en calma. *The sea was calm.*

una calma chicha — *a dead calm.*
Reinaba una calma chicha. *A dead calm prevailed.*

el calor — *heat*
Hace calor. — *It's hot.*

ir entrando en calor — *to be warming up.*
Van entrando en calor. *They're getting warmed up.*

tener calor — *to be warm.*
Tengo calor. *I'm warm.*

las calzas — *hose, tights, stockings*
en calzas prietas — *in a tight spot (fix).*
Se encontraba en calzas prietas. *He was in a tight spot (fix).*

tomar las (calzas) de Villadiego — *to beat it (to take off, to run away).*
Tomó las (calzas) de Villadiego. *He beat it (took off, ran away).*

los calzones — *breeches, shorts, trousers*
llevar los calzones — *to wear the pants.*
Lleva los calzones en su familia. *She wears the pants in her family.*

callar — *to be silent*
Quien calla, otorga. — *Silence gives (means) consent.*

ser mejor para callado — *to be better left unsaid.*
Sería mejor para callado. *It would be better left unsaid.*

la calle — *street*
calle abajo (arriba) — *down (up) the street.*
Vienen calle abajo (arriba). *They are coming down (up) the street.*

dejar en la calle — *to leave destitute.*
Lo dejaron en la calle. *They left him destitute.*

poner en (echar a, plantar en) la calle — *to throw out.*
La puso en (echó a, plantó en) la calle. *He threw her out.*

el callejón   **el cambio**

quedar en la calle — *to be left without a penny to one's name.*
Quedó en la calle. *He was left without a penny to his name.*

traer por la calle de la amargura — *to make someone suffer.*
Su hijo la trae por la calle de la amargura. *She's suffering a lot on account of her son.*

---

el callejón — *alley, lane*
un callejón sin salida — *a blind alley (dead end).*
Es un callejón sin salida. *It's a blind alley (dead end).*

---

la cama — *bed*
caer en cama — *to fall ill.*
Cayó en cama. *He fell ill.*

estar en cama — *to be sick in bed.*
Está en cama. *He's sick in bed.*

guardar cama — *to stay in bed.*
Tuvo que guardar cama. *He had to stay in bed.*

hacer (arreglar) la cama — *to make the bed.*
Hizo (Arregló) la cama. *She made the bed.*

reducir a cama — *to put in bed.*
La gripe lo redujo a cama. *The flu put him in bed.*

---

cambiar — *change*
  cambiar de tren — *to change trains.*
Hay que cambiar de tren. *You've got to change trains.*

---

el cambio — *change*
  a cambio de — *in exchange for.*
Lo aceptó a cambio del libro. *He accepted it in exchange for the book.*

  en cambio — *on the other hand.*
Su padre, en cambio, no quería ir. *His father, on the other hand, wouldn't go.*

el camino — *road, way*

a medio camino — *halfway.*
Nos encontramos a medio camino. *We met halfway.*

abrirse camino — *to make one's way.*
Se abrió camino por la multitud. *He made his way through the crowd.*

allanar el camino — *to smooth the way.*
Nos allana el camino. *He smooths the way for us.*

apartarse del camino — *to get off the track.*
Se ha apartado del camino. *He's gotten off the track.*

camino de — *on the way to.*
Los visitamos camino de México. *We visited them on the way to Mexico.*

de camino — *on the way.*
De camino, deje el recado. *On the way, leave the message.*

el camino trillado — *the beaten path.*
No salen del camino trillado. *They don't leave the beaten path.*

ponerse en camino — *to start out.*
Se puso en camino. *He started out.*

---

la camisa — *shirt*

dejar sin camisa — *to clean out.*
Lo dejaron sin camisa. *They cleaned him out.*

meterse en camisa de once varas — *to get into trouble.*
No quería meterme en camisa de once varas. *I didn't want to get into trouble.*

---

el campo — *field; country(side)*

a campo raso — *out in the open.*
Trabajaban a campo raso. *They were working out in the open.*

a campo travieso (traviesa) — *across country.*
Partieron a campo travieso (traviesa). *They set out across country.*

la cana — *gray hair*
  echar una cana al aire — *to have a little fling*.
  Vamos a echar una cana al aire. *Let's have a little fling*.

Vamos a echar una cana al aire.
  Let's have a little fling.

el candado — *padlock*
  echar candado a la puerta — *to padlock the door*.
  Echó candado a la puerta. *He padlocked the door*.

el cantar — *song*
  ser otro cantar — *to be another story (to be a horse of another color)*.
  Ese es otro cantar. *That's another story (a horse of another color)*.

cantar — *to sing*
  cantar de plano — *to make a full confession*.
  Cantó de plano. *He made a full confession*.

  cantarlas claras (cantar claro) — *to speak out plainly*.
  Las canta claras (Canta claro). *He speaks out plainly*.

el cántaro — *jug*
  llover a cántaros — *to rain cats and dogs*.
  Está lloviendo a cántaros. *It's raining cats and dogs*.

  Tanto va el cántaro a la fuente que alguna vez se quiebra.
  — *Don't press your luck*.

el canto — *edge*
   estar de canto — *to be on edge.*
   Está de canto. *It's on edge.*

---

la cara — *face*
   cara a cara — *right to someone's face.*
   Se lo dije cara a cara. *I said it right to his face.*

   cara a cara con — *face to face with.*
   Se encontró cara a cara con su papá. *He found himself face to face with his father.*

   cruzarle la cara — *to slap someone's face.*
   Le cruzaron le cara. *They slapped his face.*

   echar en cara — *to throw up to.*
   Me echaron en cara mi extravagancia. *They threw my extravagance up to me.*

   mirarse a la cara — *to look each other in the face.*
   Se miraron a la cara. *They looked each other in the face.*

   poner cara de circunstancias — *to put on a sad face.*
   Puso cara de circunstancias. *He put on a sad face.*

   poner mala cara — *to show discontent.*
   Puso mala cara. *His face showed discontent.*

   tener cara de enfado — *to look mad.*
   Tiene cara de enfado. *He looks mad.*

   tener mala cara — *to look mean.*
   Tiene mala cara. *He looks mean.*

---

carecer — *to lack*
   carecer de — *to lack.*
   Carece de valor. *He lacks courage.*

---

cargar — *to load*
   cargar con — *to carry off.*
   Cargó con el dinero. *He carried off the money.*

el cargo — *burden, load, responsibility*
  desempeñar el cargo de — *to hold the position of.*
  Desempeña el cargo de profesor. *He holds the position of professor.*

  estar a cargo de — *to be in charge of.*
  Está a cargo del baile. *He is in charge of the dance.*

  estar a cargo de — *to be the responsibility of (to be entrusted to).*
  El dinero está a su cargo. *The money is his responsibility (entrusted to him).*

  hacerse cargo de — *to take charge of.*
  Se hizo cargo de la tripulación. *He took charge of the crew.*

---

la caridad — *charity*
  hacer la caridad de — *to do the favor of.*
  Les hizo la caridad de decírselo. *He did them the favor of telling them.*

  La caridad empieza por uno mismo. — *Charity begins at home.*

---

la carne — *meat, flesh*
  de carne y hueso — *flesh and blood.*
  Ese novelista crea personajes de carne y hueso. *That novelist creates flesh and blood characters.*

  ponérsele a uno la carne de gallina — *to get (to give one) gooseflesh (goose-bumps; goose-pimples).*
  Como hacía tanto frío se me puso la carne de gallina. *Since it was so cold, I got gooseflesh.*

---

la carrera — *race; career*
  a la carrera — *at full speed; hastily.*
  Salió a la carrera. *He took off at full speed (hastily).*

  dar una carrera — *to run fast.*
  Dando una carrera, llegó a tiempo. *By running fast, he arrived on time.*

la carta — *letter; (playing) card*
  echar una carta — *to mail a letter.*
  Eché la carta. *I mailed the letter.*

  no saber a qué carta quedarse — *not to be able to make up one's mind (to be at a loss).*
  No sabe a qué carta quedarse. *He can't make up his mind (he's at a loss).*

  poner las cartas sobre la mesa — *to put one's cards on the table.*
  Puso las cartas sobre la mesa. *He put his cards on the table.*

el cartucho — *cartridge*
  quemar el último cartucho — *to play one's last trump (card); to use up one's last resource.*
  Hemos quemado el último cartucho. *We've played our last trump (card) (used up our last resource).*

la casa — *house*
  en casa — *(at) home.*
  Estaremos en casa mañana. *We will be (at) home tomorrow.*

  echar la casa por la ventana — *to go overboard.*
  Echaron la casa por la ventana. *They really went overboard.*

  estar en casa de . . . — *to be at . . .'s house.*
  Está en casa de los Centeno. *He's at the Centenos'.*

  nunca volver a pisar la casa — *never to set foot in the house again.*
  Nunca volvió a pisar la casa. *He never set foot in the house again.*

  pagar la casa — *to pay the rent.*
  No puede pagar la casa. *He can't pay the rent.*

  poner casa — *to set up housekeeping.*
  Van a poner casa. *They're going to set up housekeeping.*

  quedarse en casa — *to stay (at) home.*
  Nos quedaremos en casa. *We'll stay (at) home.*

  ser muy de casa — *to be like one of the family; to be very much at home.*

casar	el caso

Es muy de casa aquí. *He's like one of the family (He's very much at home here).*

---

casar — *to marry*
Antes que te cases, mira lo que haces. — *Look before you leap.*

casar con — *to marry to.*
El sacerdote la casó con Roberto. *The priest married her to Robert.*

casarse con — *to marry.*
Juan se casó con Alicia. *John married Alice.*

no casarse con nadie — *not to get tied up (involved) with anybody.*
No se casa con nadie. *He doesn't get tied up (involved) with anybody.*

---

el casco — *head, skull*
romperse (calentarse) los cascos — *to rack one's brains.*
Se rompía (se calentaba) los cascos. *He was racking his brains.*

---

la casilla — *cabin, hut; pigeonhole; square (of a chessboard, etc.)*
sacar de las casillas — *to drive crazy.*
El ruido lo saca de sus casillas. *The noise drives him crazy.*

---

el caso — *case*
el caso es — *the fact is.*
El caso es que estaban cansados. *The fact is that they were tired.*

en caso contrario — *otherwise.*
En caso contrario, vendrán mañana. *Otherwise, they'll come tomorrow.*

en caso de — *in case.*
En caso de no entender, avíseme. *In case you don't understand, let me know.*

en cualquier (todo) caso — *in any case.*
En cualquier (todo) caso, voy. *In any case, I'm going.*

en el peor de los casos — *if worst comes to worst*.
En el peor de los casos, puede llevar el mío. *If worst comes to worst, you can take mine.*

en último caso — *as a last resort*.
En último caso iré a pie. *As a last resort I'll walk.*

en uno u otro caso — *one way or the other*.
En uno u otro caso lo compraré. *One way or the other I'll buy it.*

estar en el caso de — *to be obligated to*.
Está en el caso de hacerlo. *He's obligated to do it.*

hacer caso a (de) — *to pay attention to*.
No me hizo caso. *She paid no attention to me.*

hacer caso omiso — *to disregard*.
Hizo caso omiso de las instrucciones. *He disregarded the instructions.*

ir al caso — *to get to the point*.
Vamos al caso. *Let's get to the point.*

poner por caso — *to assume*.
Pongamos por caso que no vuelve. *Let's assume he doesn't return.*

venir al caso — *to be to the point (relevant)*.
No viene al caso. *It's not to the point (not relevant).*

---

la castaña — *chestnut*
  sacarle las castañas del fuego — *to pull someone's chestnuts out of the fire*.
  Le saqué las castañas del fuego. *I pulled his chestnuts out of the fire.*

---

castaño — *brown, chestnut-colored*
  pasar de castaño oscuro — *to be too much (to be the absolute limit)*.
  Eso pasa de castaño oscuro. *That's too much (the absolute limit).*

---

el castillo — *castle*
  hacer castillos en el aire — *to build castles in the air (castles in Spain)*.

la casualidad   la ceja

Le gusta hacer castillos en el aire. *He likes to build castles in the air (castles in Spain).*

un castillo de naipes — *a house of cards.*
Su gran proyecto no es más que un castillo de naipes. *His great plan is only a house of cards.*

---

la casualidad — *chance, coincidence*
da la casualidad de que — *it so happens that.*
Da la casualidad de que mañana no vienen. *It so happens that tomorrow they're not coming.*

por (de) (pura) casualidad — *by (pure; mere) chance.*
Lo supo por pura casualidad. *He found out by (pure; mere) chance.*

---

la categoría — *category*
de categoría — *of importance.*
Es una persona de categoría. *He's a person of importance.*

la causa — *cause*
a causa de — *because of.*
No vamos a causa de la lluvia. *We're not going because of the rain.*

hacer causa común — *to make common cause.*
Hizo causa común con los revolucionarios. *He made common cause with the revolutionaries.*

---

la caza — *hunting*
andar a caza (de) — *to go (out) hunting (for).*
Andaban a caza de patos. *They were out hunting for ducks.*

---

la ceja — *eyebrow*
arquear las cejas — *to raise one's eyebrows.*
Arqueó las cejas. *He raised his eyebrows.*

quemarse las cejas — *to burn the midnight oil.*
Cuando estudia para sus exámenes, se quema las cejas. *When he studies for his exams, he burns the midnight oil.*

tener entre ceja y ceja — *to be set on.*
Lo tiene entre ceja y ceja. *He's set on it.*

los celos — *jealousy*
dar celos — *to make jealous.*
Lo hizo para darme celos. *She did it to make me jealous.*

tener celos — *to be jealous.*
Tiene celos. *He's jealous.*

el centenar — *hundred*
a centenares — *by the hundreds.*
A causa de la peste murieron a centenares. *Because of the plague, they died by the hundreds.*

el centro — *center*
estar en su centro — *to be right where one belongs.*
Estoy en mi centro. *I'm right where I belong.*

cerca — *near*
de cerca — *at close range.*
Lo observó de cerca. *He observed it at close range.*

el cero — *zero*
ser un cero a la izquierda — *not to amount to anything.*
Es un cero a la izquierda. *He doesn't amount to anything.*

ciego — *blind*
a ciegas — *blindly.*
Me obedece a ciegas. *He obeys me blindly.*

Un ciego mal guía a otro ciego. — *The halt leading the blind.*

el cielo — *sky, heaven*
como llovido del cielo — *like manna from heaven.*
El premio llegó como llovido del cielo. *The prize came like manna from heaven.*

mover cielo y tierra — *to move heaven and earth.*
Movieron cielo y tierra. *They moved heaven and earth.*

la ciencia — *science, knowledge*
  a ciencia cierta — *for sure.*
  No se sabe a ciencia cierta. *It's not known for sure.*

cierto — *certain*
  dar por cierto (seguro) — *to be certain (sure).*
  Daba por cierto (seguro) que nadie lo sabía. *He was certain (sure) that no one knew it.*

  estar en lo cierto — *to be right.*
  Está en lo cierto. *He's right.*

  por cierto — *certainly.*
  Por cierto trabaja diez horas diarias. *Certainly he works ten hours a day.*

  ser cierto — *to be true.*
  Es cierto. *It's true.*

  un cierto — *a certain.*
  Me habló con un cierto temor. *He spoke to me with a certain fear.*

cinco — *five*
  decirle cuántas son cinco — *to tell someone what's what.*
  Voy a decirle cuántas son cinco. *I'm going to tell him what's what.*

la cintura — *waist*
  meter en cintura — *to make (someone) toe the line; to discipline; to hold back.*
  Va a ser difícil meterlos en cintura. *It's going to be hard to make them toe the line (to discipline them; to hold them back).*

citar — *to make an appointment with*
  citarse con — *to make an appointment with.*
  Me cité con Juan. *I made an appointment with John.*

claro — *clear*
   claro — *of course*.
   Claro que es ésta la calle. *Of course this is the street.*

   sacar (poner) en claro — *to make clear; to clear up*.
   Sacó (Puso) en claro los detalles. *He made the details clear (He cleared up the details).*

---

la clase — *class*
   fumarse la clase — *to cut class (to play hooky)*.
   Se fumó la clase. *He cut class (played hooky).*

   toda clase de — *all kinds of*.
   Hay toda clase de gente. *There are all kinds of people.*

---

la clavija — *peg, pin*
   apretarle las clavijas — *to put the screws on someone*.
   Le apretaron las clavijas. *They put the screws on him.*

---

el clavo — *nail*
   dar en el clavo — *to hit the nail on the head*.
   Su descripción dio en el clavo. *His description hit the nail on the head.*

---

el claxon — *(automobile) horn*
   tocar el claxon (la bocina) — *to blow one's horn*.
   No toque el claxon (la bocina). *Don't blow your horn.*

---

la coba — *trick, fraud; cajolery, flattery*
   darle coba — *to soft-soap someone*.
   Me daban coba. *They were soft-soaping me.*

---

el codo — *elbow*
   dar con el codo — *to nudge*.
   Le di con el codo. *I nudged him.*

   empinar el codo — *to bend an elbow*.
   Le gusta empinar el codo con sus amigos. *He enjoys bending an elbow with his friends.*

hablar hasta por los codos — *to talk one's ear off; chatter.*
Habla hasta por los codos. *He'll talk your ear off (He's a chatterbox).*

coincidir — *to coincide*
coincidir con — *to be somewhere at the same time as.*
Coincidimos con él en la fábrica. *We were at the factory at the same time he was.*

la cola — *tail*
hacer cola — *to stand in line.*
Tuvieron que hacer cola. *They had to stand in line.*

la colada — *washing, bleaching*
Todo saldrá en la colada. — *It'll all come out in the wash.*

colmar — *to fill (to overflowing)*
colmarle de — *to shower someone with.*
La colmaron de elogios. *They showered her with praise.*

el colmillo — *eyetooth, canine tooth*
enseñar los colmillos — *to show one's teeth.*
Enseña los colmillos. *He shows his teeth.*

tener (mucho) colmillo — *to have been around; to know a thing or two.*
Tiene (mucho) colmillo. *He's been around (knows a thing or two).*

el colmo — *fill, completion*
ser el colmo — *to be the limit.*
Es el colmo. *It's the limit.*

el color — *color*
verlo todo de color de rosa — *to look at everything through rose-colored glasses.*
Lo ve todo de color de rosa. *He looks at everything through rose-colored glasses.*

colorado — *red*
  ponerse colorado — *to blush.*
  Ella se puso colorado. *She blushed.*

la coma — *comma*
  sin faltar una coma — *down to the last detail.*
  Nos lo contó sin faltar una coma. *He told us about it down to the last detail.*

el comino — *cumin (seed)*
  no valer un comino — *not to be worth a damn (thing).*
  No vale un comino. *It isn't worth a damn (thing).*

como — *as, like*
  como quiera — *as (any way) one likes.*
  Puede hacerlo como quiera. *You may do it as (any way) you like.*

cómo — *how*
  ¿A cómo se vende? — *How much does it sell for?*

  ¡Cómo no! — *Of course!*
  ¿Le gusta? ¡Cómo no! *Do you like it? Of course!*

  ¿Cómo que . . .? — *What do you mean . . .?*
  ¿Cómo que no lo tiene? *What do you mean you don't have it?*

el compás — *time, beat (in music)*
  al compás de — *in time to.*
  Bailaban al compás de la música. *They were dancing in time to the music.*

  fuera de compás — *off beat (out of time).*
  Tocaba fuera de compás. *He was playing off beat (out of time).*

  llevar el compás — *to keep time.*
  Llevaban el compás. *They were keeping time.*

completo — *complete*
  por completo — *completely.*
  Lo ignoraba por completo. *He was completely unaware of it.*

la compra — *purchase*
  ir (salir) de compras — *to go (out) shopping.*
  Van (Salen) de compras. *They go (out) shopping.*

el compromiso — *commitment*
  ponerle en un compromiso — *to put someone in a difficult situation.*
  Me puso en un compromiso. *He put me in a difficult situation.*

común — *common*
  común y corriente — *common, ordinary.*
  Busco una caja de cartón común y corriente. *I'm looking for a common, ordinary cardboard box.*

  el común de la(s) gente(s) — *most people (the majority of people).*
  Así lo cree el común de la(s) gente(s). *That's what most people (the majority of people) think.*

  en común — *in common.*
  No tienen nada en común. *They have nothing in common.*

  por lo común — *usually.*
  Por lo común se llama Pepe. *He's usually called Joe.*

con — *with*
  ser amable con — *to be kind to.*
  Son muy amables con él. *They're very kind to him.*

concentrado — *concentrated*
  estar concentrado en los pensamientos — *to be absorbed in one's thoughts.*
  Estaba concentrado en sus pensamientos. *He was absorbed in his thoughts.*

el concepto — *concept*
  en concepto de — *for.*
  Me cobró mil pesos en concepto de alojamiento. *He charged me a thousand pesos for lodging.*

la conciencia — *conscience; consciousness*
   a conciencia — *conscientiously*.
   La secretaria hace su trabajo a conciencia. *The secretary does her work conscientiously.*

   conciencia de culpa — *guilty conscience*.
   Lo aceptó con conciencia de culpa. *She accepted it with a guilty conscience.*

---

concreto — *concrete, definite*
   en concreto — *definite*.
   No dijeron nada en concreto. *They didn't say anything definite.*

   en concreto — *to sum up*.
   En concreto, no vale nada. *To sum up, it's not worth anything.*

---

la condición — *condition*
   a condición de que — *on the condition that*.
   Lo aceptaré a condición de que usted cambie el título. *I'll accept it on the condition that you change the title.*

   en (buenas) condiciones — *in (good) shape; up to par*.
   No estaba en (buenas) condiciones. *He wasn't in (good) shape (up to par).*

   en condiciones de — *in a position to*.
   No estaba en condiciones de ayudarme. *He wasn't in a position to help me.*

---

el conejillo — *(small) rabbit*
   conejillo de Indias — *guinea pig*.
   Necesitamos un conejillo de Indias para el experimento. *We need a guinea pig for the experiment.*

---

confesar — *to confess*
   confesar de plano — *to make a clean breast of it*.
   Confesó de plano. *He made a clean breast of it.*

---

la confianza — *confidence*

confiar   **el confite**

con toda confianza — *feel free.*
Pregúntemelo con toda confianza. *Feel free to ask me about it.*

(digno) de confianza — *reliable, trustworthy; private.*
(1) Aurelio es (digno) de confianza. *Aurelio is reliable (trustworthy).* (2) Se trata de una conversacíon de confianza. *It is a private conversation.*

en confianza — *in confidence.*
Me lo dijo en confianza. *He told (it to) me in confidence.*

un amigo de confianza — *an intimate friend.*
Es un amigo de confianza. *He's an intimate friend.*

---

confiar — *to trust*
confiar en — *to trust.*
Confían en ella. *They trust her.*

---

la confidencia — *confidence*
en confidencia — *in confidence.*
Me lo dijeron en confidencia. *They told (it to) me in confidence.*

hacer una confidencia — *to confide in.*
Nunca me hacía una confidencia. *She never confided in me.*

---

el confite — *(type of) candy*
morder en un confite — *to be very close.*
Muerden en un confite. *They're very close.*

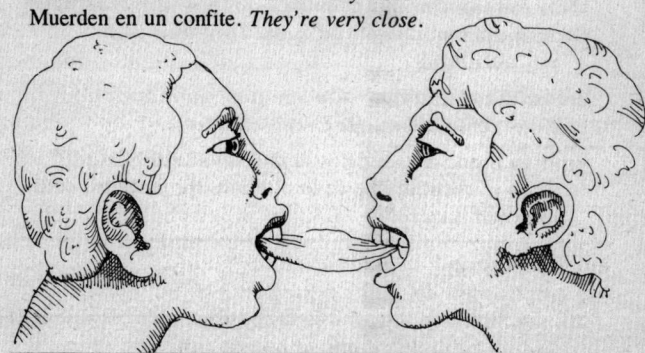

conformar — *to conform*
   conformarse con — *to resign oneself to.*
   Se conformaron con recibir sólo la mitad. *They resigned themselves to getting only half.*

   conformarse con — *to put up with.*
   Se conforma con todo. *He puts up with everything.*

conforme — *conformable, consistent, according*
   conforme a — *in accordance with.*
   Conforme a sus instrucciones, despedí a ese empleado. *In accordance with your instructions, I fired that employee.*

   estar conforme — *to agree.*
   Está conforme. *He agrees.*

la conformidad — *conformity*
   de conformidad con — *in conformity with.*
   Lo haré de conformidad con la ley. *I'll do it in conformity with the law.*

conocer — *to know*
   se conoce — *it is obvious.*
   Se conoce que no vienen. *It's obvious that they're not coming.*

el conocimiento — *knowledge, cognizance*
   obrar con conocimiento de causa — *to know what one is doing.*
   Obraron con conocimiento de causa. *They knew what they were doing.*

   perder el conocimiento — *to lose consciousness.*
   Perdió el conocimiento. *He lost consciousness.*

   venir en conocimiento de — *to find out about.*
   Vinimos en conocimiento de lo ocurrido. *We found out about what had occurred.*

la consecuencia — *consequence*
   a consecuencia de — *as a consequence of.*
   A consecuencia de la muerte de su tío, se hizo rico. *As a consequence of his uncle's death, he became rich.*

de consecuencia — *important*.
El asunto es de consecuencia. *It's an important matter.*

en (por) consecuencia — *as a result*.
En (por) consecuencia no pudimos ir. *As a result, we weren't able to go.*

tener (mayores) consecuencias — *to have (great) consequences*.
La cosa no ha tenido (mayores) consecuencias. *The matter has had no (great) consequences.*

consentir — *to consent*
consentir en — *to consent to*.
Consintieron en vernos. *They consented to see us.*

conservar — *to keep, preserve*
estar bien conservado — *to be well preserved*.
Está bien conservada. *She's well preserved.*

la consideración — *consideration*
por consideración a — *out of consideration for*.
Lo hago por consideración a ella. *I'm doing it out of consideration for her.*

consiguiente — *consequent*
por consiguiente — *consequently*.
Por consiguiente tuve que volver. *Consequently I had to return.*

constar — *to be clear; to consist, be composed*.
constar de — *to consist of*.
La obra consta de tres actos. *The work consists of three acts.*

constarle (a uno) — *to seem evident (to one)*.
Me consta que es un buen maestro. *It seems evident to me that he is a good teacher.*

el consuelo — *consolation*
sin consuelo — *hopeless*.
Gastaba sin consuelo. *He was a hopeless spendthrift.*

el contacto — *contact*
  perder el contacto con — *to lose touch with.*
  No quiero perder el contacto con ella. *I don't want to lose touch with her.*

  ponerse en contacto con — *to get in touch with.*
  Se puso en contacto conmigo. *He got in touch with me.*

contado — *counted, numbered*
  pagar al contado — *to pay cash.*
  Siempre pagamos al contado. *We always pay cash.*

contante — *ready (money)*
  dinero contante y sonante — *hard cash.*
  Pagó con dinero contante y sonante. *He paid hard cash.*

contar — *to count; to tell*
  contar con — *to count on.*
  Cuento con usted. *I'm counting on you.*

  contar con — *to have.*
  No cuenta con suficiente dinero. *He doesn't have enough money.*

  ¡Cuénteme a ver! — *Tell me!*

la continuación — *continuation*
  a continuación — *following.*
  A continuación se ve la lista de jugadores. *The list of players follows.*

continuo — *continuous*
  de continuo — *continually.*
  Llovió de continuo. *It rained continually.*

contra — *against*
  en contra de — *against.*
  Está en contra de las manifestaciones. *He's against the demonstrations.*

contrario — *contrary*
  al contrario — *on the contrary.*
  Yo, al contrario, no sé nada. *I, on the contrary, know nothing.*

  de lo contrario — *otherwise.*
  Vaya con ella. De lo contrario, tendré que ir yo. *Go with her. Otherwise, I'll have to go.*

  llevar la contraria (la contra) — *to contradict.*
  Siempre me lleva la contraria (la contra). *He always contradicts me.*

la contraseña — *countersign; check (for baggage, etc.)*
  una contraseña de salida — *a re-entry pass.*
  Me dieron una contraseña de salida. *They gave me a re-entry pass.*

la conversación — *conversation*
  dejar caer en la conversación — *to let (it) drop.*
  Dejó caer en la conversación que iba a casarse. *She let it drop that she was going to get married.*

convertir — *to convert*
  convertirse en — *to turn into.*
  Su dolor de cabeza se convirtío en un resfriado. *Her headache turned into a cold.*

convidar — *to invite*
  convidar con — *to treat to.*
  Me convidó con una copa de coñac. *He treated me to a glass of brandy.*

la copia — *copy*
  sacar una copia — *to make a copy.*
  Sáqueme una copia de esta carta. *Make me a copy of this letter.*

el corazón — *heart*

con el corazón en la mano — *in all frankness*.
Le digo esto con el corazón en la mano. *I'm telling you this in all frankness.*

llevar el corazón en la mano — *to wear one's heart on one's sleeve*.
Lleva el corazón en la mano. *He wears his heart on his sleeve.*

no tener corazón para — *not to have the heart to*.
No tengo corazón para decírselo. *I haven't the heart to tell him.*

partirle el corazón — *to break someone's heart*.
Me partió el corazón. *It broke my heart.*

querer de todo corazón — *to love with all one's heart*.
La quiero de todo corazón. *I love her with all my heart.*

ser blando de corazón — *to be soft-hearted*.
Soy muy blando de corazón. *I am very soft-hearted.*

tener corazón de piedra — *to be very hard-hearted*.
Tiene corazón de piedra. *He is very hard-hearted.*

el coro — *chorus, choir*

brindar a coro — *to drink a toast together*.
Brindaron a coro. *They all drank a toast together.*

hacerle coro — *to echo (to second) someone's opinion*.
Me hicieron coro. *They echoed (seconded) my opinion.*

recitar a coro — *to recite in chorus*.
Lo recitaron a coro. *They recited it in chorus.*

rezar a coros — *to pray alternately (responsively)*.
Rezaban a coros. *They were praying alternately (responsively).*

la coronilla — *crown (of the head)*
estar hasta la coronilla (de) — *to be fed up (with).*
Estoy hasta la coronilla de mi trabajo. *I'm fed up with my work.*

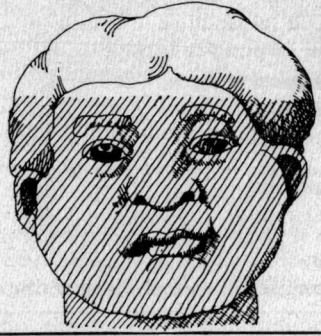

el correo — *mail*
echar al correo — *to mail.*
Escribió la carta y la echó al correo. *He wrote the letter and mailed it.*

correr — *to run*
a todo correr — *at top speed.*
Salieron a todo correr. *They set off at top speed.*

corresponder — *to correspond*
A quien le corresponda. — *To whom it may concern.*

corresponderle — *to be one's affair.*
Eso no me corresponde. *That's not my affair.*

corresponderle — *to be one's turn.*
A mí me corresponde ganar el premio. *It's my turn to win the prize.*

la corriente — *current, stream*
dejarse llevar de la corriente — *to follow the crowd.*
Se deja llevar de la corriente. *He follows the crowd.*

llevarle la corriente — *to humor someone.*
Sólo lo hice por llevarles la corriente. *I only did it to humor them.*

corriente — *current*
estar al corriente (al tanto) de — *to be up to date on.*
Está al corriente (al tanto) de lo que pasa. *He's up to date on what's happening.*

(man)tener al corriente (de) — *to keep posted (informed, up to date on).*
La (man)tenía al corriente. *He was keeping her posted (informed, up to date).*

poner (a uno) al corriente (de) — *to bring (someone) up to date (on).*
Me puso al corriente. *He brought me up to date.*

corto — *short*
a la corta o a la larga — *sooner or later.*
A la corta o a la larga se arrepentirán. *Sooner or later they'll be sorry.*

la cosa — *thing*
como quien no quiere la cosa — *casually (with pretended indifference).*
Lo hace como quien no quiere la cosa. *He does it casually (with pretended indifference).*

como si tal cosa — *as if nothing had happened.*
Seguí trabajando como si tal cosa. *I went on working as if nothing had happened.*

cosa de — *about; more or less.*
Estuvo allí cosa de dos meses. *He was there about two months (two months, more or less).*

(ser) cosas de . . . — *to be the way . . . is.*
(Esas son) Cosas de Pablo. *Oh, that's just the way Paul is.*

dejar las cosas a medias — *to leave things half done.*
Dejó las cosas a medias. *He left things half done.*

Eso ya es otra cosa. — *That's quite another matter.*

No hay tal cosa. — *That's not true at all (It's not like that at all).*

no ser de morirse — *not to be fatal (not all that serious).*
La enfermedad no es de morirse. *The disease is not fatal (not all that serious).*

otra cosa — *something else.*
¿No desea otra cosa? *Don't you want something else?*

poner las cosas en su punto — *to set things straight.*
Puso las cosas en su punto. *He set things straight.*

por cualquier cosa — *on the slightest provocation.*
Llora por cualquier cosa. *She cries on the slightest provocation.*

ser cosa del otro mundo — *to be out of the ordinary; special; something to write home about.*
No es cosa del otro mundo. *It's nothing out of the ordinary (nothing special; nothing to write home about).*

ser cosa suya — *to be one's business (one's affair).*
Eso es cosa mía. *That's my business (my affair).*

tomar las cosas con calma — *to take things calmly.*
Siempre toma las cosas con calma. *He always takes things calmly.*

la cosecha — *harvest, crop*
ser de la propia cosecha — *to be something one thought up oneself (out of one's own head); brainchild.*
Eso es de su propia cosecha. *That's something he thought up himself (out of his own head); That's his brainchild.*

coser — *to sew*
ser coser y cantar — *(to have) nothing to it; to be child's play.*
Esto es coser y cantar. *There's nothing to this (It's child's play).*

las cosquillas — *tickling, ticklishness*
buscarle las cosquillas — *to try to get someone irritated; to tease.*
Le buscaban las cosquillas. *They were trying to get him irritated (teasing him).*

hacerle cosquillas — *to tickle someone.*
Le hizo cosquillas. *She tickled him.*

la costa — *cost*
a costa de — *at the expense of.*
Se divierten a costa de su primo. *They amuse themselves at their cousin's expense.*

a toda costa — *at all costs.*
Lo haré a toda costa. *I'll do it at all costs.*

el costado — *side*
por los cuatro costados — *on both sides.*
Es noble por los cuatro costados. *He's of noble blood on both sides.*

el costal — *sack, bag*
estar hecho un costal de huesos — *to be nothing but skin and bones.*
Está hecho un costal de huesos. *He's nothing but skin and bones.*

costar — *to cost*
costarle caro — *to cost one dearly*
Les costó caro. *It cost them dearly.*

cueste lo que cueste — *cost what it may.*
Encontrémoslo, cueste lo que cueste. *Let's find it, cost what it may.*

el coste — *cost*
a coste y costa(s) — *at cost.*
Me lo vendió a coste y costa(s). *He sold it to me at cost.*

la costumbre — *custom*
como de costumbre — *as usual.*
Empezaremos a las ocho como de costumbre. *We will begin at eight as usual.*

de costumbre — *usual.*
Me habló con su cortesía de costumbre. *She spoke to me with her usual courtesy.*

tener la costumbre de (tener por costumbre) — *to be in the habit of.*
Tiene la costumbre de (tiene por costumbre) llegar tarde. *He is in the habit of arriving late.*

---

la coz — *kick*
dar (tirar) coces — *to kick.*
El asno daba (tiraba) coces. *The donkey was kicking.*

---

las creces — *increase, excess*
con creces — *and then some.*
Se lo pagué con creces. *I paid him back and then some.*

---

el crédito — *credit*
a crédito — *on credit.*
Allí no se vende a crédito. *They don't sell on credit there.*

dar crédito a — *to believe (to give credence to).*
Nunca da crédito a lo que oye. *He never believes (gives credence to) what he hears.*

---

creer — *to believe*
creer que sí (no) — *to think so (not).*
Creemos que sí (no). *We think so (not).*

no crea — *don't get the wrong idea.*
No crea, es muy inteligente. *Don't get the wrong idea, he's very intelligent.*

¡Quién había de creerlo! — *Who would have thought it!*

¡Ya lo creo! — *Yes indeed! (I should say so!)*

---

el o la crisma — *chrism*
romperle la crisma — *to break someone's neck.*
Le voy a romper la crisma. *I'm going to break his neck.*

cristiano — *Christian*
hablar en cristiano — *to talk plain Spanish [English]*.
¿Por qué no hablan en cristiano? *Why don't they talk plain Spanish [English]?*

la cruz — *cross*
hacerse cruces — *to show great astonishment*.
Se hizo cruces. *He showed great astonishment.*

cuál — *which (one)*
a cuál más . . . — *each one more . . . than the last*.
Tienen cinco hijas, a cuál más bonita. *They have five daughters, each one prettier than the last (other).*

cualquiera — *any (whatsoever)*
ser un cualquiera — *to be just run of the mill (to be of no account)*.
Es un cualquiera. *He's just run of the mill (of no account).*

cuando — *when*
cuando más — *at most*.
Debe de tener cincuenta años cuando más. *He must be fifty at most.*

cuando menos — *at least*.
Se llevó cuando menos diez. *He carried off at least ten.*

de cuando en cuando (de vez en cuando) — *from time to time*.
Me acompaña de cuando en cuando (de vez en cuando). *He accompanies me from time to time.*

cuanto — *as much as, however much*
cuanto antes — *as soon as possible*.
Se lo devolveré cuanto antes. *I will return it to her as soon as possible.*

cuanto más (menos) — *the more (less)*.
Cuanto más (menos) se estudia, (tanto) más (menos) se aprende. *The more (less) one studies, the more (less) one learns.*

cuanto más que — *especially since*.
La quiero mucho, cuanto más que es mi prima. *I'm very fond of her, especially since she's my cousin.*

en cuanto — *as soon as*.
En cuanto salgan, venga a vernos. *As soon as they leave, come see us.*

en cuanto a — *as for*.
En cuanto a mi profesor, es de España. *As for my professor, he's from Spain.*

todo cuanto — *everything*.
Cree todo cuanto le dicen. *He believes everything they tell him.*

unos cuantos — *a few*.
Me trajo unos cuantos libros. *He brought me a few books.*

---

cuarenta — *forty*
cantarle las cuarenta — *to tell someone off*.
Le cantaron las cuarenta. *They told him off.*

---

el cuarto — *old coin*
no tener un cuarto — *not to have a penny to one's name*.
No tiene un cuarto. *He hasn't got a penny to his name.*

---

cuatro — *four*
más de cuatro — *quite a few*.
Me lo han dicho más de cuatro. *Quite a few people have told me so.*

---

cuclillas
en cuclillas — *squatting*.
Estaban en cuclillas. *They were squatting.*

---

la cuchara — *spoon*
meter la cuchara — *to butt in*.
Siempre tiene que meter su cuchara. *He always has to butt in.*

metérselo con cuchara (de palo) — *to spoon-feed someone*.
Hay que metérselo con cuchara (de palo). *You have to spoon-feed it to him.*

---

la cuenta — *account*
ajustar (arreglar) cuentas — *to settle accounts*.

la cuenta   la cuenta

¡Ya ajustaré (arreglaré) cuentas con ellos! *I'll settle accounts with them!*

caer en la cuenta (de) — *to catch on (to); realize; see the point of.*
No cae en la cuenta de la historia. *He doesn't catch on to (see the point of) the story.*

correr por la cuenta — *to see to; to be one's affair; to be up to one.*
Eso corre por mi cuenta. *I'll see to that (That's my affair; It's up to me).*

dar cuenta de — *to report on; to account for.*
Dio cuenta de su visita a los Estados Unidos. *He reported on (accounted for) his visit to the United States.*

darse cuenta de — *to realize.*
Me doy cuenta de ello. *I realize it.*

echar la cuenta — *to balance the account.*
Echó la cuenta. *He balanced the account.*

en resumidas cuentas — *in short; to sum up.*
En resumidas cuentas, no vale nada. *In short (To sum up), it's not worth anything.*

hacerse cuenta (que) — *to imagine; to pretend (that).*
Hágase cuenta que aquí hay un árbol. *Imagine (Pretend) that there's a tree right here.*

ir a cuentas — *to settle something.*
¡Vamos a cuentas! *Let's settle this!*

rendir cuentas a (ante) — *to explain oneself.*
Tendrás que rendir cuentas a (ante) tu patrón. *You will have to explain yourself to your boss.*

ir por cuenta de la casa — *to be on the house.*
Va por cuenta de la casa. *It's on the house.*

llevar bien las cuentas — *to keep careful track.*
Tiene que llevar bien sus cuentas. *He has to keep careful track.*

más de la cuenta — *too much; to excess.*
Comió más de la cuenta. *He ate too much (to excess).*

el cuento   el cuero

no entrar en la cuenta — *not to count*.
No entra en la cuenta. *It doesn't count.*

pedirle cuentas — *to ask someone for an explanation*.
Nadie le pedía cuentas. *No one asked him for an explanation.*

perder la cuenta — *to lose count (track)*.
Perdió la cuenta de su edad. *She lost count (track) of her age.*

por cuenta y riesgo — *at one's own risk*.
Ese viaje lo hará usted por su cuenta y riesgo. *You will make that trip at your own risk.*

por su cuenta — *on one's own*.
Lo compró por su cuenta. *He bought it on his own.*

tener en cuenta — *to bear (keep) in mind*.
Tenga en cuenta que es necesario. *Bear (Keep) in mind that it is necessary.*

tomar en cuenta — *to take into account*.
Tome en cuenta todo lo que ha hecho por usted. *Take into account everything he has done for you.*

el cuento — *tale, story*
¡Déjese de cuentos! — *Oh, come on now!; Get to the point!*

ir de cuento — *to be said*.
Va de cuento que aquella reina era bruja. *It is said that that queen was a witch.*

venir a cuento — *to be to the point*.
No viene a cuento. *It's not to the point.*

sin cuento — *endless*.
Ha tenido problemas sin cuento. *He has had endless problems.*

la cuerda — *rope, cord, string*
dar cuerda (a) — *to wind*.
Cada noche da cuerda al reloj. *Each night he winds the clock.*

el cuero — *hide, leather*

en cueros (vivos) — *stark naked.*
Salió a la calle en cueros (vivos). *He went out on the street stark naked.*

---

el cuerpo — *body*
luchar cuerpo a cuerpo — *to fight in hand-to-hand combat.*
Lucharon cuerpo a cuerpo. *They fought in hand-to-hand combat.*

---

el cuervo — *crow, raven*
Cría cuervos y te sacarán los ojos. — *That's the thanks you get!; to bite the hand that feeds one; to nurse a viper in one's bosom.*

---

la cuesta — *slope*
a cuestas — *on one's back.*
Llevaba el baúl a cuestas. *He was carrying the trunk on his back.*

cuesta abajo — *downhill; easy going.*
Iba cuesta abajo. *He was going downhill.*

cuesta arriba — *uphill; heavy going.*
Se me hace cuesta arriba. *It's uphill (heavy going) for me.*

---

la cuestión — *question*
ser cuestión de — *to be a question of.*
Es cuestión de demasiado dinero. *It's a question of too much money.*

---

el cuidado — *care*
al cuidado de — *to the care of.*
Dejó la venta de la casa al cuidado de un agente. *He left the sale of the house to the care of an agent.*

cuidado — *be careful.*
¡Cuidado con quemarse! *Be careful not to burn yourself!*

cuidado — *look out.*
¡Cuidado con el ganado! *Look out for the cattle!*

estar (enfermo) de cuidado — *to be seriously ill.*

Está (enfermo) de cuidado. *He is seriously ill.*

no tener cuidado — *not to worry.*
No tenga cuidado. *Don't worry.*

perder cuidado — *not to worry.*
¡Pierda cuidado! *Don't worry!*

poner cuidado — *to be careful.*
Pone mucho cuidado en su trabajo. *He is very careful in his work.*

sin cuidado — *indifferent.*
Sus problemas me tienen sin cuidado. *His problems are a matter of indifference to me.*

tener cuidado — *to be careful.*
Tenga cuidado de no resbalar. *Be careful not to slip.*

tener sin cuidado — *not to bother.*
Eso me tiene sin cuidado. *That doesn't bother me at all.*

---

cuidar — *to care for*
cuidar de (a) — *to take care of.*
La emplearon para cuidar de (a) los niños. *They hired her to take care of the children.*

cuidarse de — *to care about.*
No se cuida de mi opinión. *He doesn't care about my opinion.*

---

la culpa — *guilt, blame*
echar la culpa a — *to blame.*
Le echan la culpa a Juan. *They are blaming John.*

por culpa de — *to be the fault of.*
No recibió el puesto por culpa del jefe. *It was the boss's fault that he didn't get the job.*

tener la culpa — *to be to blame.*
Tiene la culpa del accidente. *She is to blame for the accident.*

---

cumplir — *to perform, fulfill*
cumplir años — *to have a birthday.*
Mañana cumple tres años. *Tomorrow he'll be three.*

por cumplir — *for form's sake; as a formality.*
Sólo lo hizo por cumplir. *He did it for form's sake (as a formality).*

el chasco — *trick; disappointment*
  llevarse (un) chasco — *to have a disappointment.*
  ¡Qué chasco se llevó! *What a disappointment he had!*

la chinche — *bedbug*
  morir como chinches — *to die like flies.*
  Morían como chinches. *They were dying like flies.*

la chispa — *spark*
  estar echando (estar que echa) chispas — *to be hopping mad (fit to be tied).*
  Estaban echando (Estaban que echaban) chispas. *They were hopping mad (fit to be tied).*

chistar — *to speak*
  no chistar — *not to say a word.*
  No chistó. *He didn't say a word.*

  sin chistar ni mistar — *without saying a word.*
  Lo aceptaron sin chistar ni mistar. *They accepted it without saying a word.*

el chiste — *joke*
  hacerle chiste (gracia) — *to strike one as being funny.*
  No me hizo chiste (gracia). *It didn't strike me as funny.*

la chita — *ankle bone*
  a la chita callando (a la chiticallando) — *stealthily; on the sly.*
  Salieron a la chita callando (a la chiticallando). *They left stealthily (on the sly).*

el chorro — *jet, spurt*
a chorros — *profusely.*
Estaban sudando a chorros. *They were sweating profusely.*

daño — *harm, damage*
hacerle daño (a) — *to harm one; to disagree (physically) with one.*
No le hará daño. *It won't hurt (disagree with) you.*

hacerse daño — *to get hurt.*
Se hizo daño. *He got hurt.*

dar — *to give*
¡Dale que dale! — *That's right, just keep it up! (Sarcastic.)*

dar a — *to face.*
La universidad da al hotel. *The university faces the hotel.*

dar a (de) beber — *to give a drink.*
Le dieron a (de) beber. *They gave him a drink.*

dar a conocer — *to make known.*
Dio a conocer que no aceptaría. *He made it known that he would not accept.*

dar a entender — *to give to understand.*
Le di a entender que no quería ir. *I gave him to understand that I didn't want to go.*

dar con — *to find.*
No pudo dar con el motivo del crimen. *He couldn't find the reason for the crime.*

dar con — *to run into.*
Di con Juan en la calle. *I ran into John on the street.*

dar de comer — *to feed.*
Tengo que dar de comer al perro. *I have to feed the dog.*

dar de sí — *to stretch.*
La tela da de sí. *The cloth stretches.*

dar en — *to hit.*
Me dio en la cabeza con una piedra. *He hit me in the head with a stone.*

dar las . . . — *to strike. . . .*
Dieron las cuatro. *The clock struck four.*

dar por — *to consider.*
Lo doy por perdido. *I consider it lost.*

dar que decir — *to cause a lot of talk.*
Dio que decir. *It caused a lot of talk.*

dar (mucho) que hacer — *to cause (a lot of) bother.*
Esto da (mucho) que hacer. *This is causing (a lot of) bother.*

dar que pensar — *to make think.*
Me da que pensar. *It makes me think.*

darle — *to hit someone.*
Le dieron con un palo en la cabeza. *They hit him on the head with a stick.*

darle a — *to reach down to.*
El cabello le daba a las espaldas. *Her hair reached down to her back.*

darle a cada cual lo suyo — *to give each one his just deserts.*
Le da a cada cual lo suyo. *He gives each one his just deserts.*

darle por — *to take it into one's head.*
Le dio por hacerle el amor a María Elena. *He took it into his head to make love to Mary Ellen.*

darle por — *to take to.*
Le dio por tocar la guitarra. *He took to playing the guitar.*

Lo mismo (Igual) da. — *It's all the same.*

no darse por entendido — *to pretend not to understand.*
No se dio por entendido. *He pretended not to understand.*

¿Qué más da? — *What difference does it make?*

de — *of, from*
  de — *as*.
  Terminó trabajando de sirvienta. *She ended up working as a servant.*

  de + infinitive — *if*.
  De (A) haberlo sabido, no hubieran ido. *If they had known, they wouldn't have gone.*

  de día (noche) — *in the daytime (at night)*.
  Estudia sólo de día (noche). *He studies only in the daytime (at night).*

  de dos en dos (dos a dos) — *two by two*.
  Entraban de dos en dos (dos a dos). *They were going in two by two.*

  de . . . en . . . — *from . . . to. . . .*
  Fuimos de tienda en tienda. *We went from store to store.*

  de joven — *as a youth*.
  De joven le gustaba nadar. *As a young man he liked to swim.*

  de la mañana (noche) — *in the morning (evening)*.
  Llegó a las ocho de la mañana (noche). *He arrived at eight in the morning (evening).*

  más (menos) de — *more (less) than*.
  Asistieron más (menos) de cien. *More (Less) than a hundred attended.*

---

decidir — *to decide*
  estar decidido a — *to be determined to*.
  Estoy decidido a ir. *I'm determined to go.*

---

decir — *to say, tell*
  como quien dice — *as if to say*.
  Hizo una mueca, como quien dice, — No me gusta. *He made a face, as if to say, "I don't like it."*

  decir bien — *to be right*.
  Es un hombre que siempre dice bien. *He's a man who is always right.*

decir   **la decisión**

Dicho y hecho. — *No sooner said than done.*

diciendo y haciendo — *and so doing.*
Diciendo y haciendo, renunció el puesto. *And so doing, he resigned his job.*

el qué dirán — *what people may say.*
No le importa el qué dirán. *She doesn't care about what people may say.*

es decir — *that is to say.*
La viejita, es decir, mi abuela, no oyó nada. *The little old lady, that is to say, my grandmother, didn't hear anything.*

Lo dicho, dicho. — *What I've said stands (I mean what I say).*

mejor dicho — *rather.*
Vamos mañana, o mejor dicho pasado mañana. *We're going tomorrow, or rather day after tomorrow.*

ni que decir tiene (va sin decir) — *to go without saying.*
Ni que decir tiene (Va sin decir) que es una buena idea. *It goes without saying that it's a good idea.*

no decir de — *not to mention; to say nothing of.*
Tiene cinco perros, y no digamos de sus gatos. *She has five dogs, not to mention (to say nothing of) her cats.*

por decirlo así — *so to speak.*
Es nuestra ama de llaves, por decirlo así. *She's our housekeeper, so to speak.*

que digamos — *to speak of.*
No es muy inteligente que digamos. *He's not really very intelligent (not very intelligent to speak of).*

ser un decir — *to be a saying.*
Es un decir en esta región. *It is a saying in this region.*

la decisión — *decision*
   tomar una decisión — *to make a decision.*
   ¿Cuándo va usted a tomar una decisión? *When are you going to make a decision?*

dedicar — *to dedicate*
  dedicarse a — *to devote oneself to.*
  Se dedicó a la enseñanza. *She devoted herself to teaching.*

el dedillo — *little finger*
  saber al dedillo — *to know backwards and forwards; to have at one's fingertips.*
  Lo sabe todo al dedillo. *He knows it all backwards and forwards (has it all at his fingertips).*

el dedo — *finger*
  a dos dedos de — *within an inch of; on the verge of.*
  Estaba a dos dedos de ahogarse. *He came within an inch of (was on the verge of) drowning.*

  contar por los dedos — *to count on one's fingers.*
  Cuenta por los dedos. *He counts on his fingers.*

  poner el dedo en la llaga — *to hit the sore spot.*
  Ha puesto el dedo en la llaga. *You've hit the sore spot.*

  señalarle con el dedo — *to point the finger at someone.*
  La señalaron con el dedo. *They pointed their finger at her.*

  ser para chuparse los dedos — *to taste delicious.*
  Este postre es para chuparse los dedos. *This dessert tastes delicious.*
  Un dedo no hace mano, ni una golondrina verano.
  One swallow doesn't make a summer.

defender — *to defend*
defenderse — *to get along.*
Se defiende bien en español. *He gets along well in Spanish.*

---

la defensiva — *defensive*
a la defensiva — *on the defensive.*
Estábamos a la defensiva. *We were on the defensive.*

---

dejar — *to let, leave*
dejar caer — *to drop.*
Dejó caer su cartera. *He dropped his billfold.*

dejar de — *to fail to.*
No deje de leerlo. *Don't fail to read it.*

dejar de — *to stop.*
Dejó de ser mi enemigo. *He stopped being my enemy.*

---

delante — *in front, ahead*
por delante — *at the head.*
Una mujer iba por delante de la banda. *There was a woman at the head of the band.*

---

la delantera — *front; lead, advantage*
tomar (coger; llevar) la delantera — *to get ahead of.*
Me tomó (cogió; llevó) la delantera. *He got ahead of me.*

---

demás — *other(s), rest*
estar por demás — *to be useless (superfluous).*
Está por demás. *It's useless (superfluous).*

por demás — *excessively.*
Es por demás orgulloso. *He's excessively proud.*

por lo demás — *furthermore; aside from this.*
Por lo demás, está lloviendo. *Furthermore (Aside from this), it's raining.*

---

la demasía — *excess*

en demasía — *to excess.*
Comió en demasía. *He ate to excess.*

la demostración — *demonstration*
hacer una demostración — *to give a demonstration.*
Nos hizo una demostración. *He gave us a demonstration.*

la dentellada — *bite, toothmark*
romper a dentelladas — *to chew up.*
El perro lo rompió a dentelladas. *The dog chewed it up.*

dentro — *inside*
por dentro (y por fuera) — *inside (and out).*
Lo pintaron por dentro (y por fuera). *They painted it inside (and out).*

depender — *to depend*
depender de — *to depend on.*
Depende del tiempo. *It depends on the weather.*

el derecho — *right*
tener derecho a — *to have a right to.*
Todos tenemos derecho a votar. *We all have a right to vote.*

derecho — *right, straight*
a (la) derecha — *to the right.*
La salida está a (la) derecha. *The exit is to the right.*

a derechas — *right; correctly.*
No sabe hacer nada a derechas. *He can't do anything right (correctly).*

guardar la derecha — *to keep to the right.*
Guarde la derecha. *Keep to the right.*

la deriva — *drift*
ir a la deriva — *to drift.*
El bote iba a la deriva. *The boat was drifting.*

la desbandada — *disbandment*
a la desbandada — *in confusion; in disorder.*
Huyeron a la desbandada. *They fled in confusion (in disorder).*

descampado — *open, clear*
en descampado — *in the open country.*
Pasamos la noche en descampado. *We spent the night in the open country.*

descosido — *imprudent, indiscreet*
gritar como un descosido — *to shout at the top of one's lungs.*
Gritaba como un descosido. *He was shouting at the top of his lungs.*

descubrir — *to discover, uncover*
a(l) descubierto — *(out) in the open.*
Se batían a(l) descubierto. *They were fighting (out) in the open.*

descubrirse — *to take off one's hat.*
Todos se descubrieron al ver pasar la bandera. *They all took off their hats when they saw the flag go by.*

el descuido — *neglect, carelessness*
como al descuido — *as if by accident.*
Se acercó como al descuido. *He approached as if by accident.*

por (en un) descuido — *inadvertently; carelessly.*
Tropezó por (en un) descuido con una estatua. *He inadvertently (carelessly) bumped into a statue.*

tener el descuido de no — *to neglect to.*
Tuvo el descuido de no apagar la luz. *He neglected to turn out the light.*

desde — *from, since*
desde antes — *before.*
Se habían casado desde mucho antes. *They had gotten married a long time before.*

desde niño — *from childhood on.*
Desde niño recibió una educación clásica. *From childhood on he received a classical education.*

---

desentenderse — *to take no part (in); to have nothing to do (with)*
hacerse el desentendido — *to pretend not to notice (understand).*
Se hizo el desentendido. *He pretended not to notice (understand).*

---

el deseo — *desire*
tener deseos de — *to want to.*
Tiene deseos de ver la comedia. *He wants to see the play.*

---

la desesperación — *desperation, despair*
echarse a la desesperación — *to sink into despair.*
Se echó a la desesperación. *He sank into despair.*

---

desesperado — *desperate*
a la desesperada — *in desperation; as a last resort.*
A la desesperada se lo pidió a su padre. *In desperation (As a last resort) he asked his father for it.*

---

la desgracia — *misfortune*
por desgracia — *unfortunately.*
Por desgracia no puedo. *Unfortunately I can't.*

---

deshacer — *to undo*
deshacerse — *to put oneself out.*
Se deshace por complacerme. *He puts himself out to please me.*

deshacerse de — *to get rid of.*
Va a deshacerse de su coche. *She is going to get rid of her car.*

deshacerse en — *to break out in.*
Se deshizo en sudor (lágrimas). *He broke out in a sweat (tears).*

---

la deshecha — *pretense, dissembling*

la deshonra   la determinación

hacer la deshecha — *to dissemble; to pretend.*
Hacía la deshecha cuando me dijo que estaba inocente. *He was dissembling (pretending) when he told me he was innocent.*

la deshonra — *dishonor*
tener a deshonra — *to consider dishonorable.*
No lo tiene a deshonra. *He doesn't consider it dishonorable.*

el desierto — *desert*
en (el) desierto — *to deaf ears.*
Predicaba en (el) desierto. *He was preaching to deaf ears.*

el despecho — *spite*
a despecho de — *in spite of; despite.*
A despecho de su mala suerte, siguió jugando. *In spite of (despite) his bad luck, he went on gambling.*

por despecho — *out of spite.*
Lo hicieron por despecho. *They did it out of spite.*

desprender — *to detach, loosen*
desprenderse de — *to give away.*
El rico se desprendió de su fortuna. *The rich man gave away his fortune.*

el destino — *fate, destiny*
con destino a — *bound for.*
Se embarcó el gerente en Hamburgo con destino a Londres. *The manager boarded the ship in Hamburg bound for London.*

desvivirse — *to be very much interested, very eager*
desvivirse por — *to do one's utmost to.*
Se han desvivido por ayudarnos. *They have done their utmost to help us.*

la determinación — *determination, decision*
tomar una determinación (decisión) — *to make a decision.*
Tomó una determinación (decisión). *He made a decision.*

detrás — *behind*
  por detrás — *(from) behind.*
  Venía por detrás. *He was coming along (from) behind.*

el día — *day*
  de día en día — *by the day.*
  Crece de día en día. *He grows by the day.*

  de hoy en ocho (quince) días — *a week (two weeks) from today.*
  Empieza de hoy en ocho (quince) días. *It starts a week (two weeks) from today.*

  del día — *today's.*
  Los coches del día son muy costosos. *Today's cars are very expensive.*

  día por día — *by the day.*
  Día por día se va enriqueciendo. *He's getting richer by the day.*

  el día menos pensado — *when least expected.*
  Vendrán el día menos pensado. *They will come when least expected.*

  estar al día — *to be up to date.*
  Está al día. *It's up to date.*

  poner al día — *to bring up to date.*
  Me puso al día. *He brought me up to date.*

  por (al) día — *a day.*
  Recibe cinco cartas por (al) día. *He receives five letters a day.*

  por esos días — *around that time.*
  Por esos días volvió José. *Around that time Joe came back.*

  quedarse con el día y la noche — *to be left penniless.*
  Se quedaron con el día y la noche. *They were left penniless.*

  todo el santo día — *all day long; all the livelong day.*
  Trabajan todo el santo día. *They work all day long (all the livelong day).*

  al romper el día — *at dawn; at daybreak.*
  Salieron al romper el día. *They left at dawn (at daybreak).*

el día   **la dieta**

un día de éstos — *one of these days.*
Nos veremos un día de éstos. *We'll see each other one of these days.*

vivir al día — *to live from hand to mouth.*
Vive al día. *He lives from hand to mouth.*

el diamante — *diamond*
un diamante en bruto — *a diamond in the rough.*
Es un diamante en bruto. *He's a diamond in the rough.*

diario — *daily*
a diario — *daily.*
Nos visitan a diario. *They visit us daily.*

el dicho — *saying*
dejar dicho — *to leave word.*
Deje dicho si piensa acompañarnos. *Leave word if you intend to go with us.*

Del dicho al hecho hay mucho trecho. — *It's easier said than done.*

el diente — *tooth*
armar hasta los dientes — *to arm to the teeth.*
Iba armado hasta los dientes. *He was armed to the teeth.*

enseñar (mostrar) los dientes — *to show one's teeth.*
Enseñó (mostró) los dientes. *He showed his teeth.*

hablar entre dientes — *to mumble.*
Habla entre dientes. *He mumbles.*

diestro — *right*
a diestra y siniestra — *right and left.*
Caían bombas a diestra y siniestra. *Bombs were falling right and left.*

la dieta — *diet*

estar a dieta — *to be on a diet*.
Está a dieta. *She's on a diet.*

---

la diferencia — *difference*
a diferencia de — *unlike*.
María, a diferencia de su prima, es muy inteligente. *Mary, unlike her cousin, is very intelligent.*

partir la diferencia — *to split the difference*.
Vamos a partir la diferencia. *Let's split the difference.*

---

difícil — *difficult*
ser difícil que — *to be unlikely*.
Es difícil que vengan. *It's unlikely that they'll come.*

---

el dinero — *money*
hacer dinero — *to make money*.
Han hecho mucho dinero. *They've made a lot of money.*

Dios — *God*
A Dios gracias. — *Thank heaven*.

A Dios rogando y con el mazo dando (Ayúdate, que Dios te ayudará). — *Heaven (God) helps those who help themselves.*

a la buena de Dios — *haphazardly; (just) any old way*.
Contestó las preguntas a la buena de Dios. *He answered the questions haphazardly (just any old way).*

Al que madruga Dios le ayuda. — *The early bird catches the worm.*

como Dios manda — *the way one is supposed to*.
¿Por qué no trabajan de día como Dios manda? *Why don't they work in the daytime the way one is (you're) supposed to?*

Digan, que de Dios dijeron. — *Let them talk.*

Dios los cría y ellos se juntan. — *Birds of a feather flock together.*

¡Dios me libre! — *Heaven forbid! (Far be it from me!)*

¡Dios mío! — *Good heavens!*

estar de Dios — *to be meant to be; to be fated.*
Estaba de Dios. *It was meant to be (was fated).*

¡Por Dios! — *For heaven's sake!*

sabe Dios — *heaven only knows; there's no telling.*
Está aquí desde hace sabe Dios cuándo. *Heaven only knows (There's no telling) how long he's been here.*

Se va a armar la de Dios es Cristo. — *All hell is (really) going to break loose; the fur is (really) going to fly.*

¡Válgame Dios! — *Good heavens!*

la dirección — *direction*
 calle de dirección única — *one-way street.*
 Es una calle de dirección única. *It's a one-way street.*

el disgusto — *unpleasantness, annoyance*
 a disgusto — *against one's will.*
 Lo hicieron a disgusto. *They did it against their will.*

 dar(le) disgustos (a) — *to worry (someone).*
 Su manera de comportarse me da disgustos (da disgustos a su padre). *His behavior worries me (worries his father).*

 estar a disgusto — *to be ill at ease.*
 Está a disgusto entre tantas personas. *She is ill at ease among so many people.*

 tener un disgusto — *to have a falling out.*
 Ha tenido un disgusto con su hijo. *He's had a falling out with his son.*

disparar — *to fire, shoot*
 disparar sobre (contra) — *to fire on.*
 Los soldados dispararon sobre (contra) los manifestantes. *The soldiers fired on the demonstrators.*

 dispararle — *to shoot at someone.*
 Le disparamos. *We shot at him.*

disponer — *to dispose*
    disponer de — *to have (at one's disposal; to spend; to squander)*.
    No dispongo de dinero. *I don't have any money (at my disposal). I don't have money to squander.*

    disponerse a (para) — *to get ready to.*
    Se disponen a (para) comer. *They're getting ready to eat.*

    estar dispuesto a — *to be willing to.*
    Está dispuesto a ayudarnos. *He's willing to help us.*

---

la disposición — *disposal, disposition*
    a la disposición de . . . — *at . . . 's disposal.*
    Se puso a la disposición de Enrique. *He put (placed) himself at Henry's disposal.*

    estar a la disposición de — *to be at one's service.*
    Estoy a su disposición. *I am at your service.*

    por disposición de — *by arrangement of.*
    Trabajaba por disposición de su padre. *His father arranged for him to work.*

---

la disputa — *dispute*
    entrar en disputas — *to get into arguments.*
    Siempre entra en disputas. He is always getting into arguments.

---

la distancia — *distance*
    mantenerse a prudente distancia — *to keep (at) a safe distance.*
    ¡Manténgase a prudente distancia! *Keep (at) a safe distance!*

---

la distinción — *distinction*
    a distinción de — *as distinguished from.*
    Estudió los síntomas a distinción de las causas. *He studied the symptoms as distinguished from the causes.*

la distracción — *distraction*
   por distracción — *absent-mindedly*.
   Lo rompió por distracción. *He absent-mindedly broke it.*

doble — *double*
   al doble — *double*.
   Me lo pagó al doble. *He paid me double for it.*

la docena — *dozen*
   la docena del fraile — *a baker's dozen*.
   Siempre me dan la docena del fraile. *They always give me a baker's dozen.*

el dogal — *halter, (hangman's) rope*
   estar con el dogal a la garganta — *to be in a terrible fix (jam)*.
   Estaba con el dogal a la garganta. *He was in a terrible fix (jam).*

doler — *to ache, hurt*
   dolerle — *to hurt one*.
   Le duele la cabeza (garganta, etc.). *His head (throat, etc.) hurts (him).*

el dolor — *pain*
   tener dolor de . . . — *to have a . . . ache*.
   Tengo dolor de cabeza. *I have a headache.*

el don — *gift*
   tener don de gentes — *to have winning ways; to have a way with people*.
   Tiene don de gentes. *He has winning ways (a way with people).*

   tener el don de mando — *to be a born leader*.
   Tiene el don de mando. *He's a born leader.*

dos — *two*
en un dos por tres — *in a flash (jiffy)*.
Terminó la carta en un dos por tres. *He finished the letter in a flash (jiffy)*.

los dos — *both; both of them*.
Los dos lo hicieron. *They both (Both of them) did it*.

---

la duda — *doubt*
estar en duda — *to be in doubt*.
Los resultados están en duda. *The results are in doubt*.

no cabe duda (de que) — *there's no doubt (that)*.
No cabe duda de que es verdad. *There's no doubt that its true*.

poner en duda — *to cast doubt on*.
Puso en duda su proposición. *She cast doubt on his proposal*.

sin duda — *no doubt*.
Sin duda es verdad. *No doubt it's true*.

---

dudar — *to doubt*
no dudar — *not to hesitate*.
No dude en preguntárselo. *Don't hesitate to ask him*.

---

el dueño — *owner*
ser dueño de sí mismo — *to have self-control*.
Es muy dueño de sí mismo. *He has great self-control*.

---

echar — *to throw*
echar(se) a — *to burst out*.
(Se) Echó a reír (llorar). *He burst out laughing (crying)*.

echar a perder — *to ruin; to spoil*.
Todo se echó a perder. *Everything was ruined (spoiled)*.

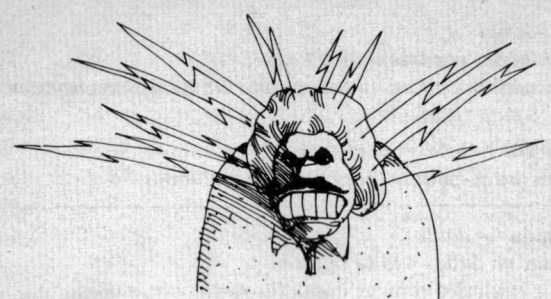

echar chispas — *to be hopping mad.*
Está echando chispas. *He is hopping mad.*

echar de ver — *to notice.*
Eché de ver que estaba muy pálida. *I noticed that she was very pale.*

echar (todo) a rodar — *to spoil (everything).*
Su llegada echó a rodar nuestros planes (echó todo a rodar). *His arrival spoiled our plans (spoiled everything).*

echarse a la calle — *to go out on the street.*
Me eché a la calle. *I went out on the street.*

echarse atrás — *to back out.*
Temiendo el resultado, se echó atrás. *Fearing the outcome, he backed out.*

echarse en la cama — *to lie down on the bed.*
Se echó en la cama. *He lay down on the bed.*

echarse encima (echarse sobre las espaldas) — *to take on; to take upon oneself.*
Se echó encima (sobre las espaldas) la responsabilidad. *She took on (took upon herself) the responsibility.*

echarse hacia atrás — *to lean back.*
Se echó hacia atrás. *He leaned back.*

echárselas de — *to fancy oneself (as); to boast of being.*
Se las echa de poeta. *He fancies himself (as) (boasts of being) a poet.*

la edad — *age*
   de corta edad — *of tender years.*
   La acompañaba un niño de corta edad. *She was accompanied by a child of tender years.*

   ser mayor de edad — *to be of age.*
   Es mayor de edad. *He's of age.*

   ser menor de edad — *to be a minor.*
   Es menor de edad. *He's a minor.*

   tener edad — *to be . . . years old.*
   ¿Qué edad tiene? *How old is he?*

efectivo — *real, actual*
   (dinero) efectivo — *cash.*
   Pagó con (dinero) efectivo. *He paid cash.*

el efecto — *effect*
   en efecto — *as a matter of fact; in fact.*
   En efecto, son amigos. *As a matter of fact (In fact), they're friends.*

   hacer mal efecto — *to have a bad effect.*
   Me hizo mal efecto. *It had a bad effect on me.*

el ejemplo — *example*
   por ejemplo — *for example (instance).*
   Me gusta la comida española, por ejemplo, la paella. *I like Spanish food, for example (instance), paella.*

   servir de ejemplo — *to set an example.*
   Sirve de ejemplo a sus colegas. *He sets an example for his colleagues.*

   sin ejemplo — *unparalleled; without precedent.*
   Fue una cosa sin ejemplo. *It was something unparalleled (without precedent).*

el elefante — *elephant*
   un elefante blanco — *a white elephant.*
   Es un elefante blanco. *It's a white elephant.*

el elemento — *element*
   estar en su elemento — *to be in one's element.*
   Está en su elemento. *He's in his element.*

el embargo — *embargo*
   sin embargo — *nevertheless.*
   Sin embargo, tiene sus defectos. *Nevertheless, it has its defects.*

el embozo — *part of cloak used to cover the face*
   quitarse el embozo — *to drop one's mask; to show (tip) one's hand.*
   Se quitó el embozo. *He dropped his mask (showed [tipped] his hand).*

el empellón — *push*
   abrirse paso a empellones — *to push one's way through.*
   Se abrió paso a empellones. *She pushed her way through.*

   entrar a empellones — *to push one's way in.*
   Oyeron el ruido y entraron a empellones. *They heard the noise and pushed their way in.*

empeñar — *to pledge, pawn*
   empeñarse en — *to insist on; to persist in.*
   Se empeña en cantar. *He insists on (persists in) singing.*

el empeño — *pledge, obligation, determination*
   tener empeño en — *to be eager to.*
   Tiene empeño en educarse. *He is eager to become educated.*

emplear — *to use, employ*
   dar por bien empleado — *to consider well worth the trouble.*
   Lo doy por bien empleado. *I consider it well worth the trouble.*

   estarle bien empleado (empleársele bien a) — *to serve someone right.*
   Le está bien empleado (Se le emplea bien). *It serves him right.*

emprender — *to undertake*
emprenderla — *to get into it.*
Había considerado el problema, y anoche la emprendí con mi primo. *I had considered the problem, and last night I got into it with my cousin.*

emprenderla — *to set out.*
La emprendimos para la ciudad. *We set out for the city.*

---

el empujón — *push*
abrirse paso a empujones — *to push one's way through.*
Se abrió paso a empujones. *She pushed her way through.*

---

encarar — *to face*
encararse con — *to come face to face with; to face.*
Di la vuelta y me encaré con él. *I turned around and came face to face with (faced) him.*

encararse con — *to face (up to).*
No puede encararse con la realidad. *He can't face (up to) reality.*

---

encargar — *to entrust*
encargarse de — *to take charge of.*
Se encargó de los preparativos. *He took charge of the preparations.*

---

el encargo — *commission, job*
por encargo — *to (on) order.*
Hacía el vestido por encargo. *She made the dress to (on) order.*

---

encima — *above, at the top*
encima de todo — *on top of everything else.*
Encima de todo, perdió su dinero. *On top of everything else, he lost his money.*

---

la encorvada — *stooping, bending*
hacer la encorvada — *to malinger.*
Hacía la encorvada. *He was malingering.*

el encuentro — *encounter, meeting*
   salir al encuentro (a; de) — *to go (out) to meet someone.*
   Le salí al encuentro. *I went (out) to meet him.*

ende
   por ende — *therefore.*
   Está en casa; por ende no está aquí. *He's at home; therefore he's not here.*

enfermo — *sick, ill*
   caer enfermo — *to fall ill.*
   Cayó enfermo. *He fell ill.*

enfrentar — *to face, confront*
   enfrentarse con — *to stand up to; to confront.*
   Se enfrenta con ellos. *She stands up to (confronts) them.*

enfrente — *opposite, in front*
   de enfrente — *across the street; directly opposite.*
   La casa de enfrente es de ellos. *The house across the street (directly opposite) is theirs.*

engaño — *deceit, deception*
   llamarse a engaño — *to call foul; allege fraud.*
   Cuando rompieron el contrato, se llamó a engaño. *When they broke the contract, he called foul (alleged fraud).*

la enhorabuena — *congratulations*
   dar enhorabuena — *to offer congratulations.*
   Le doy mi más sincera enhorabuena. *I offer you my heartiest congratulations.*

el entendedor — *one who understands*
   A(l) buen entendedor, pocas palabras. — *A word to the wise is sufficient.*

entender — *to understand*
 a (según) su entender — *in one's opinion; to one's way of thinking.*
 A (según) mi entender, el cuadro no vale nada. *In my opinion (To my way of thinking), the picture isn't worth anything.*

enterar — *to inform*
 enterarse de — *to find out about; to learn of.*
 Se enteró de mi llegada. *He found out about (learned of) my arrival.*

entero — *whole, entire*
 por entero — *completely.*
 La gasolina se agotó por entero. *The gas(oline) was completely used up.*

entonces — *then*
 de entonces — *of that time.*
 Los vestidos de entonces eran largos. *The dresses of that time were long.*

 desde entonces — *(ever) since then.*
 Desde entonces la vemos raras veces. *(Ever) Since then we rarely see her.*

 para entonces — *by that time.*
 Para entonces llovía. *By that time it was raining.*

 por (en) aquel entonces — *at that time.*
 Por (En) aquel entonces no había televisión. *At that time there was no television.*

entrar — *to enter*
 entrar en (a) — *to enter.*
 Entraron en el (al) café. *They entered the cafe.*

 muy entrada la mañana (noche) — *well along in the morning (night).*
 Esperamos hasta muy entrada la mañana (noche). *We waited until well along in the morning (night).*

entre — *between, among*
  entre ... y ... — *half ... and half. ...*
  Es una obra entre trágica y cómica. *It's a work half tragic and half comic.*

  por entre — *among.*
  Se paseaba por entre los niños. *He was walking around among the children.*

---

la envidia — *envy*
  comerse de envidia — *to be eaten up with envy.*
  Se comían de envidia. *They were eaten up with envy.*

---

la época — *epoch, period*
  hacer época — *to make quite a splash; to be an epoch-making event.*
  Hizo época. *It made quite a splash (was an epoch-making event).*

  para esa época — *by that time.*
  Para esa época se había terminado. *By that time it was over.*

  por esa (la) época — *around that time.*
  Por esa (la) época les nació la hija. *Around that time, their daughter was born.*

---

el equipaje — *baggage*
  hacer el equipaje — *to pack one's bags.*
  Hizo su equipaje. *He packed his bags.*

---

la equivocación — *mistake*
  por equivocación — *by mistake.*
  Por equivocación me llevé su libro. *By mistake I carried off his book.*

---

equivocar — *to mistake*
  equivocarse de — *to be wrong about; to make a mistake about.*
  Me equivoqué de cuarto. *I went to the wrong room (I made a mistake about the room).*

la escala — *ladder; scale; port of call*
en gran escala — *on a large scale.*
Se fabrican en gran escala. *They are manufactured on a large scale.*

hacer escala — *to put in; make a stop.*
El barco no hace escala en Barcelona. *The ship doesn't put in (make a stop) at Barcelona.*

la escalera — *stairs*
tomar por la escalera arriba — *to start upstairs.*
Tomó por la escalera arriba. *He started upstairs.*

escapar — *to escape*
escapar a — *to escape from.*
Escapó al policía. *He escaped from the policeman.*

el escape — *escape, flight*
salir a escape — *to go off in great haste (on the run).*
Salió a escape. *He went off in great haste (on the run).*

escaso — *scarce, scant*
estar escaso de — *to be short of.*
Están escasos de fondos. *They are short of money.*

la escena — *scene; stage*
estar en escena — *to be on stage.*
Está en escena. *He's on stage.*

poner en escena — *to stage (put on).*
Pusieron la obra en escena. *They staged (put on) the play.*

escondido — *hidden*
a escondidas — *on the sly; secretly.*
Lo practicaba a escondidas. *She practiced it on the sly (secretly).*

a escondidas de — *without the knowledge of.*
Fue a escondidas de su madre. *She went without the knowledge of her mother.*

el escote — *neckline (of a garment); quota, share (of an expense)*
pagar a escote — *to go Dutch.*
Pagaron a escote. *They went Dutch.*

escrito — *written*
estar escrito — *to be fate(d); to be meant to be; to be written (in the stars).*
Estaba escrito. *It was fate(d) (was meant to be; was written in the stars).*

por escrito — *in writing.*
Hizo la solicitud por escrito. *He applied in writing.*

escupir — *to spit*
ser escupido su . . . — *to be the spitting image (spit and image) of one's. . . .*
Es escupida su madre. *She's the spitting image (spit and image) of her mother.*

el esfuerzo — *effort*
no omitir esfuerzos — *to spare no effort.*
No omitimos esfuerzos para obtenerlo. *We spared no effort to obtain it.*

eso — *that*
a eso de — *at about.*
Empieza a eso de las cuatro. *It's begins at about four.*

eso de — *that business (matter) about.*
Me contó eso de la huelga. *He told me that business (matter) about the strike.*

¡Eso es! — *That's right!*

¡Eso sí que es! — *Yes indeed!*

¡Eso sí que no! — *No indeed!*

ir a eso — *to come to that.*
A eso voy. *I'm coming to that.*

por eso — *that's why; for that reason; therefore.*
Por eso tuvimos que esperar. *That's why (for that reason; therefore) we had to wait.*

y eso que — *in spite of (despite) the fact that.*
Se viste muy mal, y eso que tiene mucho dinero. *She dresses very poorly, in spite of (despite) the fact that she has a lot of money.*

---

la espada — *sword*
Entre la espada y la pared — *Between the devil and the deep blue sea.*

---

la espalda — *back*
a espaldas de . . . — *behind . . . 's back.*
¿Por qué lo hicieron a espaldas de su padre? *Why did they do it behind their father's back?*

darle (volverle) la espalda — *to turn one's back on someone.*
Me dio (volvió) la espalda. *He turned his back on me.*

de espaldas — *from behind.*
Fue atacado de espaldas. *He was attacked from behind.*

de espaldas — *on one's back.*
Lo tiraron de espaldas. *They threw him on his back.*

de espaldas a — *with one's back up against.*
Lo pusieron de espaldas al muro. *They put him with his back up against the wall.*

estar de espaldas — *to have one's back turned.*
Estaba de espaldas. *He had his back turned.*

---

el espárrago — *asparagus*
mandar a freír espárragos — *to tell (someone) to go jump in the lake (to go fly a kite).*
Lo mandé a freír espárragos. *I told him to go jump in the lake (to go fly a kite).*

especial — *special*
   en especial — *especially*.
   Me gustó la comedia, en especial el último acto. *I liked the play, especially the last act.*

la especie — *sort, kind*
   pagar en especie — *to pay in kind*.
   Me pagaron en especie. *They paid me in kind.*

la espera — *wait(ing)*
   en espera de — *waiting for*.
   Pasó dos horas en espera del tren. *He spent two hours waiting for the train.*

esperar — *to hope; expect; wait*
   ser de esperar — *to be to be hoped*.
   Es de esperar que venga. *It is to be hoped that she'll come.*

la espina — *thorn, spine*
   darle mala espina — *to worry one (arouse one's suspicions)*.
   Me da mala espina. *He worries me (arouses my suspicions).*

el espinazo — *backbone*
   partirse el espinazo — *to break one's back*.
   Se partían el espinazo trabajando. *They were breaking their backs working.*

el espíritu — *spirit*
   exhalar (despedir) el espíritu — *to give up the ghost*.
   Exhaló (despidío) el espíritu. *He gave up the ghost.*

el espumarajo — *froth*
   echar espumarajos por la boca — *to foam at the mouth*.
   Echaba espumarajos por la boca. *He was foaming at the mouth.*

el estado — *state*
  estar en estado interesante — *to be in the family way (to be in an interesting condition).*
  Estaba en estado interesante. *She was in the family way (in an interesting condition).*

---

estar — *to be*
  estamos a ... — *today is. ...*
  Estamos a 20 de agosto. *Today is August 20.*

  estar bien — *to be all right (OK).*
  Está bien. *(That's) all right (OK).*

  estar bien — *to be comfortable.*
  Está bien en el sofá. *He is comfortable on the sofa.*

  estar bien con — *to be on good terms with.*
  Estoy bien con él. *I'm on good terms with him.*

  estar con — *to have.*
  Estoy con la gripe. *I have the flu.*

  estar con — *to agree with.*
  Estamos con usted. *We agree with you.*

  estar para (por) — *to be about to.*
  Están para (por) aceptar. *They are about to accept.*

  estar por — *to be in favor of.*
  No está por decírselo ahora. *He isn't in favor of telling them (about it) now.*

---

el estilo — *style*
  algo por el estilo — *something like that.*
  Me dijo que estaba agotado o algo por el estilo. *He told me he was exhausted, or something like that.*

  cosas por el estilo — *things of that sort.*
  Tenía pulseras, aretes y cosas por el estilo. *She had bracelets, earrings, and things of that sort.*

esto — *this*
  con esto — *with this.*
  Con esto se despidió. *With this she left.*

  esto de — *this business (matter) about.*
  Esto de los impuestos no me gusta. *I don't like this business (matter) about the taxes.*

  por esto — *for this reason.*
  Por esto más vale esperar. *For this reason it's better to wait.*

el estómago — *stomach*
  revolverle el estómago — *to turn one's stomach.*
  Me revuelve el estómago. *It turns my stomach.*

la estrella — *star*
  poner sobre (por) las estrellas — *to praise to the skies.*
  La pusieron sobre (por) las estrellas. *They praised her to the skies.*

  ver las estrellas — *to see stars.*
  El golpe me hizo ver las estrellas. *The blow made me see stars.*

estrenar — *to use (wear, show, perform, etc.) for the first time*
  estrenarse — *to open.*
  La obra se estrenó anoche. *The play opened last night.*

el estribo — *stirrup*
perder los estribos — *to lose one's head; to get rattled.*
Perdió los estribos. *He lost his head (got rattled).*

el estudio — *study*
plan de estudios — *curriculum.*
Hay que estudiar bien el plan de estudios. *You have to study the curriculum carefully.*

la etiqueta — *etiquette*
de etiqueta — *formally.*
Vinieron vestidos de etiqueta. *They came dressed formally.*

con etiqueta — *formally.*
Nos recibieron con mucha etiqueta. *They received us very formally.*

la evidencia — *evidence*
ponerle en evidencia — *to show someone up.*
Lo hicieron para ponerla en evidencia. *They did it in order to show her up.*

tener la evidencia — *to be obvious to one.*
Tengo la evidencia de que Juan no estuvo. *It's obvious to me that John wasn't there.*

el examen — *exam(ination)*
salir bien en (aprobar) un examen — *to pass an exam.*
Salió bien en (Aprobó) su examen. *He passed his exam.*

sufrir (presentar) un examen — *to take an exam.*
Sufrió (Presentó) dos exámenes. *He took two exams.*

exceder — *to exceed*
excederse a sí mismo — *to outdo oneself.*
Se ha excedido a sí mismo. *He has outdone himself.*

la excelencia — *excellence*
por excelencia — *par excellence.*
Es un tenorio por excelencia. *He's a Don Juan par excellence.*

la excepción — *exception*
   a excepción de — *with the exception of.*
   Vinieron todos a excepción de Felipe. *They all came with the exception of Philip.*

el éxito — *success*
   con (buen) éxito — *successfully.*
   Terminó sus estudios con (buen) éxito. *He finished his studies successfully.*

la expectativa — *expectation*
   estar a la expectativa de — *to be on the lookout for.*
   Estamos a la expectativa de nuestros amigos. *We are on the lookout for our friends.*

las expensas — *expenses*
   a expensas de — *at the expense of.*
   Trabajaba quince horas diarias a expensas de su salud. *He was working fifteen hours a day at the expense of his health.*

explicar — *to explain*
   explicar clases — *to teach.*
   Explica clases de francés. *She teaches French.*

   explicarse — *to understand.*
   No me explico por qué es así. *I can't understand why it's that way.*

extranjero — *foreign*
   en el extranjero — *abroad.*
   Están pasando el verano en el extranjero. *They are spending the summer abroad.*

   ir al extranjero — *to go abroad.*
   Todos los años van al extranjero. *Every year they go abroad.*

el extremo — *end, extreme*

en extremo — *a very great deal.*
Me gusta en extremo. *I like it a very great deal.*

llegar al extremo de — *to reach the point of.*
Llegó al extremo de darle una bofetada. *He reached the point of slapping him.*

pasar de un extremo a otro — *to go from one extreme to the other.*
Han pasado de un extremo a otro. *They have gone from one extreme to the other.*

fácil — *easy*
es fácil — *it is likely.*
Es fácil que lo hagan. *It's likely that they'll do it.*

lo más fácil — *the most likely.*
Lo más fácil es que se haya dormido. *The most likely is that he's fallen asleep.*

la facilidad — *ease, facility*
dar (toda clase de) facilidades — *to facilitate; to offer every assistance; to make everything very easy.*
Me dieron toda clase de facilidades. *They made everything very easy for me (They facilitated things for me; They offered me every assistance).*

facilitar — *to facilitate*
facilitar — *to make available.*
Me facilitó su coche. *He made his car available to me.*

la falda — *skirt*
cosido a las faldas de — *tied to the apron strings of.*
Anda cosido a las faldas de su mamá. *He is tied to his mother's apron strings.*

la falta — *lack*
  a falta de — *for lack of.*
  Lo coció en manteca a falta de aceite. *She cooked it in lard for lack of oil.*

  hacer falta — *to (be) need(ed).*
  Le hace falta dinero. *He needs money.*

  sin falta — *without fail.*
  Se lo daré sin falta. *I will give it to you without fail.*

---

faltar — *to be lacking, be missing*
  faltar a — *to fail to show up for.*
  Faltó a la cita. *He failed to show up for the appointment.*

  faltar a clase — *to cut class.*
  Faltó a dos clases. *He cut two classes.*

  faltar ... para ... — *to be ... off.*
  Faltaba menos de un mes para la boda. *The wedding was less than a month off.*

  faltar ... para ... — *to be ... till (of) ....*
  Faltan diez para las ocho. *It is ten till (of) eight.*

  faltar poco — *to be almost ready.*
  Falta poco para que empiece la comedia. *The play is almost ready to begin.*

  faltarle experiencia — *to lack experience.*
  Le falta experiencia. *He lacks experience.*

  ¡No faltaba más! — Claro que estoy enojado. ¡No faltaba más! *Of course I'm mad. The very idea (That's the last straw)!*

  ¡No faltaba más! — ¡No faltaba más! Lo haré con mucho gusto. *Why, of course! I'll be glad to do it.*

  no faltar quien — *to be those who.*
  No faltaba quien lo considerara avaro. *There were those who considered him miserly.*

la fama — *fame*
correr (ser) fama (que) — *to be rumored that.*
Corre (Es) fama que no están casados. *It's rumored that they're not married.*
tener fama de — *to have a reputation for.*
La tienda tiene fama de dar buen servicio. *The store has a reputation for giving good service.*

la familia — *family*
en familia — *within the family; in the family circle.*
Trataron el asunto en familia. *They discussed the matter within the family (in the family circle).*

fas
por fas o por nefas — *by hook or by crook.*
Por fas o por nefas lo conseguirán. *They'll get it by hook or by crook.*

el favor — *favor*
a su favor — *in one's favor.*
Decidió a mi favor. *He decided in my favor.*

hacer el favor de — *please.*
Haga el favor de firmar. *Please sign.*

por favor — *please.*
Pase, por favor. *Come in, please.*

la fe — *faith*
dar fe — *to certify.*
El documento da fe de que murió ayer. *The document certifies that he died yesterday.*
de buena (mala) fe — *in good (bad) faith.*
Obraba de buena (mala) fe. *He was acting in good (bad) faith.*

la fecha — *date*
hasta la fecha — *to date.*
Hasta la fecha no he recibido nada. *To date I haven't received anything.*

la feria — *fair*
Cada uno cuenta de la feria según le va en ella. — *Everyone gives his own account of an event.*

fiar — *to trust*
al fiado — *on credit.*
Nunca compro al fiado. *I never buy on credit.*

fiarse de — *to trust (in); to rely on.*
No nos fiamos de ella. *We don't trust (rely on) her.*

la fiera — *wild animal*
como una fiera — *furiously.*
Reaccionó como una fiera. *He reacted furiously.*

ser una fiera para — *to be a fiend for.*
Es una fiera para el estudio. *He's a fiend for study.*

trabajar como una fiera — *to work like a dog.*
José trabaja como una fiera. *Joe works like a dog.*

la fiesta — *festivity, celebration; (religious) feast, holiday*
aguar la fiesta — *to be a wet blanket (kill-joy).*
Siempre nos agua la fiesta. *He's always a wet blanket (kill-joy).*

dar una fiesta — *to throw (give) a party.*
Van a darnos una fiesta. *They're going to throw (give) a party for us.*

estar de fiesta — *to be in a holiday mood.*
Están de fiesta. *They're in a holiday mood.*

no estar para fiestas — *to be in no mood for joking.*
No estoy para fiestas. *I'm in no mood for joking.*

figurar — *to figure*
¡Figúrese! — *Just imagine!*

fijar — *to fix, set, establish*
fijarse en — *to notice.*
Fíjese en aquel edificio. *Notice that building.*

fijo — *fixed, firm*
  de fijo — *for sure.*
  No lo sé de fijo. *I don't know for sure.*

la fila — *row, file, rank*
  en fila india — *in single (Indian) file.*
  Pasaron en fila india. *They went by in single (Indian) file.*

  incorporarse a filas — *to join the army.*
  Se incorporó a filas. *He joined the army.*

  llamar a filas — *to call to the colors.*
  Fueron llamados a filas. *They were called to the colors.*

el fin — *end*
  a fin de — *at the end of.*
  A fin de año me voy. *I'm leaving at the end of the year.*

  a (en) fin de cuentas — *after all.*
  A (En) fin de cuentas, son mis padres. *After all, they are my parents.*

  a fines de — *around (toward) the end of.*
  Nació a fines del siglo XIX. *He was born around (toward) the end of the nineteenth century.*

  al fin — *finally.*
  Al fin se marcharon. *Finally they left.*

  al fin y al cabo — *after all.*
  Al fin y al cabo no se casaron. *They didn't get married after all.*

  dar fin a — *to complete.*
  Dio fin a su obra maestra. *He completed his masterpiece.*

  en fin — *in short.*
  En fin, es todo lo que tengo. *In short, it's all I have.*

  llevar mal fin — *to have bad intentions.*
  Lleva mal fin. *He has bad intentions.*

  poner (dar) fin a — *to put a stop (an end) to.*
  Puso (Dio) fin al ruido. *She put a stop (an end) to the noise.*

el final   la flor

por fin — *at last.*
Por fin llegó. *At last he arrived.*

(un) sin fin de — *no end of.*
La dejó con un sin fin de deudas. *He left her with no end of debts.*

el final — *end*
al final — *at the end.*
Al final de la comedia, murió el protagonista. *At the end of the play, the protagonist died.*

al final de la página — *at the bottom of the page.*
Lo apunté al final de la página. *I made a note of it at the bottom of the page.*

firme — *firm, solid*
estar en lo firme — *to be on firm ground; to be in the right.*
Está en lo firme. *He's on firm ground (in the right).*

trabajar de firme — *to work very hard.*
Voy a trabajar de firme. *I'm going to work very hard.*

flagrante — *blazing, flaming*
coger (pescar, pillar) en flagrante — *to catch in the act (red-handed).*
Lo cogieron (pescaron, pillaron) en flagrante. *They caught him in the act (red-handed).*

la flor — *flower*
a flor de agua (tierra) — *at water (ground) level.*
Esas plantas crecen a flor de agua (tierra). *Those plants grow at water (ground) level.*

decir (echar) flores — *to flatter (sweet-talk).*
Le gusta decir (echar) flores a las señoritas. *He likes to flatter (sweet-talk) the young ladies.*

la flor y nata — *the cream (flower).*
En la guerra perdimos la flor y nata de nuestra juventud. *In the war we lost the cream (flower) of our youth.*

el flote — *floating*
mantenerse a flote — *to stay afloat.*
No puede mantenerse a flote. *He can't stay afloat.*

ponerse a flote — *to get on one's feet again; to get out of the jam.*
Por fin pudimos ponernos a flote. *We finally succeeded in getting on our feet again (getting out of the jam).*

---

el fondo — *bottom; fund*
a fondo — *thoroughly.*
Lo aprendió a fondo. *She learned it thoroughly.*

andar escaso de fondos — *to be short of money.*
Ando escaso de fondos. *I'm short of money.*

del fondo — *back.*
Está en la pared del fondo. *It's on the back wall.*

dormir a fondo — *to sleep soundly.*
Durmieron a fondo. *They slept soundly.*

en el fondo — *at heart.*
En el fondo es una buena persona. *At heart he is a good person.*

entrar en el fondo del asunto — *to get the bottom of the matter.*
Tenemos que entrar en el fondo del asunto. *We have to get to the bottom of the matter.*

sin fondo — *bottomless.*
Es un lago sin fondo. *It's a bottomless lake.*

---

la forma — *form*
de todas formas — *in any case.*
De todas formas viene mañana. *In any case he's coming tomorrow.*

en forma de — *in the shape of.*
Me mandó un prendedor en forma de sombrero. *He sent me a pin in the shape of a hat.*

en la misma forma — *the same way.*
Contestó en la misma forma. *She answered the same way.*

la fortuna — *fortune*
por fortuna — *fortunately.*
Por fortuna puede venir. *Fortunately he can come.*

probar fortuna — *to try one's luck.*
Voy a probar fortuna. *I'm going to try my luck.*

---

francés — *French*
despedirse (irse) a la francesa — *to take French leave.*
Se despidió (Se fue) a la francesa. *He took French leave.*

---

la frecuencia — *frequency*
con frecuencia — *frequently.*
Nos visita con frecuencia. *He visits us frequently.*

---

freír — *to fry*
Al freír será el reír. — *We'll see when the time comes; time will tell.*

---

el frente — *front*
al frente de — *in charge of.*
Vino aquí al frente de un grupo de estudiantes. *He came here in charge of a group of students.*

dar frente a — *to face.*
Nuestra casa da frente a la iglesia. *Our house faces the church.*

en frente de (frente a) — *in front of.*
Nos veremos en frente del (frente al) hotel. *We'll meet in front of the hotel.*

frente a — *across from.*
Frente a la fábrica hay una carnicería. *Across from the factory there is a butcher shop.*

frente a — *in the face of.*
Se mostró muy valiente frente al peligro. *He was very brave in the face of (the) danger.*

frente a frente — *face to face.*

Los dos enemigos se encontraron frente a frente. *The two enemies met face to face.*

hacer frente a — *to face up to.*
No pudo hacer frente a sus problemas personales. *She couldn't face up to her personal problems.*

ponerse al frente — *to head.*
Se puso al frente de la rebelión. *He headed the rebellion.*

la frente — *forehead*
traer escrito en la frente — *to be written all over one's face.*
Lo trae escrito en la frente. *It's written all over his face.*

fresco — *cool, fresh*
quedarse tan fresco — *to stay cool; to be as cool as a cucumber.*
Se quedó tan fresco. *He stayed cool.(was as a cool as a cucumber).*

tomar el fresco — *to get a breath of (fresh) air.*
Tomaban el fresco. *They were getting a breath of (fresh) air.*

frío — *cold*
hacer frío — *to be cold.*
Hace frío hoy. *It's cold today.*

tener frío — *to be (feel) cold.*
Tiene frío. *She's cold.*

frisar — *to near, approach*
frisar en — *to get close to.*
Frisaba en los cuarenta años. *She was getting close to forty.*

frito — *fried*
estar frito — *to have had it.*
¡Estamos fritos! *We've had it!*

el fruto — *fruit*
dar fruto — *to bear fruit.*
Esas plantas no darán fruto. *Those plants will not bear fruit.*

sin fruto — *fruitlessly; in vain.*
Se esforzó sin fruto. *He exerted himself fruitlessly (in vain).*

---

el fuego — *fire*
 a fuego vivo (lento) — *over a high (low) flame.*
 Se cuecen a fuego vivo (lento). *You cook them over a high (low) flame.*

 darle fuego (lumbre) — *to give someone a light.*
 Le di fuego (lumbre). *I gave her a light.*

 hacer fuego — *to (open) fire.*
 Hicieron fuego al gentío. *They fired (opened fire) on the crowd.*

 jugar con fuego — *to play with fire.*
 Está jugando con fuego. *He's playing with fire.*

 pegar (prender) fuego a — *to set fire to.*
 Pegó (Prendió) fuego al documento. *He set fire to the document.*

 poner a fuego y sangre — *to lay waste.*
 Los invasores pusieron a fuego y sangre toda la comarca. *The invaders laid waste the whole district.*

---

fuera — *out(side)*
 estar fuera de sí — *to be beside oneself.*
 Estaba fuera de sí. *He was beside himself.*

 por fuera — *(on the) outside.*
 Pintó la casa por fuera. *He painted the outside of the house. (He painted the house on the outside).*

---

la fuerza — *strength, force*
 a fuerza de — *by dint of.*
 Se hizo rico a fuerza de su propio trabajo. *He got rich by dint of his own work.*

 a la fuerza — *against one's will.*
 Lo hizo a la fuerza. *He did it against his will.*

el furor   el galope

a la fuerza — *by force; forcibly.*
Los soldados entraron a la fuerza. *The soldiers entered by force (forcibly).*

a viva fuerza — *by pure (sheer) force.*
Alcanzó a hacerlo a viva fuerza. *He managed to do it by pure (sheer) force.*

sacar fuerzas de flaqueza — *to make a tremendous effort; to summon up one's courage.*
Sacando fuerzas de flaqueza, le dije que se marchara. *Making a tremendous effort (Summoning up my courage), I told him to leave.*

ser superior a sus fuerzas — *to be too much for one.*
Esto es superior a mis fuerzas. *This is too much for me.*

---

el furor — *furor*
hacer furor — *to make a hit.*
El mono hizo furor en el circo. *The monkey made a hit at the circus.*

---

el futuro — *future*
en lo futuro — *in the future.*
En lo futuro pórtate bien. *In the future, behave properly.*

en un futuro próximo — *in the near future.*
Haremos el viaje en un futuro próximo. *We will make the trip in the near future.*

---

el galgo — *greyhound*
De casta le viene al galgo ser rabilargo. — *Like father, like son; A chip off the old block; He comes by it honestly.*

el galope — *gallop*

a galope (a galope tendido) — *at a gallop; at full speed.*
Salió a galope (a galope tendido). *He set off at a gallop (at full speed).*

la gallina — *hen*
acostarse con las gallinas — *to go to bed with the chickens* [*early*].
Se acuestan con las gallinas. *They go to bed with the chickens.*

como gallina en corral ajeno — *like a fish out of water.*
Estoy como gallina en corral ajeno. *I feel like a fish out of water.*

matar la gallina de los huevos de oro — *to kill the goose that laid the golden eggs.*
Mató la gallina de los huevos de oro. *He killed the goose that laid the golden eggs.*

el gallo — *rooster*
en menos que canta un gallo — *as quick as a wink; in the twinkling of an eye.*
Se escapó en menos que canta un gallo. *He escaped as quick as a wink (in the twinkling of an eye).*

la gana — *desire*
darle la gana — *to feel like.*
No me da la gana. *I don't feel like it.*
Harán lo que les dé la (real) gana. *They'll do whatever they feel like.*

de buena (mala) gana — *willingly (unwillingly).*
Lo aceptó de buena (mala) gana. *She accepted it willingly (unwillingly).*

reventar de ganas de — *to be dying to.*
Reventaba de ganas de reír. *He was dying to laugh.*

tener ganas de — *to feel like.*
Tiene ganas de trabajar. *He feels like working.*

la garra — *claw*
caer en las garras de — *to fall into the clutches of.*
Cayó en las garras de su enemigo. *He fell into the clutches of his enemy.*

sacar de las garras de — *to free from someone's clutches.*
La sacaron de nuestras garras. *They freed her from our clutches.*

el gasto — *expense*
meterse en gastos — *to go to the expense.*
Se metió en gastos de componerlo. *He went to the expense of repairing it.*

sufragar (pagar) los gastos — *to pay (the expenses) for; to foot the bill.*
Sufragó los gastos de mi educación. *He paid (footed the bill) for my education.*

el gato — *cat*
(Aquí) hay gato encerrado. — *There's something fishy (here); There's more (here) than meets the eye.*

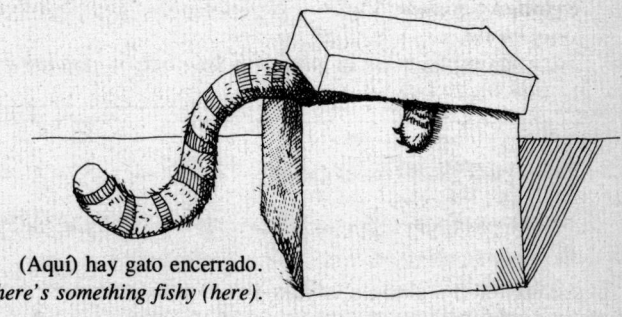

(Aquí) hay gato encerrado.
There's something fishy (here).

dar gato por liebre — *to put something over; deceive.*
No se deje dar gato por liebre. *Don't let them put anything over an you (deceive you).*

ponerle el cascabel al gato — *to bell the cat.*

gatas
a gatas — *crawling (on all fours).*
Tuvimos que entrar a gatas. *We had to crawl in (go in on all fours).*

general — *general*
  en (por lo) general — *in general.*
  En (Por lo) general se come muy poco aquí. *In general they eat very little here.*

el genio — *disposition, character; genius*
  Genio y figura, hasta la sepultura. — *You can't make a silk purse out of a sow's ear; The leopard can't change his spots.*

  tener mal (buen) genio — *to be bad (good)-tempered.*
  Tiene mal (buen) genio. *He's bad (good)-tempered.*

la gente — *people*
  la gente de bien — *decent (nice) people.*
  La gente de bien no va allí. *Decent (Nice) people don't go there.*

el globo — *globe*
  en globo — *as a whole; all together.*
  Hay que ver las cosas en globo. *You have to look at things as a whole (all together).*

la gloria — *glory*
  estar en la gloria (en sus glorias) — *to be in one's glory; to be in seventh heaven.*
  Estaban en la gloria (en sus glorias). *They were in their glory (in seventh heaven).*

  saber (oler) a gloria — *to taste (smell) heavenly.*
  Sabe (Huele) a gloria. *It tastes (smells) heavenly.*

el golpe — *blow, stroke*
  a puros golpes de suerte — *through sheer (strokes of) luck.*
  Acumuló una fortuna a puros golpes de suerte. *He accumulated a fortune through sheer (strokes of) luck.*

  al primer golpe de vista — *at first glance.*
  Descubrieron al primer golpe de vista que no era verdad. *They discovered at first glance that it wasn't true.*

cerrar de golpe — *to slam.*
Cerró de golpe la puerta. *She slammed the door.*

dar golpes — *to beat.*
Daba golpes al burro. *He was beating the burro.*

de golpe (y porrazo) — *all of a sudden.*
De golpe (y porrazo) se desmayó. *All of a sudden she fainted.*

de un golpe — *in one gulp.*
Tomó de un golpe la medicina. *He took the medicine in one gulp.*

el golpe de gracia — *the coup de grâce.*
Le dieron el golpe de gracia. *They gave him the coup de grâce.*

no dar golpe — *not to lift a finger.*
No da golpe. *He doesn't lift a finger.*

---

gordo — *fat*
Se armó la gorda. — *There was a terrible row.*

---

la gorra — *cap*
vivir de gorra — *to live (to sponge) off other people; to live at other people's expense.*
Vive de gorra. *He lives (sponges) off other people (He lives at other people's expense).*

---

la gota — *drop*
gota a gota — *drop by drop.*
El agua salía gota a gota. *The water was coming out drop by drop.*

no ver gota — *not to be able to see a thing.*
No veo gota. *I can't see a thing.*

sudar la gota gorda — *to sweat blood; to make a superhuman effort.*
Tuvimos que sudar la gota gorda para contentar a nuestro padre. *We had to sweat blood (to make a superhuman effort) to satisfy our father.*

---

gozar — *to enjoy*

gozar de — *to enjoy.*
Goza de buena salud. *She enjoys good health.*

el gozo — *joy*
El gozo en el pozo. — *It's all fallen through; it's gone down the drain.*

no caber en sí de gozo — *to be beside oneself with joy.*
María no cabe en sí de gozo. *Mary is beside herself with joy.*

saltar (brincar) de gozo — *to jump for joy.*
Saltaba (Brincaba) de gozo. *He was jumping for joy.*

la gracia — *grace; pleasantry, witticism*
caerle en gracia — *to take a liking to.*
Me cayó en gracia. *I took a liking to her.*

causar gracia — *to make laugh.*
Sus chistes me causan gracia. *His jokes make me laugh.*

dar las gracias — *to thank.*
Le dieron las gracias. *They thanked him.*

gracias a — *thanks to.*
Todo ha salido bien, gracias a su ayuda. *Everything has turned out well, thanks to your help.*

tener (hacer) (mucha) gracia — *to be (very) funny.*
Tiene (Hace) (mucha) gracia. *It's (very) funny.*

el grado — *will*
de (buen) grado — *willingly.*
Lo hizo de (buen) grado. *He did it willingly.*

mal de su grado (de mal grado) — *against one's will.*
Lo hizo mal de su grado (de mal grado). *He did it against his will.*

el grado — *degree*
de grado en grado — *by degrees.*
Se acercaban de grado en grado. *They were drawing nearer by degrees.*

grande — *large, great*
en grande — *as a whole.*
Debemos considerar el asunto en grande. *We must consider the matter as a whole.*

a lo (en) grande — *grandly; on a grand scale.*
Le gusta vivir a lo (en) grande. *He likes to live grandly (on a grand scale).*

el grano — *grain*
apartar el grano de la paja — *to separate the wheat from the chaff.*
Es difícil apartar el grano de la paja. *It's hard to separate the wheat from the chaff.*

con un (con su) grano de sal — *with a grain of salt.*
Hay que tomar lo que dice con un (con su) grano de sal. *You have to take what he says with a grain of salt.*

ir al grano — *to get to the point.*
Siempre va al grano. *He always gets to the point.*

el grito — *cry, shout*
a gritos — *at the top of one's voice.*
Nos llamó a gritos. *He called (to) us at the top of his voice.*

dar gritos — *to shout.*
Daba gritos. *He was shouting.*

lanzar un grito — *to cry out.*
Lanzó un grito. *She cried out.*

poner el grito en el cielo — *to hit the ceiling; to raise a big howl.*
Puso el grito en el cielo. *He hit the ceiling (raised a big howl).*

el guante — *glove*
arrojar el guante — *to throw down the gauntlet.*
Arrojó el guante. *He threw down the gauntlet.*

guardar — *to keep, guard*
guardarse de — *to refrain from.*
Guárdese de hacer comentarios. *Refrain from making comments.*

la guardia — *guard*
de guardia — *on duty.*
¿Quién está de guardia esta noche? *Who is on duty tonight?*

en guardia — *on (one's) guard.*
Estaba en guardia. *He was on (his) guard.*

la guerra — *war*
dar guerra — *to cause (make) trouble.*
Siempre daban guerra. *They were always causing (making) trouble.*

hacer (la) guerra — *to wage war.*
Hicieron (la) guerra. *They waged war.*

una guerra de nervios — *a war of nerves.*
Nos sometieron a una guerra de nervios. *They subjected us to a war of nerves.*

la guisa — *way, manner*
a guisa de — *as; by way of.*
Me lo dijo a guisa de disculpa. *He told it to me as (by way of) an excuse.*

gustar — *to please*
gustarle — *to like.*
Le gusta manejar (conducir). *He likes to drive.*

gustarle más — *to like better.*
Me gustan más las rubias. *I like blondes better.*

el gusto — *taste; pleasure, liking*
con mucho gusto — *gladly.*
Le dije que le haría el trabajo con mucho gusto. *I told him I'd gladly do the job for him.*

dar gusto — *to be a pleasure.*
Da gusto oírla tocar. *It's a pleasure to hear her play.*

darse el gusto — *to treat oneself.*
Se dio el gusto de hacer un viaje a Europa. *He treated himself to a trip to Europe.*

de buen (mal) gusto — *in good (bad) taste.*
No es de buen (mal) gusto. *It's not in good (bad) taste.*

Eso va en gustos. — *That's a matter of taste.*

estar a gusto — *to be comfortable.*
Estamos muy a gusto aquí. *We are very comfortable here.*

Sobre gustos no hay nada escrito. — *Everyone to his (own) taste; to each his own.*

tener gusto — *to be glad.*
Tengo (mucho) gusto en conocerlo. *I'm (very) glad to meet you.*

tomar(le) (el) gusto — *to take a liking to; to acquire a liking for.*
Le tomó (el) gusto. *He took a liking to it (acquired a liking for it).*

haber — *to have; (for) there to be*
  Allá se las haya. — *That's his problem (worry); let him take the consequences.*

  ¿Cuánto hay? — *How far is it?*
  ¿Cuánto hay de aquí al banco? *How far is it (from here) to the bank?*

  haber de — *to be (expected; obliged) to.*
  Ha de llegar mañana. *He is (expected) to arrive tomorrow.*

  habérselas con — *to have it out with; deal with.*
  Tendré que habérmelas con ellos. *I'll have to have it out with (deal with) them.*

hay — *there is (are).*
Hay tantos problemas que resolver. *There are so many problems to (be) solve(d).*

hay que — *it is necessary to; one must.*
Hay que comer. *It is necessary to (One must) eat.*

No hay de qué. — *Don't mention it; you're welcome.*

poco (tiempo) ha — *a short time ago.*
Murieron poco (tiempo) ha. *They died a short time ago.*

¿Qué hay? — *What's the matter?; What's up?*

si los hay — *if there ever was one.*
Es inteligente, si los hay. *He's an intelligent man if there ever was one.*

---

el hábito — *habit*
El hábito no hace al monje. — *Clothes don't make the man.*

el habla (f.) — *speech, language*
¡Al habla! — *Speaking!* [on the telephone]

estar al habla — *to be within hailing distance.*
El otro barco estaba al habla. *The other ship was within hailing distance.*

perder el habla — *to be speechless.*
Cuando vio el incendio perdió el habla. *When he saw the fire he was speechless.*

ponerse al habla con — *to get in communication with.*
Me puse al habla con él. *I got in communication with him.*

---

hablar — *to speak, talk*
hablar por hablar — *to talk for the sake of talking.*
Habla por hablar. *He talks for the sake of talking.*

hablar solo — *to talk to oneself.*
Mi abuelo hablaba solo. *My grandfather used to talk to himself.*

no hablarse — *not to be on speaking terms.*

Ya no nos hablamos. *We're not on speaking terms any more.*

ser mal hablado — *to be ill-spoken (foul-mouthed).*
Es muy mal hablado. *He's very ill-spoken (foul-mouthed).*

---

hacer — *to make, do*
desde hace (hacía) — *for.*
Estoy (Estaba) leyendo desde hace (hacía) una hora. *I have (had) been reading for an hour.*

hace poco — *a short time ago.*
Lo vendió hace poco. *He sold it a short time ago.*

hacer — *to make; to have.*
Hace estudiar a los niños. *He makes (has) the children study.*

hacer de — *to act as.*
Hacía de presidente. *He was acting as president.*

hacer resaltar — *to emphasize; to bring out.*
Hace resaltar el problema del indio. *He emphasizes (brings out) the problem of the Indian.*

hacerse — *to become.*
Se hizo médico. *He became a doctor.*

hacerse a — *to get used to.*
No se hace a trabajar de noche. *He can't get used to working at night.*

hacerse con (de) — *to get hold of.*
Se hizo con (de) los documentos. *He got hold of the documents.*

hacerse de rogar — *to have to be coaxed; to play hard to get.*
No se hace de rogar. *He doesn't have to be coaxed (doesn't play hard to get).*

---

el hambre (f.) — *hunger*
morirse de hambre — *to starve to death.*
Se murió de hambre. *She starved to death.*

pasar hambre — *to go hungry.*
Muchas veces han pasado hambre. *They have often gone hungry.*

tener hambre — *to be hungry.*
No tengo hambre. *I'm not hungry.*

la harina — *flour*
 ser harina de otro costal — *to be a horse of another (a different) color.*
 Eso es harina de otro costal. *That's a horse of another (a different) color.*

harto — *satiated*
 estar harto de — *to be fed up with; to be sick and tired of.*
 Estoy harto de sus quejas. *I'm fed up with (sick and tired of) his complaints.*

hasta — *until*
 hasta ahora (aquí) — *up to now; so far.*
 Hasta ahora (Hasta aquí) no han llegado. *They haven't arrived up to now (so far).*

 hasta entonces — *up to that time.*
 Hasta entonces no había tenido novio. *Up to that time she hadn't had a boy friend (sweetheart).*

he
 he aquí — *here is.*
 He aquí su respuesta. *Here is his answer.*

el hecho — *fact; act, deed*
 de hecho — *actually; in fact.*
 De hecho no sabe nada. *Actually (In fact) he doesn't know anything.*

hecho — *finished, done*
 hecho y derecho — *every inch; grown; mature.*
 Es un hombre hecho y derecho. *He's every inch a (He's a grown) man.*

el hielo — *ice*
 romper el hielo — *to break the ice.*

Su comentario rompió el hielo. *His comment broke the ice.*

el hierro — *iron*
El que a hierro mata a hierro muere. — *They that take the sword shall perish by (with) the sword.*

Es como llevar hierro a Vizcaya. — *It's like carrying coals to Newcastle.*

machacar en hierro frío — *to labor in vain.*
Machacaban en hierro frío. *They were laboring in vain.*

el higo — *fig*
de higos a brevas — *every once in a while.*
De higos a brevas les hago una visita. *I visit them every once in a while.*

la higuera — *fig tree*
estar en la higuera — *to be daydreaming; to have one's head in the clouds.*
Está en la higuera. *He's daydreaming (has his head in the clouds).*

el hijo — *son*
como cualquier (cada) hijo de vecino — *just like everybody else.*
Trabaja como cualquier (cada) hijo de vecino. *He works just like everybody else.*

el hilo — *thread*
cortar el hilo — *to interrupt.*
Le cortó el hilo en lo mejor del cuento. *She interrupted him in the best part of the story.*

estar pendiente de un hilo — *to be hanging by a thread.*
Está pendiente de un hilo. *It's hanging by a thread.*

perder el hilo (de la conversación) — *to lose the thread (of the conversation).*
Perdieron el hilo (de la conversación). *They lost the thread (of the conversation).*

el hincapié — *act of getting a firm footing*
hacer hincapié en — *to put special emphasis (stress) on.*
Hizo hincapié en los defectos de nuestro plan. *He put special emphasis (stress) on the shortcomings of our plan.*

el hinojo — *knee*
estar de hinojos — *to be kneeling.*
Estaban de hinojos. *They were kneeling.*

la historia — *history, story*
dejarse de historias — *to come to the point.*
¡Déjese de historias! *Come to the point!*

el hito — *landmark; target*
mirar de hito en hito — *to stare at.*
Me miró de hito en hito. *He stared at me.*

el hombre — *man*
¡Hombre! — *Man alive!*

¡Hombre al agua! — *Man overboard!*

Hombre prevenido vale por dos. — *Forewarned is forearmed.*

el hombro — *shoulder*
arrimar el hombro — *to put one's shoulder to the wheel; to lend a hand.*
Arrimaron el hombro. *They put their shoulder to the wheel (lent a hand).*

encogerse de hombros — *to shrug one's shoulders.*
Se encogió de hombros. *He shrugged his shoulders.*

la honrilla — *concern for one's reputation*
por la negra honrilla — *for fear of what people may say.*
Lo hago por la negra honrilla. *I'm doing it for fear of what people may say.*

la hora — *hour*

a altas horas — *very late*.
Llegó a casa a altas horas de la noche. *He got home very late at night.*

a estas horas — *now*.
A estas horas no puedo. *I can't now.*

a hora(s) fija(s) — *at a set (fixed) time; right on time*.
No le gustaba comer a horas fijas. *He didn't like to eat at a set (fixed) time.*

Apareció a hora fija. *He arrived right on time.*

a la hora — *on time*.
Llegó a la hora. *He arrived on time.*

a la hora de la verdad — *when it comes right down to it; at the moment of truth*.
A la hora de la verdad, le faltó valor para decírselo. *When it came right down to it (At the moment of truth), he lacked the courage to tell him.*

a primera hora — *early*.
Salieron a primera hora de la tarde. *They left early in the afternoon.*

a última hora — *at the last minute*.
A última hora decidió ir. *At the last minute he decided to go.*

a última hora — *late*.
Pasa el lechero a última hora de la mañana. *The milkman goes by late in the morning.*

de (la) última hora — *last-minute*.
Escuchaban las noticias de (la) última hora. *They were listening to the last-minute news.*

en hora buena — *luckily*.
En hora buena encontré el camino. *Luckily I found the road.*

estar de última hora — *to be the (latest) trend*.
Está de última hora. *It's the (latest) trend.*

horas libres — *free time*.
Leía en sus horas libres. *She would read in her spare time.*

la horma   la huelga

la hora de comer — *mealtime.*
No miramos la televisión a la hora de comer. *We don't watch television at mealtime.*

llegarle la hora — *to have one's hour come.*
Ya le llegó la hora. *His hour has come.*

marcar la hora — *to keep time.*
Mi reloj marca bien la hora. *My watch keeps good time.*

no ver la hora — *not to be able to wait.*
No veo la hora de salir de aquí. *I can't wait to get out of here.*

ser hora de — *to be time to.*
Es hora de estudiar. *It's time to study.*

---

la horma — *form, mold; (shoe) last*
hallar la horma del zapato — *to meet one's match; to find just what one wanted.*
Ha hallado la horma de su zapato. *He's met his match. He's found just what he wanted.*

---

hoy — *today*
de hoy a mañana — *(just about) any time now.*
De hoy a mañana se van a casar. *They're going to get married (just about) any time now.*

de hoy en adelante — *from now on; henceforth.*
De hoy en adelante compraremos menos. *From now on (henceforth) we'll buy less.*

hoy (en) día — *nowadays.*
Se usan mucho hoy (en) día. *They're worn a lot nowadays.*

hoy mismo — *this very day.*
Se lo mandaré hoy mismo. *I'll send it to you this very day.*

---

la huelga — *strike*
declararse en huelga — *to go (out) on strike.*
Se declararon en huelga. *They went (out) on strike.*

la huella — *track, trace, (foot)print.*
   dejar huella — *to make an impression.*
   Es un hombre que deja huella. *He's a man that makes an impression.*

   seguir las huellas de . . . — *to follow in . . .'s footsteps.*
   Sigue las huellas de su padre. *He's following in his father's footsteps.*

---

el hueso — *bone*
   estar (quedar) en los huesos — *to be nothing but skin and bones.*
   Está (Quedó) en los huesos. *He's nothing but skin and bones.*

Está (Quedó) en los huesos. *He's nothing but skin and bones.*

   estar mojado (calado) hasta los huesos — *to be soaked (drenched) to the skin.*
   Está mojado (calado) hasta los huesos. *He is soaked (drenched) to the skin.*

   partírsele los huesos de frío — *to be freezing to death.*
   Los huesos se me parten de frío. *I'm freezing to death.*

   ser un hueso duro de roer — *to be a tough nut to crack.*
   Es un hueso duro de roer. *He's a tough nut to crack.*

   soltar la sin hueso — *to let one's tongue wag; to talk too much.*
   Soltó la sin hueso. *He let his tongue wag (talked too much).*

tener los huesos molidos — *to be exhausted.*
Después de correr tanto tengo los huesos molidos. *After running so much I am exhausted.*

el huevo — *egg*
poner un huevo — *to lay an egg.*
La gallina puso un huevo. *The hen laid an egg.*

el humo — *smoke*
a humo de pajas — *lightly; without good reason.*
No dice eso a humo de pajas. *He's not saying that lightly (without good reason).*

bajarle los humos — *to take someone down a notch (a peg).*
Voy a bajarle los humos. *I'm going to take him down a notch (a peg).*

irse en humo — *to go up in smoke.*
Todo se fue en humo. *It all went up in smoke.*

¡**La (ida) del humo!** *Good riddance!*

el humor — *humor*
de buen (mal) humor — *in a good (bad) humor (mood).*
Está de buen (mal) humor. *He's in a good (bad) humor (mood).*

hurtadillas
a hurtadillas — *on the sly; stealthily.*
Sale a hurtadillas. *He goes out on the sly (stealthily).*

la ida — *going*
un billete (boleto) de ida y vuelta — *a round-trip ticket.*
Compró un billete (boleto) de ida y vuelta. *He bought a round-trip ticket.*

la idea — *idea*
cambiar de idea — *to change one's mind.*
Cambié de idea. *I changed my mind.*

igual — *equal*
(al) igual que — *like.*
José, (al) igual que su hermano, no quiso estudiar. *Joe, like his brother, refused to study.*

por igual — *equally.*
Debemos tratarlos por igual. *We should treat them equally.*

ser igual — *not to matter; to be all the same.*
(A mí me) es igual. *It doesn't matter (It's all the same) (to me).*

sin igual — *matchless; unequaled.*
Sus pinturas son de una belleza sin igual. *His paintings are of a matchless (unequaled) beauty.*

la ijada — *flank*
tener su ijada — *to have its weak side (point).*
Tiene su ijada. *It has its weak side (point).*

la ilusión — *illusion*
forjarse (hacerse) ilusiones — *to build castles in the air.*
Pasó la vida forjándose (haciéndose) ilusiones. *She spent her life building castles in the air.*

imponer — *to dominate*
imponerse a — *to dominate.*
Desde el primer momento se impuso a la situación. *From the first moment, he dominated the situation.*

la importancia — *importance*
darse importancia — *to act important.*
Le gusta darse importancia. *He likes to act important.*

importar — *to matter, be important*

importarle a uno — *to care.*
A mí no me importa. *I don't care.*

imposible — *impossible*
hacer lo(s) imposible(s) — *to do everything possible.*
Hizo lo(s) imposible(s) para ayudarnos. *He did everything he possibly could (everything possible) to help us.*

improviso — *unforeseen*
de improviso — *offhand.*
Así de improviso no sé qué decirle. *Just offhand I don't know what to tell you.*

de (al) improviso — *unexpectedly.*
Salió de (al) improviso. *He left unexpectedly.*

el inconveniente — *obstacle, drawback*
no ver ningún inconveniente — *to see no objection.*
Si quiere comprarlo, no veo ningún inconveniente. *If he wants to buy it, I see no objection.*

tener inconveniente — *to mind; to object to.*
No tenemos inconveniente en que vaya. *We don't mind (object to) his going.*

incorporar — *to incorporate*
incorporarse — *to sit up.*
Apenas puede incorporarse. *He can hardly sit up.*

la indirecta — *hint*
echar indirectas — *to make insinuations.*
Al ver la falda corta, echó indirectas. *On seeing the short skirt, he made insinuations.*

ingeniar — *to conceive*
ingeniárselas para — *to find a way; to manage.*
Se las ingenió para quedarse en París. *He found a way (He managed) to stay in Paris.*

el ingenio — *cleverness, talent*
aguzar (afilar) el ingenio — *to sharpen one's wits.*
Vamos a aguzar (afilar) el ingenio. *Let's sharpen our wits.*

inmediato — *immediate*
de inmediato — *immediately.*
Lo supo de inmediato. *He found it out immediately.*

instalar — *to install*
instalarse en — *to move into.*
Nos instalamos en una residencia (de estudiantes). *We moved into a dormitory.*

la instancia — *(earnest) request*
a instancias de . . . — *at . . . 's request.*
A instancias del padre hicieron al viaje. *At the father's request they took the trip.*

el instante — *instant*
a cada instante — *at any moment.*
A cada instante cree que se va a venir abajo el techo. *He thinks that at any moment the roof is going to collapse.*

al instante — *immediately; instantly.*
Tráigamelo al instante. *Bring it to me immediately (instantly).*

la inteligencia — *intelligence*
llegar a una inteligencia — *to reach (to come to) an understanding.*
Han llegado a una inteligencia. *They have reached (come to) an understanding.*

la intención — *intention*
con intención — *deliberately.*
Lo hizo con intención. *He did it deliberately.*

obrar con segunda intención — *to have an axe to grind; to have ulterior motives.*

Obraba con segunda intención. *He had an axe to grind (had ulterior motives).*

tener la intención de — *to intend to.*
Tienen la intención de faltar a la clase. *They intend to miss the class.*

el intento — *intent, purpose*
de intento — *on purpose.*
Lo hizo de intento. *He did it on purpose.*

el interés — *interest*
tener mucho interés en que — *to be eager for.*
Tengo mucho interés en que lo vea. *I am eager for you to see it.*

interesar — *to interest*
interesarse por — *to take an interest in.*
Se interesa por el bienestar de su familia. *He takes an interest in the welfare of his family.*

la inversa — *opposite*
a la inversa — *the other way around.*
Sus deseos no fueron realizados; todo resultó a la inversa. *His wishes were not realized; everything turned out the other way around.*

ir — *to go*
¿Cómo le va? — *How are you?*

en lo que va de — *so far.*
En lo que va de verano hemos nadado todos los días. *So far this summer we have gone swimming every day.*

irle a uno bien (mal) — *to turn out well.*
No me fue bien. *It did not turn out well for me.*

irle a uno bien (mal) — *to be becoming to.*
Ese vestido le va bien. *That dress is becoming to you.*

ir por — *to go after; to go to get.*
¿Cuándo va por el pan? *When is he going after (going to get) the bread?*

ir tirando — *to get by.*
Vamos tirando. *We're getting by.*

no le va ni viene nada — *not to concern one in the least.*
A mí no me va ni viene nada en eso. *That doesn't concern me in the least.*

¡Qué va! — *What nonsense!*

sin ir más lejos — *for example.*
Lo cree mi primo, sin ir más lejos. *My cousin believes it, for example.*

¡Vaya una sugerencia! — *What a suggestion!*

ya ir para — *to have gone on for nearly.*
La lluvia ya iba para una semana. *It had been raining for nearly a week.*

izquierdo — *left*
a la izquierda — *on (to) the left.*
Está a la izquierda. *It's on (to) the left.*

el jabón — *soap*
darle jabón — *to softsoap someone; to butter someone up.*
Le daban jabón. *They were softsoaping him (buttering him up).*

darle un jabón — *to give someone a dressing-down; to rake someone over the coals.*
Le daban un jabón. *They were giving him a dressing-down (were raking him over the coals).*

la jarra — *pitcher*
ponerse en (de) jarras — *to put one's hand on one's hips.*
Se puso en (de) jarras. *She put her hands on her hips.*

Jauja — *Cockaigne (land of plenty)*
  ¿Estamos aquí o en Jauja? — *Where do you think you are? Come down to earth.*

  ser Jauja — *to be the land of milk and honey.*
  ¡Eso es Jauja! *That's the land of milk and honey.*

Jesús — *Jesus*
  en un decir Jesús — *in an instant (a flash).*
  Lo abrió en un decir Jesús. *He opened it in an instant (a flash).*

la jota — *(the letter) j; jot, iota*
  no saber ni jota de — *not to know a thing about.*
  De eso no sé ni jota. *I don't know a thing about that.*

el juego — *game*
  conocerle (verle) el juego — *to be on to someone; to see through someone.*
  Le conozco (Le veo) el juego. *I'm on to him (see through him).*

  Desgraciado en el juego, afortunado en amores. — *Unlucky at cards, lucky in love.*

  hacer juego — *to match; to go well with.*
  Las sillas hacen juego con la mesa. *The chairs match (go well with) the table.*

  no ser cosa de juego — *to be no laughing matter.*
  No es cosa de juego. *It's no laughing matter.*

  prestarse al juego — *to go along with the game.*
  Se prestó al juego. *She went along with the game.*

la juerga — *spree*
  ir de juerga — *to be out on a spree.*
  Iban de juerga. *They were out on a spree.*

el jueves — *Thursday*
  no ser cosa del otro jueves — *to be nothing out of the ordinary.*
  No es cosa del otro jueves. *It's nothing out of the ordinary.*

jugar — *to play*
   jugar(se) el todo por el todo — *to bet (risk; gamble) everything.*
   Me jugué el todo por el todo. *I bet (risked; gambled) everything.*

   jugar limpio — *to play fair.*
   No juega limpio. *He doesn't play fair.*

junto — *close, near*
   junto a — *next to.*
   Está junto a la farmacia. *It's next to the drugstore.*

juzgar — *to judge*
   a juzgar por — *judging (to judge) by.*
   A juzgar por las apariencias, tienen mucho dinero. *Judging (To judge) by appearances, they have a lot of money.*

el labio — *lip*
   cerrar los labios — *to keep quiet.*
   Decidí cerrar los labios. *I decided to keep quiet.*

   estar pendiente de sus labios — *to be hanging on(to) one's words.*
   Estaba pendiente de mis labios. *He was hanging on(to) my words.*

   morderse los labios — *to bite one's tongue.*
   Me mordí los labios. *I bit my tongue.*

   no despegar los labios — *not to utter a word.*
   No despegó los labios. *She didn't utter a word.*

la ladilla — *crab louse*
   pegársele como una ladilla — *to stick to someone like a leech.*
   Se nos pega como una ladilla. *He sticks to us like a leech.*

el lado — *side*
   a un lado — *aside.*

Se hizo a un lado. *He stepped aside.*

al lado — *next door.*
Se compran al lado. *You can buy them next door.*

al lado — *on the side.*
Sírvame huevos revueltos con jamón al lado. *Serve me scrambled eggs with ham on the side.*

al otro lado — *on the other side.*
Al otro lado del río hay un pueblo. *On the other side of the river there is a town.*

de lado — *sideways.*
Hay que entrarlo de lado. *You have to bring it in sideways.*

de un lado a otro — *from one side to the other.*
Iban de un lado a otro. *They were going from one side to the other.*

de (por) un lado; de (por) otro — *on the one hand; on the other.*
De (Por) un lado, le gusta el vestido; de (por) otro, le parece caro. *On the one hand, she likes the dress; on the other, she thinks it's expensive.*

lado flaco — *weak spot.*
Hay que buscarle el lado flaco. *You have to find his weak spot.*

levantarse del lado izquierdo — *to get up on the wrong side of the bed.*
Parece que te levantaste del lado izquierdo esta mañana. *It seems that you got up on the wrong side of the bed this morning.*

poner a un lado (de lado) — *to put aside.*
Tuvo que poner a un lado (de lado) sus prejuicios. *She had to put her prejudices aside.*

por todos lados — *all over.*
Se veían por todos lados. *They were seen all over.*

---

la lágrima — *tear*
 deshacerse en lágrimas — *to weep bitterly.*
 Se deshizo en lágrimas. *She wept bitterly.*

lágrimas de cocodrilo — *crocodile tears.*
Son lágrimas de cocodrilo. *They're crocodile tears.*

Son lágrimas de cocodrilo.
They're crocodile tears.

llorar a lágrima viva — *to shed bitter tears; to weep bitterly.*
Lloró a lágrima viva. *She shed bitter tears (wept bitterly).*

saltársele las lágrimas — *to have tears come to one's eyes.*
Se me saltaban las lágrimas. *Tears came to my eyes.*

---

la lana — *wool*
  ir por lana y volver esquilado (trasquilado) — *(lit.) to go for wool and come home shorn; i.e., to have the tables turned on one; the shoe is on the other foot.*

---

largo — *long*
  a la larga — *in the long run.*
  A la larga será mejor ir despacio. *In the long run it will be better to go slowly.*

  a lo largo — *along.*
  Buscaban a lo largo del río. *They were searching along the river.*

  a lo largo y a lo ancho — *throughout (the length and the breadth of).*

Hubo disturbios a lo largo y a lo ancho del país. *There were disturbances throughout (the length and the breadth of) the country.*

¡Largo (de aquí)! — *Get out (of here)!*

pasar de largo — *to pass (on) by (without stopping).*
Pasó de largo. *He passed (on) by (without stopping).*

la lástima — *pity*
dar lástima — *to sadden.*
Me da lástima ver a este enfermo. *It saddens me to see this sick man.*

estar hecho una lástima — *to be a sorry sight (in a sad state).*
Está hecho una lástima. *He's a sorry sight (in a sad state).*

ser (una) lástima — *to be too bad (a pity).*
Es (una) lástima. *It's too bad (a pity).*

la lata — *tin-plate, tin can*
dar la lata — *to make a nuisance of oneself.*
Hablando tanto, no hace más que dar la lata. *By talking so much, he does nothing but make a nuisance of himself.*

el laurel — *laurel*
dormir sobre los laureles — *to rest on one's laurels.*
¡No se duerma sobre los laureles! *Don't rest on your laurels!*

el lazo — *loop, bow*
tender un lazo — *to set a trap.*
Me tendieron un lazo. *They set a trap for me.*

la leche — *milk*
mamar en (con) la leche — *to learn at one's mother's knee.*
Lo mamé en (con) la leche. *I learned it at my mother's knee.*

lejos — *far*
a lo lejos — *in the distance.*

A lo lejos se veía el avión. *In the distance the plane could be seen.*

de (desde) lejos — *from far away.*
Vienen de (desde) lejos. *They come from far away.*

---

la lengua — *tongue*
  la lengua materna — *mother (native) tongue.*
  El alemán es su lengua materna. *German is his mother (native) tongue.*

  las malas lenguas — *the gossips.*
  Según las malas lenguas, su hija está loca. *According to the gossips, her daughter is insane.*

  morderse la lengua — *to hold (control) one's tongue.*
  En vez de disputar se mordió la lengua. *Rather than argue, he held his tongue.*

  sacar la lengua — *to stick out one's tongue.*
  Me sacó la lengua. *He stuck out his tongue at me.*

  tirarle de la lengua — *to draw someone out.*
  Nos tiraba de la lengua. *He was drawing us out.*

  trabársele la lengua — *to get tongue-tied.*
  Se le trabó la lengua. *He got tongue-tied.*

---

la leña — *(fire)wood*
  echar leña al fuego — *to add fuel to the flames.*
  Así no hace más que echar leña al fuego. *That way he's just adding fuel to the flames.*

  llevar leña al monte — *to carry coals to Newcastle.*
  Eso sería llevar leña al monte. *That would be carrying coals to Newcastle.*

---

la letra — *letter (of the alphabet)*
  a la letra — *to the letter.*
  Hay que seguir las instrucciones a la letra. *You must follow the instructions to the letter.*

ligero — *light*
   a la ligera — *hurriedly; without due care.*
   Siempre hace las cosas a la ligera. *She always does things hurriedly (without due care).*

limitar — *to limit*
   limitar con — *to be bordered by.*
   El Canadá limita al sur con los Estados Unidos. *Canada is bordered on the south by the United States.*

el límite — *limit*
   rebasar los límites de la paciencia — *to exceed the limits of one's patience.*
   Habían rebasado los límites de mi paciencia. *They had exceeded the limits of my patience.*

limpio — *clean*
   en limpio — *clearly.*
   Declaró en limpio sus intenciones. *He stated his intentions clearly.*

lindo — *pretty, nice*
   de lo lindo — *really; very much; greatly.*
   ¡Me enojé de lo lindo! *I really got mad!*

   Me gustó de lo lindo. *I was very much (greatly) pleased.*

la línea — *line*
   conservar (guardar) la línea — *to keep one's figure; to keep one's weight down.*
   Lo hace por conservar (guardar) la línea. *She does it for the sake of keeping her figure (keeping her weight down).*

   leer entre líneas — *to read between the lines.*
   Hay que leer entre líneas. *You've got to read between the lines.*

   ponerle unas líneas (cuatro líneas) — *to drop someone a line.*
   Le pondré unas líneas (cuatro líneas) mañana. *I'll drop him a line tomorrow.*

el lío — parcel, bundle; muddle, mess, confusion
   armarse un lío — *to have trouble (a row).*
   Se armó un lío entre la policía y los estudiantes. *Trouble (A row) started between the police and the students.*

   hacerse un lío — *to get confused; to get in a jam.*
   Me hice un lío. *I got confused (got in a jam).*

---

el lirón — *dormouse*
   dormir como un lirón — *to sleep like a log.*
   Duerme como un lirón. *He sleeps like a log.*

---

liso — *smooth, plain*
   ser liso y llano — *to be clear and simple.*
   Es liso y llano. *It's clear and simple.*

---

la lista — *list*
   pasar lista — *to call (the) roll.*
   El profesor pasó lista. *The teacher called (the) roll.*

---

el lobo — *wolf*
   un viejo lobo de mar — *an old salt (sea dog).*
   Es un viejo lobo de mar. *He's an old salt (sea dog).*

---

loco — *insane, crazy*
   Cada loco con su tema. — *Everyone does his own thing.*

   estar loco de atar — *to be stark raving mad.*
   Está loco de atar. *He is stark raving mad.*

   estar loco de contento — *to be wild with joy.*
   Estaba loco de contento. *He was wild with joy.*

   volverse loco — *to go crazy.*
   Se volvió loco. *He went crazy.*

---

el lomo — *back*
   a lomo de . . . — *on . . . back.*
   Hizo la travesía a lomo de mula. *He made the crossing on mule back.*

la lucha — *fight, struggle*
   una lucha a muerte — *a struggle to the death.*
   Fue una lucha a muerte. *It was a struggle to the death.*

luego — *afterwards, then*
   Desde luego. — *Of course.*

   Hasta luego. — *See you later.*

   luego luego — *right away.*
   Tengo que hacerlo luego luego. *I have to do it right away.*

el lugar — *place*
   dar lugar a — *to give rise to.*
   Da lugar a quejas. *It gives rise to complaints.*

   en lugar de — *in place (instead) of.*
   En lugar de Juan, vino Alberto. *In place (Instead) of John, Albert came.*

   en primer lugar — *in the first place.*
   En primer lugar, hay que tener dieciocho años. *In the first place, you have to be eighteen.*

   tener lugar — *to take place.*
   Tendrá lugar en el teatro. *It will take place in the theater.*

el lujo — *luxury*
   de lujo — *de luxe (luxury).*
   Es un hotel de lujo. *It's a de luxe hotel (luxury hotel).*

la lumbre — *fire*
   darle lumbre — *to give someone a light.*
   Me dio lumbre. *He gave me a light.*

la luna — *moon*
   estar en la luna — *to be daydreaming; to have one's head in the clouds.*
   Está en la luna. *He's daydreaming (has his head in the clouds).*

el luto   **la luz**

    Hace (Hay) luna. — *The moon is out (is shining).*

    la luna de miel — *honeymoon.*
    Ya se acabó la luna de miel. *The honeymoon is over.*

el luto — *mourning*
    estar de luto — *to be in mourning.*
    Estaba de luto. *She was in mourning.*

---

la luz — *light*
    a la luz de la luna — *in the moonlight; by the light of the moon.*
    Me reconoció a la luz de la luna. *He recognized me in the moonlight (by the light of the moon).*

    a todas luces — *evidently; any way you look at it.*
    A todas luces, Rafael es estúpido. *Evidently (Any way you look at it), Rafael is stupid.*

    dar a luz — *to produce.*
    El artista dio a luz una bellísima obra de arte. *The artist produced a most beautiful work of art.*

    dar a luz (a) — *to give birth (to).*
    Dio a luz a un niño de ojos azules. *She gave birth to a blue-eyed baby.*

    entre dos luces — *in the twilight.*
    Así entre dos luces es difícil manejar (conducir). *In the twilight like this it is hard to drive.*

    sacar a luz — *to publish.*
    Casona sacó a luz esa comedia en 1940. *Casona published that play in 1940.*

    ver la luz — *to be born; to first see the light of day.*
    Vio la luz en Caracas. *He was born (first saw the light of day) in Caracas.*

la llama — *flame*
echar llamas — *to flash*.
Sus ojos echaban llamas. *Her eyes were flashing.*

Salir de (las) llamas y caer en (las) brasas. — *Out of the frying pan into the fire.*

---

llamar — *to call*
llamarse — *to be called (named)*.
Se llama Juan. *His name is John.*

---

la llave — *key*
bajo (debajo de) llave — *under lock and key.*
Lo tengo bajo (debajo de) llave. *I have it under lock and key.*

echar la llave (cerrar con llave) — *to lock.*
No deje de echar la llave (cerrar la puerta con llave). *Don't fail to lock the door.*

encerrar con llave — *to lock in.*
La encerró con llave. *He locked her in.*

---

llegar — *to arrive*
llegar a ser — *to become.*
Llegó a ser médico. *He became a doctor.*

llegar tarde — *to be late.*
Llegué tarde al concierto. *I was late to the concert.*

---

lleno — *full*
de lleno — *fully.*
No participó de lleno en el plan. *She didn't fully take part in the plan.*

---

llevar — *to carry*
llevar + gerund — *[to spend time doing something].*

Llevo cinco años estudiando ruso. *I've been studying Russian for five years.*

llevar adelante — *to go ahead with.*
Lleva adelante su trabajo. *He goes ahead with his work.*

llevar aparte — *to take aside.*
Lo llevaron aparte. *They took him aside.*

llevar encima — *to have on one.*
No llevo dinero encima. *I don't have any money on me.*

llevar la derecha (izquierda) — *to keep to the right (left).*
Lleve la derecha (izquierda). *Keep to the right (left).*

llevar puesto — *to have on; to be wearing.*
Lleva puesto un abrigo. *He has on (is wearing) an overcoat.*

llevarle a — *to lead one to.*
Me llevó a vender mi casa. *It led me to sell my house.*

llevarse bien (con) — *to get along well (with).*
Se lleva bien con todos. *He gets along well with everyone.*

la madera — *wood*
saber a la madera — *to be a chip off the old block.*
Sabe a la madera. *He's a chip off the old block.*

tener madera para — *to be cut out (made) for.*
No tengo madera para esa vida. *I'm not cut out (made) for that kind of life.*

tocar madera — *to knock on wood.*
Voy a tocar madera por si acaso. *I'm going to knock on wood just in case.*

la madrugada — *early morning*
de madrugada — *early in the morning.*
Salieron de madrugada. *They left early in the morning.*

madrugar — *to get up early*
   Al que madruga Dios le ayuda. — *The early bird catches the worm.*

el mal — *evil, harm, misfortune*
   Del mal, el menos. — *The lesser of two evils.*

   hacerle mal — *to hurt one.*
   Me hizo mal. *It hurt me.*

   llevarlo (tomarlo) a mal — *to take it the wrong way (to take it amiss).*
   No lo lleve (tome) a mal. *Don't take it the wrong way (take it amiss).*

   No hay mal que cien años dure. — *It can't last forever.*

   No hay mal que por bien no venga. — *Every cloud has a silver lining; It's an ill wind that blows nobody good.*

mal — *badly, poorly*
   de mal en peor — *from bad to worse.*
   Las cosas van de mal en peor. *Things are going from bad to worse.*

   mal que bien — *one way or another.*
   Mal que bien, se casan mañana. *One way or another, they're getting married tomorrow.*

   menos mal — *it's a good thing.*
   Menos mal que no vino. *It's a good thing he didn't come.*

   ¿No vino? Menos mal. *He didn't come? It's a good thing.*

la maleta — *suitcase*
   hacer la maleta — *to pack a suitcase.*
   Hagamos las maletas. *Let's pack our suitcases.*

el mamporro — *blow, thump*
   liarse a mamporros — *to come to blows.*
   Se liaron a mamporros. *They came to blows.*

el mando — *command*
  estar al mando — *to be in command.*
  En aquella familia, es ella que está al mando. *In that family, it is she who is in command.*

---

la manera — *manner, way*
  a su manera — *(in) one's (own) way.*
  Lo haré a mi manera. *I'll do it (in) my (own) way.*

  de esta manera — *this way; in this manner.*
  Se hace de esta manera. *You do it (It's done) this way (in this manner).*

  de manera que — *so.*
  ¿De manera que fueron al cine? *So they went to the movies?*

  de manera que — *so (that).*
  Hable de manera que lo oigan. *Speak so they can hear you.*

  de ninguna manera — *in no way.*
  De ninguna manera lo acepto yo. *In no way will I accept it.*

  de otra manera — *otherwise.*
  De otra manera no llegaremos a tiempo. *Otherwise we won't arrive on time.*

  de todas maneras — *at any rate.*
  De todas maneras, esperaremos hasta que venga. *At any rate, we'll wait until he comes.*

---

la manga — *sleeve*
  en mangas de camisa — *in shirtsleeves.*
  Estaba en mangas de camisa. *He was in his shirtsleeves.*

---

manifiesto — *manifest*
  poner de manifiesto — *to make clear (evident).*
  Lo puso de manifiesto. *He made it clear (evident).*

---

la mano — *hand*
  a mano — *at hand; within reach.*
  Lo tengo a mano. *I have it at hand (within reach).*

la mano

a mano — *by hand.*
Lo hizo a mano. *He made it by hand.*

a manos llenas — *by the handful.*
Daban dinero a manos llenas a la Cruz Roja. *They used to give money by the handful to the Red Cross.*

caer en manos de — *to fall into the hands of.*
Cayó en manos de sus enemigos. *He fell into the hands of his enemies.*

cargar la mano — *to lay it on thick.*
Cargó la mano. *He laid it on thick.*

cargar la mano — *to overcharge.*
Suele cargar la mano. *He usually overcharges.*

coger con las manos en la masa — *to catch in the act; to catch red-handed.*
Lo cogimos con las manos en la masa. *We caught him in the act (red-handed).*

darse la mano — *to shake hands (with each other).*
Se dieron la mano. *They shook hands (with each other).*

de mano en mano — *from hand to hand.*
Lo pasaron de mano en mano. *They passed it from hand to hand.*

de segunda mano — *second hand.*
Lo compré de segunda mano. *I bought it second hand.*

echarle mano a — *to seize; to grab.*
Le echó mano al niño. *He seized (grabbed) the child.*

echar(le) una mano — *to lend someone a hand.*
Écheme una mano. *Lend me a hand.*

estrecharle la mano — *to shake hands with.*
Le estreché la mano. *I shook hands with him.*

hecho a mano — *handmade.*
Me regaló un mantel hecho a mano. *She gave me a handmade tablecloth.*

írsele la mano — *to overdo it; to get carried away.*
Se me fue la mano. *I overdid it (got carried away).*

¡Manos a la obra! — *Let's get to work!*

pasársele a uno la mano — *to overdo.*
Se te pasó la mano. *You overdid it.*

poner la(s) mano(s) encima — *to lay a hand on.*
No se atrevió a ponerle la(s) mano(s) encima. *He didn't dare lay a hand on her.*

ser mano de santo — *to work wonders.*
El medicamento fue mano de santo. *The medicine worked wonders.*

tener atadas las manos — *to have one's hands tied.*
Tengo atadas las manos. *My hands are tied.*

venir a las manos — *to come to blows.*
Vinieron a las manos. *They came to blows.*

---

la maña — *skill*
darse maña — *to manage; to contrive.*
Se dio maña para conseguir el dinero. *He managed (contrived) to get the money.*

---

la mañana — *morning.*
de la mañana — *in the morning.*
Llegó a las once de la mañana. *She arrived at eleven in the morning.*

(muy) de mañana — *(very) early in the morning.*
Siempre salen (muy) de mañana. *They always go out (very) early in the morning.*

por (en) la mañana — *in the morning.*
Estudia por (en) la mañana. *He studies in the morning.*

---

mañana — *tomorrow*
Hasta mañana. — *See you tomorrow.*

mañana mismo — *no later than tomorrow; tomorrow without fail.*
Los vamos a devolver mañana mismo. *We are going to return them no later than tomorrow (tomorrow without fail).*

la máquina — *machine*
a toda máquina — *at full speed.*
El tren iba a toda máquina. *The train was traveling at full speed.*

escribir a máquina — *to type.*
Sabe escribir a máquina. *She knows how to type.*

---

el (la) mar — *sea*
en alta mar — *on the high seas.*
(Me) enfermé en alta mar. *I got sick on the high seas.*

hacerse a la mar — *to put out to sea.*
El barco se hizo a la mar. *The ship put out to sea.*

la mar de — *no end of.*
Hay la mar de cosas que hacer. *There are no end of things to do.*

la mar de — *extremely.*
Salió la mar de bien. *It turned out extremely well.*

---

la maravilla — *marvel, wonder*
a (las mil) maravilla(s) — *marvelously.*
Los dos bailan a (las mil) maravilla(s). *They both dance marvelously.*

la octava maravilla — *the eighth wonder of the world.*
Es la octava maravilla. *It's the eighth wonder of the world.*

---

la marcha — *march*
apresurar la marcha — *to speed up.*
Tuvieron que apresurar la marcha para llegar a tiempo. *They had to speed up to arrive on time.*

dar marcha atrás — *to back up.*
El coche no quiere dar marcha atrás. *The car won't back up.*

poner en marcha — *to start.*
Puso en marcha el motor. *He started the motor.*

ponerse en marcha — *to get under way.*
El desfile se puso en marcha. *The parade got under way.*

la margarita — *daisy; pearl*
   No hay que echar margaritas a los puercos. — *You mustn't cast your pearls before swine.*

---

más — *more, most*
   a más (de) — *besides.*
   A más, no me gusta la paella. *Besides, I don't like paella.*
   A más de ser bonita, es inteligente. *Besides being pretty, she's intelligent.*

   a lo más — *at the most.*
   Tenemos cinco pesos a lo más. *We have five pesos at the most.*

   como el que más — *as well as anybody else (as the next man).*
   Hace el trabajo como el que más. *He does the work as well as anybody else (as the next man).*

   es más — *not only that; and furthermore.*
   Es más, su esposa también es de allí. *Not only that (And furthermore), his wife is from there too.*

   estar de más — *to be superfluous.*
   Estos están de más. *These are superfluous.*

   los más — *most.*
   Los más hombres creen eso. *Most men believe that.*

   más bien — *rather.*
   Es más bien peligroso. *It's rather dangerous.*

   más bien — *rather; instead.*
   Más bien deseo uno que cueste poco. *Rather (Instead), I want one that doesn't cost much.*

   no estar de más — *not to be out of place.*
   No estaría de más decírselo. *It wouldn't be out of place to tell him.*

   no . . . más que — *only.*
   No compré más que tres. *I bought only three.*

   ¿qué más da? — *what's the difference?*
   Si se lo damos a él o a ella, ¿qué más da? *If we give it to him or to her, what's the difference?*

sin más ni más — *without further ado (just like that).*
Sin más ni más se marchó. *Without further ado (Just like that) he left.*

la materia — *matter, material*
en materia de — *on the subject of; with regard to.*
Es perito en materia de gatos. *He's an expert on the subject of (with regard to) cats.*

entrar en materia — *to get into the subject; to get to the point.*
Ya vamos entrando en materia. *Now we're getting into the subject (getting to the point).*

mayor — *greater, older*
al por mayor — *wholesale; in large quantity.*
Aquí se vende solamente al por mayor. *Here they sell only wholesale (in large quantity).*

ser mayor de edad — *to be of age.*
Es mayor de edad. *He's of age.*

mediado — *half full*
a mediados — *about (around) the middle.*
Se casaron a mediados de junio. *They got married about (around) the middle of June.*

la medianoche — *midnight*
a (la) medianoche — *at midnight.*
Salimos a (la) medianoche. *We left at midnight.*

el médico — *doctor*
médico de cabecera — *family doctor.*
Es nuestro médico de cabecera. *He's our family doctor.*

la medida — *measure*
a la medida — *to order; to measure.*
Lo hicieron a la medida. *They made it to order (to measure).*

a la medida de — *according to.*
Todo se realizó a la medida de sus deseos. *Everything worked out according to his wishes.*

a medida que — *as; at the same time as.*
Yo secaré los platos a medida que usted me los pase. *I'll dry the plates (at the same time) as you hand them to me.*

sin medidas — *boundless; excessive.*
Sentía por su padre un amor sin medidas. *She felt a boundless (an excessive) love for her father.*

---

medio — *half*
a medio cerrar — *half closed.*
Dejó la puerta a medio cerrar. *He left the door half closed.*

de en medio — *out of the way.*
La quitó de en medio. *He got her out of the way.*

en medio de — *in the middle of.*
Se cayó en medio de la calle. *He fell (down) in the middle of the street.*

(hacer) a medias — *(to do) halfway.*
Hizo su trabajo a medias. *He did his work halfway.*

ir a medias — *to go fifty-fifty.*
Vamos a medias en este negocio. *Let's go fifty-fifty on this deal.*

---

el mediodía — *noon*
a(l) mediodía — *at noon.*
Se reúnen a(l) mediodía. *They get together at noon.*

---

mejor — *better, best*
a lo mejor — *as likely as not; I wouldn't be surprised if.*
A lo mejor llegarán mañana. *As likely as not they'll (I wouldn't be surprised if they) get here tomorrow.*

Mejor que mejor — *Excellent (All the better).*

Tanto mejor. — *So much the better.*

la memoria — *memory*
  de memoria — *by heart.*
  Lo aprendió de memoria. *She learned it by heart.*

  refrescarle la memoria — *to refresh someone's memory.*
  Quiero refrescarle la memoria. *I want to refresh your memory.*

  salirle de la memoria — *to slip one's mind.*
  Me salió de la memoria. *It slipped my mind.*

---

la mención — *mention*
  hacer mención de — *to mention; to make mention of.*
  Hicieron mención del suceso. *They mentioned (made mention of) the event.*

---

menor — *less(er), younger*
  al por menor — *retail.*
  No se vende al por menor aquí. *They don't sell retail here.*

---

menos — *less, least*
  a menos que — *unless.*
  A menos que vaya conmigo, me quedo. *Unless you go with me, I'm staying.*

  al (a lo, por lo) menos — *at least.*
  Se quedó en el jardín al (a lo, por lo) menos tres horas. *She stayed in the garden at least three hours.*

  de menos — *too little.*
  Le pagué un peso de menos. *I paid him one peso too little.*

  echar de menos — *to miss; to long for.*
  La echo de menos. *I miss (long for) her.*

  lo de menos — *the least of it; of little importance; insignificant.*
  Es lo de menos. *That's the least of it.*

  ni mucho menos — *far from it; or anything like it.*
  No es mi mejor amigo ni mucho menos. *He's far from being my best friend.*

venir a menos — *to come down in the world.*
Su familia ha venido a menos. *Her family has come down in the world.*

---

la mente — *mind*
quitárselo de la mente — *to get (put) something out of one's mind.*
Se lo quitó de la mente. *He got (put) it out of his mind.*

---

mentir — *to lie*
¡Miento! — *I'm mistaken (My mistake)!*

---

la mentira — *lie*
coger (pescar) en (una) mentira — *to catch in a lie.*
Lo cogí (pesqué) en (una) mentira. *I caught him in a lie.*

parecer mentira — *to seem incredible; to be hard to believe.*
Parece mentira. *It seems incredible (It's hard to believe).*

---

menudo — *small, minute*
a menudo — *often; frequently.*
Nos viene a ver muy a menudo. *She comes to see us very often (frequently).*

---

merced — *mercy, favor, grace*
a (la) merced de — *at the mercy of.*
Lo dejó a (la) merced de su tío. *She left him at the mercy of his uncle.*

merced a — *thanks to.*
Merced a los esfuerzos de Carlos, el niño no murió. *Thanks to Charles's efforts the child did not die.*

---

merecido — *deserved*
llevar su merecido — *to get what is coming to one.*
El criminal llevó su merecido. *The criminal got what was coming to him.*

el mérito — *merit*
hacer méritos — *to deserve.*
Para que le aumenten el sueldo tiene que hacer méritos. *In order for them to increase his salary, he has to deserve it.*

la mesa — *table*
levantar (quitar) la mesa (los manteles) — *to clear the table.*
Levantó (Quitó) la mesa (los manteles). *She cleared the table.*

levantarse de la mesa — *to get up from the table.*
Nos levantamos de la mesa. *We got up from the table.*

poner la mesa — *to set the table.*
Puso la mesa. *She set the table.*

servir (a) la mesa — *to wait on tables.*
Servían (a) la mesa. *They waited on tables.*

el metal — *metal*
el vil metal — *filthy lucre; dirty (tainted) money.*
No puede comprar mi lealtad con su vil metal. *You can't buy my loyalty with your filthy lucre (dirty money).*

meter — *to put*
meterse con — *to provoke; to pick a quarrel with.*
Más vale no meterse con él. *It's better not to provoke (pick a quarrel with) him.*

meterse de (a) — *to become; to choose (a profession).*
Se metió de (a) monja. *She became a nun.*

meterse donde no le llaman — *to meddle in things that are none of one's business.*
No quiere meterse donde no le llaman. *He doesn't want to meddle in things that are none of his business.*

meterse en lo ajeno — *to meddle in other people's business.*
Siempre se mete en lo ajeno. *He's always meddling in other people's business.*

meterse en lo que no le importa — *to butt in.*
¿Por qué te metes en lo que no te importa? *Why do you butt in?*

el miedo   **la miga**

estar muy metido en — *to be deeply involved in.*
Está muy metido en ese escándalo. *He is deeply involved in that scandal.*

no saber dónde meterse — *not to know where to turn.*
El pobre no sabe dónde meterse. *The poor fellow doesn't know where to turn.*

---

el miedo — *fear*
darle miedo — *to frighten one.*
Me da miedo. *It frightens me.*

meterle miedo — *to frighten (to inspire fear in) someone.*
Querían meternos miedo. *They wanted to frighten (inspire fear in) us.*

tener miedo — *to be afraid.*
Les tengo miedo. *I'm afraid of them.*

---

las mientes — *thought processes*
parar mientes en — *to reflect on; to consider.*
Paramos mientes en nuestra situación. *We reflected on (considered) our situation.*

venirse a las mientes — *to come to mind; to occur to.*
Se me vino a las mientes que no habíamos sido justos. *It came to my mind (occurred to me) that we had been wrong.*

---

la miga — *crumb*
hacer buenas migas — *to get along (to hit it off) well.*
Hacen buenas migas. *They get along (hit it off) well.*

el milagro / la mirada

el milagro — *miracle*
 escapar de milagro — *to have a narrow (miraculous) escape.*
 Escapó de milagro. *He had a narrow (miraculous) escape.*

 por milagro — *incredibly.*
 Por milagro llegaron a tiempo. *Incredibly, they arrived on time.*

mínimo — *minimum*
 en lo más mínimo — *in the least.*
 No me gustó la charla en lo más mínimo. *I didn't like the talk in the least.*

el minuto — *minute*
 al minuto — *right away.*
 Cuando le pedimos ayuda vino al minuto. *When we asked him for help he came right away.*

mío — *mine*
 de mío — *by (of) my own nature.*
 De mío no soy así. *By (Of) my own nature I'm not that way.*

la mira — *sight (of a gun).*
 estar a la mira — *to be on the lookout.*
 Siempre está a la mira para conseguir algo. *He is always on the lookout to get something.*

 poner la mira en — *to set one's sights on; to have designs on.*
 Ha puesto la mira en ese contrato. *He has set his sights on (has designs on) that contract.*

 tener la mira puesta en — *to be aiming at; to set one's sights on.*
 El senador tiene la mira puesta en la presidencia. *The senator is aiming at (has set his sights on) the presidency.*

la mirada — *look, glance*
 dirigir una mirada (fijar una mirada en) — *to glance at.*
 Le dirigí (Fijé en ella) una mirada. *I glanced at her.*

mirar   mismo

huirle la mirada — *to avoid someone's glance.*
Le huyeron la mirada. *They avoided her glance.*

---

mirar — *to look at*

bien mirado — *after careful consideration; taking everything into consideration.*
Bien mirado, me parece que no es así. *After careful consideration (Taking everything into consideration), I think it's not that way.*

mirar por — *to look out for; to take care of.*
Tengo que mirar por mis intereses. *I have to look out for (to take care of) my interests.*

ser bien mirado — *to be well regarded (well thought of).*
Es bien mirado. *He's well regarded (well thought of).*

---

la misa — *Mass*

ayudar a misa — *to serve at Mass.*
Ayudaba a misa. *He used to serve at Mass.*

la misa del gallo — *midnight Mass.*
Fuimos a la misa del gallo. *We went to midnight Mass.*

no saber de la misa la media — *not to know what it's all about; not to know a thing.*
No sabe de la misa la media. *He doesn't know what it's all about (doesn't know a thing).*

oír misa — *to hear (to attend) Mass.*
Oye misa todos los días. *He hears (attends) Mass every day.*

---

mismo — *same; (one)self*

ayer mismo — *just yesterday.*
Vino ayer mismo. *He came just yesterday.*

darle a uno lo mismo — *to be all the same to one.*
A mí me da lo mismo. *It's all the same to me.*

eso mismo — *that very thing.*
Es eso mismo lo que no le gusta. *It's that very thing that she doesn't like.*

lo mismo que — *just like.*
Soy profesor lo mismo que Juan. *I'm a professor just like John.*

lo mismo . . . que . . . — *both . . . and. . . .*
Lo mismo él que ella lo saben. *Both he and she know it.*

. . . mismo — *. . . self.*
Me lo dijo él mismo. *He told me so himself.*

por lo mismo — *for that very reason.*
Por lo mismo decidí no comprarlo. *For that very reason I decided not to buy it.*

ser lo mismo — *to be all the same.*
Para mí es lo mismo. *It's all the same to me.*

la mitad — *half*

a mitad de — *halfway through.*
Me lo dijo a mitad de la comida. *He told (it to) me halfway through dinner.*

en (la) mitad de — *in the middle of.*
Pusieron el obstáculo en (la) mitad de la calle. *They put the obstacle in the middle of the road.*

por la mitad — *in two; in half.*
Lo cortó por la mitad. *He cut it in two (in half).*

la moda — *fashion, style*

estar de (a la) moda — *to be in style.*
Está de (a la) moda. *It's in style.*

pasarse de moda — *to go out of style.*
Se está pasando (Está pasado) de moda. *It's going (gone) out of style.*

poner de moda — *to make fashionable.*
Pusieron de moda la minifalda. *They made the miniskirt fashionable.*

ponerse de moda — *to become fashionable; to come into style.*
Se está poniendo de moda. *It's becoming fashionable (coming into style).*

el modo — *manner, way*
  a su modo — *after a fashion.*
  Lo explicó a su modo. *He explained it after a fashion.*

  a su (modo de) ver — *to one's way of thinking; in one's opinion.*
  A mi modo de ver, la solución va a ser difícil. *To my way of thinking (In my opinion) the solution is going to be difficult.*

  de algún modo (de un modo u otro) — *one way or another.*
  Lo importante es hacerlo de algún modo (de un modo u otro). *The important thing is to do it one way or another.*

  de este modo — *this way; in this manner.*
  De este modo terminaremos pronto. *This way (In this manner) we'll finish soon.*

  de modo que — *so.*
  ¡De modo que quiere Vd. ser médico! *So you want to be a doctor!*

  de ningún modo — *by no means; not at all.*
  ¿Quieres ir también? — ¡De ningún modo! *Do you want to go too? By no means (not at all)!*

  de todos modos — *at any rate.*
  De todos modos, es así. *At any rate, that's the way it is.*

---

molestar — *to bother, annoy*
  molestarse en — *to bother to.*
  No se molesta en saludarnos. *He doesn't bother to speak to us.*

---

el momento — *moment*
  al momento — *in a minute.*
  Contesto al momento. *I'll answer in a minute.*

  así de momento — *right (just) offhand.*
  Así de momento no sé. *Right (just) offhand I don't know.*

  de (por el) momento — *for the moment.*
  De (Por el) momento no hay más. *For the moment there isn't any more.*

de un momento a otro — *any time (now).*
Debe llegar de un momento a otro. *She should arrive any time (now).*

en aquel momento — *at that time.*
En aquel momento trabajaba en una fábrica. *At that time she was working in a factory.*

en el momento actual — *at present.*
En el momento actual la universidad está cerrada. *At present the university is closed.*

---

la mona — *(female) monkey; drunk(enness)*
Aunque la mona se vista de seda, mona se queda. — *Fine feathers don't make fine birds.*

dormir la mona — *to sleep it off.*
Está durmiendo la mona. *He's sleeping it off.*

---

la moneda — *coin*
pagarle en la misma moneda — *to pay someone back in his own coin.*
Le pagué en la misma moneda. *I paid him back in his own coin.*

---

el monte — *mountain; woods*
No todo el monte es orégano. — *You've got to take the rough with the smooth (Things aren't always the way we'd like them to be).*

---

el montón — *heap, pile*
a montones — *in abundance.*
Los producimos a montones. *We produce them in abundance.*

ser del montón — *to be very ordinary; a dime a dozen.*
Es del montón. *It's very ordinary (a dime a dozen).*

---

morir — *to die*
morirse (estarse muriendo) por — *to be dying to.*
Se mueren (Se están muriendo) por verla. *They're dying to see her.*

el moro — *Moor*
Hay moros en la costa. — *The coast isn't clear.*

---

la mosca — *fly*
Más moscas se cazan con miel que con vinagre. — *You can catch more flies with honey than with vinegar.*

por si las moscas — *just in case.*
Tráigame tres, por si las moscas. *Bring me three, just in case.*

---

el motivo — *reason*
con motivo de — *on the occasion of.*
Se celebró un banquete con motivo del fin de cursos. *They held a banquet on the occasion of the end of school.*

por motivo de — *on account of.*
Se quedó dos semanas por motivo de la feria. *He stayed two weeks on account of the fair.*

---

la moza — *girl*
ser buena moza — *to be a good-looking girl.*
Es muy buena moza. *She's a very good-looking girl.*

---

mucho — *much*
ni con mucho — *not by a good deal; not by a long shot.*
No lo terminamos ni con mucho. *We didn't finish it by a good deal (by a long shot).*

---

la muerte — *death*
de mala muerte — *third-rate.*
Vivían en un pueblo de mala muerte. *They were living in a little third-rate town.*

de muerte natural — *a natural death.*
Se murió de muerte natural. *She died a natural death.*

emborracharse a muerte — *to get dead drunk.*
Se emborrachó a muerte. *He got dead drunk.*

muerto — *dead*
   El muerto al pozo y el vivo al gozo. — *Let the dead bury the dead.*

   hacerse el muerto — *to play possum.*
   Se hacía el muerto. *He was playing possum.*

   no tener donde caerse muerto — *not to have a penny to one's name; to be as poor as a church mouse.*
   No tiene donde caerse muerto. *He hasn't got a penny to his name (He's as poor as a church mouse).*

   tocar a muerto — *to toll the bell.*
   Tocaban a muerto. *They were tolling the bell.*

la muestra — *sample*
   dar muestras de — *to show signs of.*
   Daba muestras de impaciencia. *He was showing signs of impatience.*

   Para muestra, basta un botón. — *It only takes a small sample.*

la mujer — *woman*
   ser muy mujer — *to be all woman.*
   Es muy mujer. *She's all woman.*

la multa — *fine*
   imponerle una multa — *to fine someone.*
   Le impusieron una multa. *They fined him.*

el mundo — *world*
   desde que el mundo es mundo — *since the world began.*
   Es así desde que el mundo es mundo. *It's been that way since the world began.*

   medio mundo — *a lot of people.*
   Medio mundo lo estaba mirando. *A lot of people were watching him.*

   tener mucho mundo — *to be very sophisticated.*
   Tiene mucho mundo. *She's very sophisticated.*

todo el mundo — *everybody*.
Todo el mundo debe leerlo. *Everybody should read it.*

ver mundo — *to see the world*.
Tiene muchas ganas de viajar y ver mundo. *He's eager to travel and see the world.*

la muñeca — *doll*
jugar a las muñecas — *to play dolls*.
Jugaban a las muñecas. *They were playing dolls.*

la musaraña — *shrew; spot before the eyes*
pensar en las musarañas — *to be daydreaming (woolgathering)*.
Pensaba en las musarañas. *He was daydreaming (woolgathering).*

el nacimiento — *birth*
de nacimiento — *from birth*.
Era ciego de nacimiento. *He was blind from birth.*

nada — *nothing*
así nada más — *just like that*.
Lo abandonó así nada más. *He left her just like that.*

como si nada — *as if there were nothing to it*.
Lo hizo como si nada. *He did it as if there were nothing to it.*

De nada. — *You're welcome (Don't mention it).*

en nada — *very nearly; within an inch of*.
En nada estuvo que se ahogara. *He very nearly drowned (came within an inch of drowning).*

nada más — *just*.
Nada más estoy esperando. *I'm just waiting.*

nada más — *the minute.*
Nada más entrar, vimos a mi hermana. *The minute we entered, we saw my sister.*

no . . . (para) nada — *not . . . at all.*
No nos ayudó (para) nada. *He didn't help us at all.*

Peor es nada. — *It's better than nothing.*

---

la nariz — *nose*
hablar por las narices — *to talk through one's nose.*
Habla por las narices. *He talks through his nose.*

delante de las narices — *right under one's nose.*
Lo tenía delante de las narices. *It was right under his nose.*

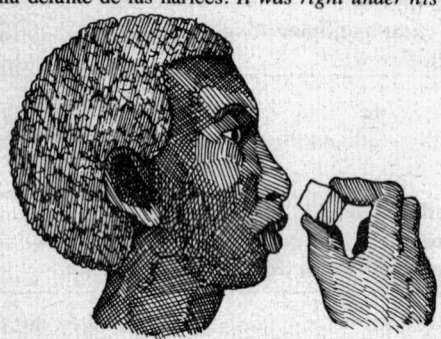

meter las narices en todo — *to poke (to stick) one's nose into everything.*
Mete las narices en todo. *He pokes (sticks) his nose into everything.*

no ver más allá de sus narices — *not to be able to see past the end of one's nose.*
No ve más allá de sus narices. *He can't see past the end of his nose.*

---

la nave — *ship*
quemar las naves — *to burn one's bridges (behind one); to burn one's boats.*

la necesidad   la niña

Han quemado las naves. *They have burnt their bridges (behind them) (burnt their boats).*

la necesidad — *necessity*
hacer de la necesidad virtud — *to make a virtue of necessity.*
Hizo de la necesidad virtud. *He made a virtue of necessity.*

La necesidad carece de ley. — *Necessity knows no law.*

por necesidad — *(out) of necessity.*
Lo vendió por necesidad. *He sold it (out) of necessity.*

negar — *to deny*
negarse a — *to refuse to.*
Se negó a aceptarlo. *He refused to accept it.*

negarse a sí mismo — *to practice self-denial; to deny oneself.*
Se niega a sí mismo. *He practices self-denial (denies himself).*

el nervio — *nerve*
tener los nervios de punta — *to have one's nerves on edge; to be (feel) edgy.*
Tengo los nervios de punta. *My nerves are on edge (I am (feel) edgy).*

ni — *neither, nor*
ni . . . ni. . . — *neither . . . nor. . . .*
Ni Juan ni Carlos pudieron contestar. *Neither John nor Charles could answer.*

ni que — *as if.*
¡Ni que tuvieran tanto dinero! *As if they had that much money!*

ni siquiera — *not even.*
Ni siquiera su hermana asistió a la boda. *Not even her sister attended the wedding.*

la niña — *pupil (of the eye)*
la niña de sus ojos — *the apple of one's eye.*
Es la niña de sus ojos. *He's the apple of her eye.*

el niño — *child*
desde niño — *since one was a child; from childhood on.*
Vivía en París desde niño. *He had lived in Paris since he was a child (from childhood on).*

no — *not*
no bien — *no sooner.*
No bien salió, empezó a llover. *No sooner had he left than it started to rain.*

no ya — *not only.*
Los vemos a menudo, no ya en el campo sino en la ciudad también. *We see them often, not only in the country but in the city also.*

la noche — *night*
cerrar la noche — *for night to fall.*
Ya había cerrado la noche. *Night had already fallen.*

dar las buenas noches — *to say good night.*
Nos dio las buenas noches. *He said good night to us.*

de la noche a la mañana — *overnight; all at once.*
De la noche a la mañana perdió todo su dinero. *Overnight (All at once) he lost all his money.*

de noche — *at night.*
Asiste a la universidad de noche. *He attends the university at night.*

De noche todos los gatos son pardos. — *At night all cats are gray.*

esta noche — *tonight.*
Van al cine esta noche. *They're going to the movies tonight.*

hacerse de noche — *to get dark.*
Se hace de noche a las ocho. *It gets dark at eight.*

muy (de) noche — *late at night.*
Volvieron muy (de) noche. *They returned late at night.*

el nombre — *name*
a (en) nombre de . . . — *in . . . 's name.*

la nota nuevo

Nos habló a (en) nombre del gobernador. *He spoke to us in the governor's name.*

no tener nombre — *to be unspeakable.*
Lo que hizo no tiene nombre. *What he did is unspeakable.*

---

la nota — *note*
dar la nota discordante — *to be the disturbing element.*
Un borracho dio la nota discordante. *A drunk was the disturbing element.*

tomar nota de — *to make a note of.*
Tomó nota del número. *He made a note of the number.*

---

las noticias — *news*
atrasado de noticias — *behind the times.*
Están atrasados de noticias. *They are behind the times.*

---

la novedad — *news*
sin novedad — *as usual.*
Todos están sin novedad. *They are all as usual.*

---

la nube — *cloud*
estar en las nubes — *to be daydreaming.*
Está en las nubes en vez de estudiar. *She's daydreaming instead of studying.*

poner en (sobre; por) las nubes — *to praise to the skies.*
La puso en (sobre; por) las nubes. *He praised her to the skies.*

por las nubes — *sky high.*
Los precios (se) están (poniendo) por las nubes. *Prices are (going) sky high.*

---

el nudo — *knot*
sentir un nudo en la garganta — *to get a lump in one's throat.*
Sintió un nudo en la garganta. *He got a lump in his throat.*

---

nuevo — *new*

el número   **la obra**

de nuevo — *again*.
Mañana le escribo de nuevo. *Tomorrow I'll write you again.*
¿Qué hay de nuevo? — *What's new?*

el número — *number*
mirar por el número uno — *to look out for number one (oneself)*.
Hay que mirar por el número uno. *You've got to look out for number one (for yourself).*

sin número — *countless*.
Tiene amigos sin número. *He has countless friends.*

o — *either, or*
o . . . o . . . — *either . . . or . . . .*
Tome o el rojo o el verde. *Take either the red one or the green one.*

obedecer — *to obey*
obedecer a — *to arise from (to be based on)*.
Su enojo obedece a un malentendido. *Her anger arises from (is based on) a misunderstanding.*

la objeción — *objection*
hacer objeciones a — *to raise objections to*.
Hizo objeciones al plan. *He raised objections to the plan.*

el objeto — *object*
con objeto de — *(in order) to*.
Pasaron con objeto de despedirse. *They came by (in order) to say good-bye.*

la obra — *work*
de palabra y de obra — *in word and deed*.
Mostró su hostilidad de palabra y de obra. *He showed his hostility in word and deed.*

en obra de — *in a matter of.*
Volverán en obra de tres semanas. *They'll come back in a matter of three weeks.*

en obras — *under construction.*
Hay muchos edificios en obras. *There are many buildings under construction.*

Obras son amores, que no buenas razones. — *Actions speak louder than words.*

poner por obra — *to put into execution.*
Puso por obra sus planes. *He put his plans into execution.*

ponerse a la obra — *to go to work.*
Se puso a la obra en seguida. *He went to work immediately.*

obscuro — *dark*
a obscuras — *in the dark.*
No podemos trabajar a obscuras. *We can't work in the dark.*

estar (hacer) obscuro — *to be dark.*
Está (Hace) obscuro. *It's dark.*

obsequiar — *to give*
obsequiar con — *to present with.*
Me obsequiaron con una copa de plata. *They presented me with a silver cup.*

obstante — *standing in the way*
no obstante — *however; nevertheless.*
Es de Colombia; no obstante, habla muy bien el inglés. *He is from Colombia; however (nevertheless), he speaks English very well.*

no obstante — *notwithstanding; in spite of.*
No obstante su pereza, realiza mucho. *His laziness notwithstanding (In spite of his laziness), he accomplishes a lot.*

la ocasión — *occasion*

la ociosidad   **el oído**

A la ocasión la pintan calva. — *Opportunity knocks but once.*

de ocasión — *second-hand.*
Vendemos libros de ocasión. *We sell second-hand books.*

en ocasiones — *at times; on occasion.*
En ocasiones parece coja. *At times (On occasion) she appears lame.*

Hay que tomar (coger) la ocasión por los cabellos. — *You've got to seize the opportunity when it comes.*

---

la ociosidad — *idleness*
La ociosidad es la madre de todos los vicios. — *An idle brain is the devil's workshop; The devil finds mischief for idle hands.*

---

ocupar — *to occupy*
ocuparse de — *to look out for; to look after.*
Se ocupará de nosotros. *He'll look out for (look after) us.*

---

la ocurrencia — *occurrence; clever thought*
tener la ocurrencia de — *to have the bright idea of.*
Tuvimos la ocurrencia de no comer en casa. *We had the bright idea of eating out.*

---

ocurrir — *to occur*
ocurrírsele — *to occur (to one).*
No se me ocurrió pedírselo. *It didn't occur to me to ask him for it.*

---

el oído — *ear, hearing*
aguzar los oídos (el oído) — *to prick up one's ears.*
Aguzó los oídos (el oído). *He pricked up his ears.*

corto de oído — *hard of hearing.*
Es un poco corto de oído. *He's a little hard of hearing.*

dar oídos — *to listen.*
No quiso dar oídos a mis quejas. *He refused to listen to my complaints.*

de oído — *by ear*.
Toca sólo de oído. *She plays only by ear.*

decirle al oído — *to whisper in one's ear.*
Me lo dijo al oído. *He whispered it in my ear.*

entrar por un oído y salir por el otro — *to go in one ear and out the other.*
Le entra por un oído y le sale por el otro. *It goes in one ear and out the other.*

llegar a oídos de — *to reach (to come to) the ears of.*
Llegó a oídos de su padre. *It reached (came to) the ears of his father.*

ser todo oídos — *to be all ears.*
Soy todo oídos. *I'm all ears.*

tener buen oído — *to have a good ear (for music).*
Tiene buen oído. *She has a good ear (for music).*

tocar de oído — *to play by ear.*
Eugenia toca la guitarra de oído. *Eugenia plays the guitar by ear.*

---

oír — *to hear*
oír decir — *to hear.*
Oí decir que no iba. *I heard he wasn't going.*

oír hablar de — *to hear of.*
He oído hablar de ellos. *I've heard of them.*

---

la ojeada — *glance*
echar una ojeada a — *to glance at.*
Le echó una ojeada y la saludó. *He glanced at her and greeted her.*

---

el ojo — *eye*
a ojos cerrados — *blindfolded; with one's eyes closed.*
Sabía tejer a ojos cerrados. *She could knit blindfolded (with her eyes closed).*

costar un ojo de la cara — *to cost a fortune (an arm and a leg).*
Me costó un ojo de la cara. *It cost me a fortune (an arm and a leg).*

¡Dichosos los ojos! — *How nice to see you!*

el ojo derecho — *the darling.*
Era el ojo derecho de los jóvenes. *She was the darling of the young men.*

en un abrir y cerrar de ojos — *in the twinkling of an eye; in a wink (flash).*
Lo terminaron todo en un abrir y cerrar de ojos. *They finished it all in the twinkling of an eye (in a wink; in a flash).*

Más ven cuatro ojos que dos. — *Two heads are better than one.*

mirar con buenos ojos — *to look favorably on.*
No nos miran con buenos ojos. *They don't look favorably on us.*

no pegar (los) ojo(s) — *not to sleep a wink.*
No pegó (los) ojo(s). *He didn't sleep a wink.*

¡Ojo con lo que dice! — *Watch what you're saying!*

Ojos que no ven, corazón que no siente. — *Out of sight, out of mind.*

tener buen ojo — *to have a good eye.*
Tiene buen ojo para el tiro a blanco. *He has a good eye for target practice.*

tener (poner) mucho ojo con — *to look out for; to pay (close) attention to.*
Hay que tener (poner) mucho ojo con el tren. *You have to look out for the train.*

---

oler — *to smell*
oler a — *to smell like.*
Huele a vino. *It smells like wine.*

---

operar — *to operate*
operarle — *to operate on one.*
Me operaron. *They operated on me.*

operarle de . . . — *to operate on one's. . . .*
Me operaron del hígado. *They operated on my liver.*

la opinión — *opinion*
   cambiar (mudar) de opinión — *to change one's mind.*
   Ha cambiado (mudado) de opinión. *He has changed his mind.*

   variar de (en) opinión — *to change one's mind.*
   Ha variado de (en) opinión. *He has changed his mind.*

---

oponer — *to oppose*
   oponerse a — *to object to; to be opposed to.*
   Se opone a que le escriba. *She objects to (is opposed to) my writing to her.*

---

optar — *to choose, opt*
   optar por — *to decide in favor of; to choose to.*
   Opté por comprar un coche. *I decided in favor of buying (chose to buy) a car.*

---

ora — *now*
   ora . . ., ora . . . — *now . . ., now (then). . . .*
   Vive ora en Madrid, ora en Roma. *She lives now in Madrid, now (then) in Rome.*

---

el orden — *order*
   de segundo orden — *second-rate.*
   Este hotel es de segundo orden. *This is a second-rate hotel.*

---

la orden — *order, command; (religious) order*
   cumplir una orden — *to carry out an order.*
   Cumplió la orden. *He carried out the order.*

---

ordinario — *ordinary*
   de ordinario — *usually.*
   De ordinario va sola. *Usually she goes alone.*

---

la oreja — *ear*
   aguzar las orejas (parar la oreja) — *to prick up one's ears.*
   Aguzaron las orejas (Pararon la oreja). *They pricked up their ears.*

| el oro | el padre |

ver las orejas al lobo — *to be in great danger.*
Veían las orejas al lobo. *They were in great danger.*

el oro — *gold*
No es oro todo lo que reluce (brilla). — *All is not gold that glitters.*

Vale tanto oro como pesa. — *It's worth its weight in gold.*

otro — *other, another*
  el otro ... — *next. ...*
  El otro martes lo llevo. *Next Tuesday I'll take you.*

  ¡Otro que tal (Otro que bien baila)! — *(He's, she's, etc.) another one (another such)!*

  otros tantos — *as many (more).*
  Había diez hombres y otras tantas mujeres. *There were ten men and as many (more) women.*

la oveja — *sheep*
  la oveja negra de la familia — *the black sheep of the family.*
  Era la oveja negra de la familia. *He was the black sheep of the family.*

la paciencia — *patience*
  Paciencia y barajar. — *If at first you don't succeed, try, try again.*

  probarle la paciencia — *to try one's patience.*
  Ese niño me prueba la paciencia. *That child tries my patience.*

el padre — *father*
  una pelea de padre y muy señor mío — *a fight to end all fights.*
  Fue una pelea de padre y muy señor mío. *It was a fight to end all fights.*

pagar — *to pay*
estar muy pagado de sí mismo — *to have a high opinion of oneself; to be sold on oneself.*
Está muy pagado de sí mismo. *He has a high opinion of himself (is sold on himself).*

pagársela — *to get even with someone; to make someone pay for it.*
Me la pagarán. *I'll get even with them (make them pay for it).*

el pájaro — *bird*
Más vale pájaro en mano que ciento volando. — *A bird in the hand is worth two in the bush.*

matar dos pájaros de (en) un tiro (una pedrada) — *to kill two birds with one stone.*
Mataron dos pájaros de (en) un tiro (una pedrada). *They killed two birds with one stone.*

tener pájaros en la cabeza — *to have bats in the belfry.*
Tiene pájaros en la cabeza. *He has bats in the belfry.*

Tiene pájaros en la cabeza. *He has bats in the belfry.*

la palabra — *word*
A palabras necias, oídos sordos. — *To foolish talk, deaf ears.*

cumplir la palabra — *to keep one's word.*
Siempre cumple su palabra. *He always keeps his word.*

dejarle con la palabra en la boca — *to cut someone off.*
Me dejó con la palabra en la boca. *He cut me off.*

dirigir la palabra a — *to address.*
Les dirigió la palabra en español. *He addressed them in Spanish.*

en otras palabras — *in other words.*
En otras palabras, no me gusta. *In other words, I don't like it.*

ligero de palabra — *a loose talker; a blabbermouth.*
Es muy ligero de palabra. *He's a very loose talker (a real blabbermouth).*

pesar las palabras — *to weigh one's words.*
Hay que pesar bien las palabras antes de hablar. *You've got to weigh your words before speaking.*

sin cruzar la palabra — *not to say a word to each other; not to speak to each other.*
Llevan cinco meses sin cruzar la palabra. *They haven't said a word to each other (spoken to each other) for five months.*

tener la palabra — *to have the floor.*
Ahora tiene la palabra. *Now you have the floor.*

---

la palmada — *pat, slap*
dar unas palmadas — *to clap one's hands.*
Di unas palmadas. *I clapped my hands.*

darle unas palmadas en la espalda — *to pat someone on the back.*
Me dio unas palmadas en la espalda. *He patted me on the back.*

---

el palmo — *span*
palmo a palmo — *inch by inch.*
Lo exploró palmo a palmo. *He explored it inch by inch.*

---

el palo — *stick*
De tal palo, tal astilla. — *A chip off the old block; Like father, like son.*

matar a palos — *to beat to death.*
Lo mataron a palos. *They beat him to death.*

el pan — *bread*
  Con su pan se lo coma. — *That's his problem; It's his funeral.*
  Contigo, pan y cebolla. — *You and I together, come what may; I'll go through thick and thin with you.*

  llamar al pan pan y al vino vino — *to call a spade a spade.*
  Llama al pan pan y al vino vino. *He calls a spade a spade.*

  ponerle a pan y agua — *to put someone on bread and water.*
  Los puso a pan y agua. *He put them on bread and water.*

---

la papa — *potato*
  no entender ni papa — *not to understand a thing.*
  No entendió ni papa. *He didn't understand a thing.*

---

el papel — *paper; rôle*
  hacer buen (mal) papel — *to make a good (bad) impression.*
  Hiciste muy buen (mal) papel anoche. *You made a very good (bad) impression last night.*

  hacer (desempeñar) el papel de — *to play the rôle (part) of.*
  Hace (Desempeña) el papel del abuelo. *He plays the rôle (part) of the grandfather.*

  representar su papel de — *to play one's rôle as*
  Representaba bien su papel de marido ejemplar. *He was playing his rôle as an exemplary husband well.*

---

par — *equal, like*
  a la par (al par) que — *at the same time.*
  Comía a la par (al par) que miraba la televisión. *He was eating and at the same time watching television.*

  abierto de par en par — *wide open.*
  Estaba abierto de par en par. *It was wide open.*

  sin par — *incomparable.*
  Es un profesor sin par. *He's an incomparable teacher.*

para — *for*
¿para qué? — *what's the good of; why?*
¿Para qué gastar tanto dinero? *What's the good of spending (Why spend) so much money?*
para sí — *to oneself.*
Lo pensaba para sí. *He was thinking it to himself.*

parar — *to stop*
¿Dónde va a parar? — *Where will it all end?*

parecer — *to seem, appear*
a su parecer — *in one's opinion.*
A mi parecer, debe comprar la casa. *In my opinion, she ought to buy the house.*

al parecer (a lo que parece) — *apparently.*
Al parecer (A lo que parece) es de alta calidad. *Apparently it's of high quality.*

parecerse a — *to look like.*
Se parece a su madre. *She looks like her mother.*

¿qué le parece? — *what do you think (of something)?.*
¿Qué le parece (la novela)? *What do you think (of the novel)?*

la pared — *wall*
Las paredes oyen. — *Walls have ears.*

vivir pared por medio — *to live next door.*
Viven pared por medio. *They live next door.*

el paréntesis — *parenthesis*
entre paréntesis — *incidentally; by the way.*
Entre paréntesis, ¿quién se lo vendió? *Incidentally (By the way), who sold it to you?*

hacer un paréntesis — *to digress.*
En vez de hablar de México, hizo un paréntesis y habló de España. *Instead of talking about Mexico, he digressed and talked about Spain.*

el párrafo   la parte

el párrafo — *paragraph*
echar un párrafo — *to have a little chat.*
Me detuve a echar un párrafo con Juan. *I stopped to have a little chat with John.*

párrafo aparte — *not to change the subject.*
Párrafo aparte, ¿qué piensa hacer esta noche? *Not to change the subject, (but) what are you planning to do tonight?*

---

el parte — *dispatch, communiqué*
dar parte de — *to report; to notify.*
Dio parte del accidente a la policía. *He reported the accident to the police (notified the police of the accident).*

---

la parte — *part*
a ninguna parte — *nowhere.*
No van juntos a ninguna parte. *They don't go anywhere together.*

a todas partes — *everywhere.*
El niño le seguía a todas partes. *The child followed him everywhere.*

de parte de ... — *on ...'s side.*
Creo que están de nuestra parte (de parte de Juan). *I think they're on our side (on John's side).*

de parte de ... — *on one's ...'s side.*
De parte de padre es alemán. *On his father's side he's German.*

de su parte — *for one.*
Salúdela de mi parte. *Say hello to her for me.*

en alguna parte — *somewhere; someplace.*
En alguna parte tiene que estar. *It's got to be somewhere (someplace).*

en gran parte — *to a great (large) extent.*
En gran parte es a causa de las lluvias. *To a great (large) extent it's because of the rains.*

en (por) ninguna parte (en parte alguna) — *not anywhere (at all); nowhere.*
Ya no se compran en ninguna parte (en parte alguna). *You can't buy them anywhere (at all) any more.*

en parte — *in part.*
Me gustó en parte. *I liked it in part.*

en todas partes — *everywhere.*
Se veían en todas partes. *They were seen everywhere.*

En todas partes cuecen habas. — *Things are (about) the same all over.*

formar parte de — *to be a part (member) of.*
No forma parte de este grupo. *He is not a part (member) of this group.*

la mayor parte de — *most of; the majority (of).*
La mayor parte de las chicas no vinieron. *Most of (The majority of) the girls didn't come.*

por otra parte — *on the other hand.*
Por otra parte, le van a indemnizar por sus pérdidas. *On the other hand they are going to indemnify him for his losses.*

por su parte — *as far as one is concerned.*
Yo por mi parte prefiero quedarme aquí. *As far as I'm concerned, I prefer to stay here.*

por todas partes — *on all sides.*
Está rodeado de agua por todas partes. *It's surrounded by water on all sides.*

tomar parte en — *to take part in.*
No tomó parte en el concurso. *He didn't take part in the contest.*

---

particular — *particular, private*
en particular — *especially; in particular.*
Me gustan las obras de Azuela, y en particular **Los de abajo**. *I like Azuela's works, and especially (in particular)* **Los de abajo.**

nada de particular — *nothing unusual.*
No vimos nada de particular. *We did not see anything (We saw nothing) unusual.*

la partida — *game*
echar una partida de dados — *to shoot (throw) dice.*
Echaron una partida de dados. *They shot (threw) dice.*

el partido — *(political) party; advantage, profit; resolve, decision*
sacar partido de — *to derive benefit (advantage) from.*
¿Cómo podemos sacar un poco de partido de lo ocurrido? *How can we derive a little benefit (advantage) from what has happened?*

tomar partido — *to take sides (to take a stand).*
Tarde o temprano tendrán que tomar partido. *Sooner or later they'll have to take sides (take a stand).*

partir — *to depart, start (out)*
a partir de — *beginning; starting.*
A partir de mañana, se servirá el desayuno a las siete. *Beginning (Starting) tomorrow, breakfast will be served at seven.*

la pasada — *passage, (act of) passing*
jugarle una mala pasada — *to play a dirty trick on someone.*
Me jugaron una mala pasada. *They played a dirty trick on me.*

pasar — *to pass*
pasar por alto — *to overlook.*
Lo pasó por alto. *He overlooked it.*

pasar(se) sin — *to get along without; to do without.*
No puedo pasar(me) sin comer. *I can't get along without (do without) eating.*

pasarlo — *to get along.*
¿Cómo lo pasa usted? *How are you getting along?*

pasarlo bien — *to enjoy oneself.*
¡Que lo pase bien! *Enjoy yourself!*

la pascua **el paso**

pasarse volando el tiempo — *for time to fly (by)*.
El tiempo se ha pasado volando. *Time has flown (by)*.

pasársele — *to forget*.
Se me pasó llamarla. *I forgot to call her*.

pasársele con el tiempo — *to get over it in time*.
Con el tiempo se les pasará. *They'll get over it in time*.

¿Qué le pasa? — *What's the matter (What's wrong) with him?*

Ya pasó. — *It's over now*.

---

la pascua — *any of various religious holidays, especially Passover, Easter, and Christmas*.
de Pascuas a Ramos — *every once in a while; occasionally*.
De Pascuas a Ramos me hacen una visita. *Every once in a while (Occasionally) they pay me a visit*.

estar como unas pascuas — *to be feeling very jolly*.
Estaba como unas pascuas. *He was feeling very jolly*.

¡Felices Pascuas! — *Merry Christmas!*

Santas pascuas. — *Well, so be it; It can't be helped*.

---

el paseo — *stroll, walk; (pleasure) drive, ride*
dar un paseo — *to take (to go for) a walk*.
Dimos un paseo. *We took (went for) a walk*.

dar un paseo en coche — *to take (to go for) a drive*.
Dimos un paseo en coche. *We took (went for) a drive*.

mandar a paseo — *to send packing; to send about one's business*.
Lo mandaron a paseo. *They sent him packing (sent him about his business)*.

---

el paso — *step; passing, passage*
a buen paso — *at a good pace*.
Se acercaba a buen paso. *He was approaching at a good pace*.

el paso

a cada paso — *at every turn.*
A cada paso se veía algo nuevo. *Something new could be seen at every turn.*

a cada paso — *every little while; every so often.*
Lava su coche a cada paso. *He washes his car every little while (every so often).*

a dos pasos — *very near; just a stone's throw from.*
Está a dos pasos de aquí. *It's very near (just a stone's throw from) here.*

a este paso — *at this rate.*
A este paso nunca terminaré. *At this rate I'll never finish.*

a paso de tortuga — *at a snail's pace.*
Caminaban a paso de tortuga. *They were traveling at a snail's pace.*

a su paso — *as one passes.*
Aplaudieron a su paso. *They applauded as he passed.*

a un paso — *(just) a step away.*
Estaba a un paso de la victoria. *He was (just) a step away from victory.*

abrir paso — *to make way.*
Abrieron paso y él entró. *They made way and he went in.*

abrirse paso — *to make one's way.*
Se abrió paso por la multitud. *He made his way through the crowd.*

apretar el paso — *to speed up.*
Tuvieron que apretar el paso para llegar a tiempo. *They had to speed up to arrive on time.*

cerrar (impedir) el paso — *to block the way.*
Le cerraron (impidieron) el paso. *They blocked his way.*

dar pasos — *to take steps.*
Dio dos pasos. *He took two steps.*

de paso — *at the same time; on the way.*
Iré al correo y de paso compraré un periódico. *I'll go to the post office and at the same time (on the way) I'll buy a newspaper.*

la pasta   **el pato**

de paso por — *while passing through.*
La visitamos de paso por la ciudad. *We visited her while passing through the city.*

dicho sea de paso — *incidentally.*
Mi padre, dicho sea de paso, no sabe español. *My father, incidentally, doesn't know Spanish.*

paso por (a) paso — *step by step.*
Nos guió por la selva paso por paso. *He guided us through the jungle step by step.*

salir del paso — *to get out of the jam (difficulty); to get by; to manage.*
Con la ayuda de Pablo salió del paso. *With Paul's help he got out of the jam (difficulty) (he got by).*

volver sobre sus pasos — *to retrace one's steps.*
Volvimos sobre nuestros pasos. *We retraced our steps.*

---

la pasta — *paste, dough*
  ser de buena pasta — *to be a good guy; to have a nice disposition.*
  Es de buena pasta. *He's a good guy (has a nice disposition).*

  ser de la pasta de su . . . — *to take after one's. . . .*
  Es de la pasta de su madre. *She takes after her mother.*

---

la pata — *paw, foot, leg (of an animal)*
  andar a cuatro patas — *to be down on all fours.*
  Andaban a cuatro patas. *They were down on all fours.*

  estirar la pata — *to kick the bucket.*
  Estiró la pata el mes pasado. *He kicked the bucket last month.*

  meter la pata — *to put one's foot in one's mouth.*
  Metí la pata. *I put my foot in my mouth.*

  ponerle de patitas en la calle — *to throw someone out.*
  La pusieron de patitas en la calle. *They threw her out.*

---

el pato — *duck*
  pagar el pato — *to be the (scape) goat (fall-guy; patsy); to take*

the blame *(for someone else)*.
Yo tuve que pagar el pato. *I had to be the scapegoat (the fall-guy, the patsy) (I had to take the blame)*.

el patrón — *patron; pattern*
cortado por (con) el mismo patrón — *of the same stamp; cut to (from) the same pattern*.
Parecen todos cortados por (con) el mismo patrón. *They all seem to be of the same stamp (cut to (from) the same pattern)*.

el pavo — *turkey*
subírsele el pavo — *to get red in the face*.
Se le subió el pavo. *He got red in the face*.

la paz — *peace*
dejarle en paz — *to let someone alone*.
¡Déjenos en paz! *Let us alone!*

estar (quedar) en paz — *to be even*.
Ahora estamos (quedamos) en paz. *Now we are even*.

hacer las paces — *to make peace*.
Hicieron las paces. *They made peace*.

quedar en paz — *to be left in peace*.
Todo el mundo quedó en paz. *Everyone was left in peace*.

la pe — *(the letter) p*
de pe a pa — *from A to Z; from beginning to end*.
Lo ha aprendido de pe a pa. *She has learned it from A to Z (from beginning to end)*.

el pecho — *breast, chest*
A lo hecho, pecho. — *There's no use crying over spilt milk*.

darle el pecho — *to nurse*.
Le daba el pecho al niño. *She was nursing the child*.

sacar el pecho — *to throw out one's chest*.
Sacó el pecho. *He threw out his chest*.

el pedazo   **el pelo**

---

tomar a pecho(s) — *to take to heart*.
Lo tomó a pecho(s). *She took it to heart*.

---

el pedazo — *piece*
a pedazos — *in pieces; dismantled*.
Se llevaron el piano a pedazos. *They took the piano away in pieces (dismantled)*.

hacer pedazos — *to break (to pieces)*.
Hizo pedazos la jarra. *He broke the pitcher (to pieces)*.

Pedro — *Peter*
como Pedro por su casa — *as if he owned the place*.
Se pasea por aquí como Pedro por su casa. *He walks around here as if he owned the place*.

---

pegar — *to stick, attach*
pegársela a — *to deceive*.
Se la pegó a su mujer. *He deceived his wife*.

---

el peligro — *danger*
correr peligro — *to be in danger*.
No corremos peligro. *We're not in (any) danger*.

estar fuera de peligro — *to be out of danger*.
Ya está fuera de peligro. *He's out of danger now*.

Quien ama el peligro en él perece. — *He who loves danger perishes in it*.

---

el pelo — *hair*
con todos sus pelos y señales — *in greatest detail; in all the gory details*.
Me lo explicó con todos sus pelos y señales. *He explained it to me in greatest detail (in all the gory details)*.

montar en pelo — *to ride bareback*.
Le gusta montar en pelo. *She likes to ride bareback*.

el pelo | el pellejo

no tener pelo de tonto — *to be nobody's fool.*
No tiene pelo de tonto. *He's nobody's fool.*

no tener pelos en la lengua — *to be very outspoken; not to mince words.*
No tiene pelos en la lengua. *He's very outspoken (doesn't mince words).*

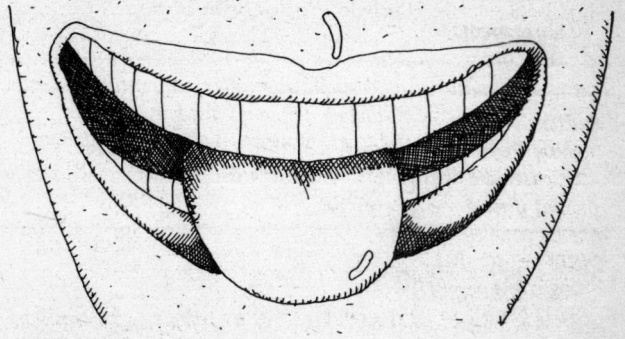

ponérsele los pelos de punta — *to have one's hair stand on end.*
Se me pusieron los pelos de punta. *My hair stood on end.*

por los pelos — *by the skin of one's teeth.*
Se escapó por los pelos. *He escaped by the skin of his teeth.*

tirarle del pelo — *to pull someone's hair.*
Me tiró del pelo. *She pulled my hair.*

tomarle el pelo — *to pull someone's leg.*
Les está tomando el pelo. *He's pulling their leg.*

traído por los pelos — *far-fetched.*
Me parece un poco traído por los pelos. *I think it's a little far-fetched.*

un hombre de (con) pelo en pecho — *a real he-man.*
Es un hombre de (con) pelo en pecho. *He's a real he-man.*

---

el pellejo — *skin, hide*

arriesgarse el pellejo — *to risk one's neck (life).*
Se arriesgó el pellejo. *He risked his neck (life).*

estar (hallarse) en el pellejo de — *to be in one's shoes.*
Si estuviera (Si me hallara) en su pellejo, no iría. *If I were in his shoes, I wouldn't go.*

salvarse el pellejo — *to save one's skin (hide).*
Huyó para salvarse el pellejo. *He fled in order to save his skin (hide).*

---

la pena — *penalty, punishment; pain, grief; hardship, trouble*
a duras penas — *with utmost difficulty; just barely.*
A duras penas pudo llegar a la frontera. *With utmost difficulty he (He just barely) managed to reach the border.*

dar(le) pena — *to grieve one.*
Me da pena. *It grieves me.*

valer (merecer) la pena — *to be worthwhile; to be worth the trouble.*
Esa comedia no vale (merece) la pena. *That play isn't worthwhile (worth the trouble).*

---

pendiente — *hanging, dangling*
estar pendiente de — *to be waiting for.*
Estoy pendiente de su decisión. *I'm waiting for his decision.*

---

pensar — *to think*
cuando menos se piensa — *when one least expects it.*
Cuando menos se piensa, dice cosas graciosas. *When you least expect it he says funny things.*

¡Eso ni pensarlo! — *That's out of the question!*

ser mal pensado — *to be evil-minded.*
No sea mal pensado. *Don't be evil-minded.*

---

peor — *worse, worst*
¡Peor que peor! — *Worse and worse; It couldn't be worse!*

Tanto peor. — *So much the worse.*

---

la pequeñez — *littleness, pettiness*
por pequeñeces — *over trifles.*
Ha sufrido mucho por pequeñeces. *He's suffered a lot over trifles.*

---

la pera — *pear*
pedir peras al olmo — *to expect the impossible.*
No hay que pedir peras al olmo. *You mustn't expect the impossible.*

---

el perejil — *parsley*
Huyendo del perejil, dio en el berenjenal. — *Out of the frying pan into the fire.*

---

la perfección — *perfection*
a la perfección — *to perfection; perfectly.*
Lo copió a la perfección. *He copied it to perfection (perfectly).*

---

la perilla — *pear-shaped ornament*
venir de perillas — *to be just the thing (just right).*
Viene de perillas. *It's just the thing (just right).*

---

la perla — *pearl*
venir de perlas — *to be just the thing (just right).*
Viene de perlas. *It's just the thing (just right).*

ser una perla — *to be a treasure (a jewel).*
Esta cocinera es una perla. *This cook is a treasure (jewel).*

---

el permiso — *permission*
Con permiso. — *Excuse me.*

con su permiso — *if it's all right with you.*
Con su permiso, Juan me acompañará. *If it's all right with you, John will go with me.*

---

pero — *but*
¡No hay pero que valga! — *no buts about it.*

¡Hazlo en seguida! ¡No hay pero que valga! *Do it immediately! No buts about it!*

poner peros — *to raise objections.*
No le ponga peros. *Don't raise objections to it.*

el perro — *dog*
A otro perro con ese hueso. — *Tell it to the marines.*

El perro del hortelano, que ni come la berza ni la deja comer. — *The dog in the manger.*

Perro que ladra no muerde. — *A barking dog never bites.*

la persona — *person*
en persona — *in person.*
Me habló en persona. *He spoke to me in person.*

persuadir — *to persuade*
estar persuadido de — *to be convinced.*
Estoy persuadido de que es inútil. *I'm convinced it's useless.*

el pesar — *grief, sorrow*
a pesar de — *in spite of.*
Iremos a pesar de la lluvia. *We'll go in spite of the rain.*

pesar — *to weigh (on), grieve*
mal que le pese — *whether one likes it or not.*
Yo lo voy a hacer, mal que les pese. *I'm going to do it whether they like it or not.*

pese a — *in spite of.*
Pese a mis protestas, vendieron la casa. *In spite of my protests they sold the house.*

pese a quien pese — *no matter what anybody says.*
Pese a quien pese, van a leerlo. *No matter what anybody says they're going to read it.*

la pesca — *fishing*

el peso   **el pez**

ir de pesca — *to go fishing.*
Vamos de pesca. *We're going fishing.*

el peso — *weight*
caerse de (por) su (propio) peso — *to be self-evident.*
Eso se cae de (por) su (propio) peso. *That is self-evident.*

de peso — *important.*
Asistieron personas de peso. *Important people attended.*

la pestaña — *eyelash*
quemarse las pestañas — *to burn the midnight oil.*
Se quemaba las pestañas. *He was burning the midnight oil.*

pestañear — *to blink*
sin pestañear — *without batting an eye.*
Me lo dijo sin pestañear. *He told me so without batting an eye.*

la peste — *plague, pest*
decir (hablar) pestes de — *to speak ill of; to criticize.*
Decía (hablaba) pestes de su suegra. *She was speaking ill of (criticizing) her mother-in-law.*

echar pestes contra — *to inveigh (to fulminate) against.*
Echaba pestes contra el presidente. *He was inveighing (fulminating) against the president.*

la petición — *request, petition*
a petición de — *at the request of.*
A petición del señor Ayala le mandaremos la revista. *At the request of Mr. Ayala we will send you the magazine.*

el pez — *fish*
estar como el pez en el agua — *to feel right at home (to be as snug as a bug in a rug).*
Estaba como el pez en el agua. *He felt right at home (was as snug as a bug in a rug).*

un pez gordo — *a bigwig (big shot).*
Es un pez gordo. *He's a bigwig (big shot).*

el picadillo — *hash; minced pork*
hacerlo picadillo — *to make mincemeat out of someone.*
Los hizo picadillo. *He made mincemeat out of them.*

picar — *to prick, pierce, sting*
picar muy alto — *to aim too high.*
Picaban muy alto. *They were aiming too high.*

el pico — *beak*
ser un pico de oro — *to be very eloquent.*
Es un pico de oro. *He's very eloquent.*

. . . y pico — *some . . ., . . .-odd.*
Vinieron cincuenta y pico invitados. *Some fifty (Fifty-odd) guests came.*

el pie — *foot*
a pie juntillas — *firmly.*
Lo creen a pie juntillas. *They firmly believe it.*

al pie de la letra — *word for word.*
Lo repetí todo al pie de la letra. *I repeated it all word for word.*

al pie de la página — *at the bottom of the page.*
Está al pie de la página. *It's at the bottom of the page.*

buscarle tres pies al gato — *to go looking for trouble.*
No le busque tres pies al gato. *Don't go looking for trouble.*

Déle el pie y se tomará la mano. — *Give him an inch and he'll take a mile.*

en pie — *in effect.*
El reglamento sigue en pie. *The regulations are still in effect.*

estar de (en) pie — *to be standing.*
Está de (en) pie. *He's standing.*

ir a pie — *to go on foot.*

Más vale ir a pie. *It's better to go on foot.*

no tener pies ni cabeza — *not to make any sense at all; to have no rhyme or reason to it.*
No tiene pies ni cabeza. *It doesn't make any sense at all (has no rhyme or reason to it).*

ponerse en (de) pie — *to stand up; to get to one's feet.*
Nos pusimos en pie. *We stood up (got to our feet).*

quedarse en pie — *to remain standing.*
Prefiero quedarme en pie. *I prefer to remain standing.*

saber de qué pie cojea — *to know someone's weak points.*
Sé de qué pie cojea. *I know his weak points.*

volver a pie — *to walk back.*
Volvió a pie. *He walked back.*

la piedra — *stone*
no dejar piedra por (sin) mover — *to leave no stone unturned.*
No dejó piedra por (sin) mover. *He left no stone unturned.*

no dejar piedra sobre piedra — *to wipe out.*
El huracán no dejó piedra sobre piedra en el pueblo. *The hurricane wiped out the town.*

la pierna — *leg*
a media pierna — *halfway up (one's leg).*
Tenía los pantalones enrollados a media pierna. *His pants were rolled halfway up.*

dormir a pierna suelta — *to sleep like a log.*
Dormí a pierna suelta. *I slept like a log.*

la pieza — *piece*
¡Mala pieza! — *You old rascal!*

quedarse de una pieza — *to be dumbfounded.*
Me quedé de una pieza. *I was dumbfounded.*

la píldora — *pill*

dorar la píldora — *to sugar-coat the pill*.
No tiene que dorar la píldora. *You don't have to sugar-coat the pill.*

tragarse la píldora — *to be taken in; to swallow a lie*.
Se tragó la píldora. *He was taken in (He swallowed the lie).*

pino — *steep*
hacer (sus) pin(it)os — *to take one's first steps*.
Está haciendo (sus) pin(it)os. *He's taking his first steps.*

la pintura — *painting*
no poder verlo ni en pintura — *not to be able to stand (the sight of) someone*.
Ni en pintura la puedo ver. *I can't stand (the sight of) her.*

el pío — *chirping, peeping*
no decir ni pío — *not to say a word*.
No dijeron ni pío. *They didn't say a word.*

pique — *sharp-cut (cliff)*
echar a pique — *to ruin*.
Echaron a pique la empresa. *They ruined the firm (company).*

echar a pique — *to sink*.
Echaron a pique nuestro barco. *They sank our ship.*

irse a pique — *to sink*.
Nuestro barco se fue a pique. *Our ship sank.*

el piso — *floor*
el piso bajo — *the ground floor*.
Está en el piso bajo. *It's on the ground floor.*

el pistoletazo — *pistol shot*
matar a pistoletazos — *to shoot with a pistol*.
Lo mataron a pistoletazos. *They shot him with a pistol.*

plano — *flat*

la planta — el plazo

de plano — *plainly.*
Les habló de plano. *He spoke plainly to them.*

la planta — *plant; floor, story*
la planta baja — *the ground floor.*
Está en la planta baja. *It's on the ground floor.*

plantar — *to plant*
dejar plantado — *to leave in the lurch.*
Lo dejó plantado. *She left him in the lurch.*

el plato — *dish, plate*
Del plato a la boca se pierde la sopa. — *There's many a slip twixt (the) cup and (the) lip.*

el plazo — *term (period of time)*
a largo plazo — *in the long run.*
A largo plazo nos resultará más provechoso. *In the long run it will be more profitable for us.*

a plazos — *in installments.*
Lo demás se puede pagar a plazos. *The rest can be paid in installments.*

en breve plazo — *in short order.*
Debe terminarse en breve plazo. *It should be finished in short order.*

el pleito — *lawsuit*
  poner pleito — *to sue*.
  Le aconsejé que pusiera pleito a la compañía. *I advised him to sue the company.*

pleno — *full*
  en (a) pleno día — *in broad daylight*.
  Lo robaron en (a) pleno día. *They stole it in broad daylight.*

  en pleno verano — *(right) in the middle of the summer*.
  Crecen en pleno verano. *They grow (right) in the middle of the summer.*

pobre — *poor*
  ¡Pobre de mí! — *Poor me!*

poco — *little*
  a poco — *shortly afterwards, presently*.
  A poco llegó Juan. *Shortly afterwards (Presently) John arrived.*

  a poco de — *shortly after*.
  A poco de comprar el coche tuvo un choque. *Shortly after he bought the car he had an accident (collision).*

  dentro de poco — *in a little while*.
  Nos veremos dentro de poco. *We'll see each other in a little while.*

  poco — *not very*.
  Su conferencia fue poco importante. *His lecture was not very important.*

  poco a poco — *little by little*.
  Poco a poco se está mejorando. *Little by little he's getting better.*

  poco antes (después) — *shortly before (afterwards)*.
  Habían salido poco antes (después). *They had left shortly before (afterwards).*

  poco más o menos — *give or take a few*.
  Tiene veinticuatro primos, poco más o menos. *He has twenty-four cousins, give or take a few.*

por poco — *almost.*
Por poco se rompe la cabeza. *He almost broke his neck.*

tener (estimar) en poco — *not to think much of; to hold in low esteem.*
Lo tienen (estiman) en poco. *They don't think much of him (hold him in low esteem).*

un poco de — *a little.*
Tráigame un poco de agua. *Bring me a little water.*

y por si eso fuera poco — *and as if that weren't enough.*
Y por si eso fuera poco, también me robaron el reloj. *And as if that weren't enough, they also stole my watch.*

---

el poder — *power*
estar en su poder — *to be in one's hands.*
La decisión estaba en su poder. *The decision was in his hands.*

por poder — *by proxy.*
Votamos por poder. *We voted by proxy.*

---

poder — *can, to be able.*
hasta (a) más no poder — *for all one is worth; to the limit.*
Se esforzó hasta (a) más no poder. *He exerted himself for all he was worth (to the limit).*

no poder con — *not to be able to do anything with; to be too much for.*
No puedo con él. *I can't do anything with him (He's too much for me).*

no poder con — *not to be able to stand.*
No puedo con esa mujer. *I can't stand that woman.*

no poder más — *not to be able to go on; to be all in.*
No puede más. *He can't go on (He's all in).*

no poder menos de — *not to be able to help.*
No puede menos de llorar. *She can't help crying.*

no poder verlo — *not to be able to stand (the sight of).*
No la puedo ver. *I can't stand (the sight of) her.*

obrar en poder de — *to be in the hands of.*
La carta obra en poder del abogado. *The letter is in the hands of the lawyer.*

poder más que — *to win out over.*
La curiosidad pudo más que el temor. *Curiosity won out over fear.*

puede que — *maybe.*
Puede que terminen esta noche. *They may finish tonight.*

Puede que no. — *Maybe not.*

Puede que sí. — *Maybe so.*

¿Se puede? — *May I come in?*

---

el polvo — *dust*
hacer polvo — *to grind to dust.*
Lo hizo polvo. *He ground it to dust.*

---

la pólvora — *(gun)powder*
no haber inventado la pólvora — *to be no genius.*
No ha inventado la pólvora. *He's no genius.*

---

poner — *to put*
No se ponga así. — *Don't get that way.*

ponerse — *to put on.*
Se puso el abrigo. *He put on his (over)coat.*

ponerse — *to turn.*
Se puso pálida. *She turned pale.*

ponerse a — *to begin to.*
Se pusieron a bailar. *They began to dance.*

---

por — *by, through, for*
por (más) — *however.*
Por (más) inteligente que sea, saca malas notas. *However intelligent she may be, she gets bad grades.*

pos
salir en pos de — *to set out after (in pursuit of).*
Salió en pos de su hermano. *He set out after (in pursuit of) his brother.*

la posesión — *possession*
tomar posesión de — *to take possession of.*
Tomó posesión de su herencia. *He took possession of his inheritance.*

posible — *possible*
en lo posible (en cuanto sea posible) — *insofar as possible.*
Obedeceré en lo posible (en cuanto sea posible). *I will obey insofar as possible.*

todo lo posible — *everything possible.*
Está haciendo todo lo posible. *He's doing everything possible.*

postre — *last, final*
a la (al) postre — *finally; in the long run.*
A la (Al) postre cedieron. *Finally (In the long run) they yielded.*

preciar — *to appraise*
preciarse de — *to boast of.*
Raúl se precia de su habilidad. *Raoul boasts of his ability.*

el precio — *price*
no tener precio — *to be priceless.*
Esta pintura no tiene precio. *This painting is priceless.*

la pregunta — *question*
hacer una pregunta — *to ask a question.*
Hizo una pregunta. *He asked a question.*

preguntar — *to ask*
preguntar por — *to inquire (to ask) about.*
Preguntaré por él. *I'll inquire (ask) about him.*

el premio — *prize*
  sacar el premio gordo — *to win the grand prize (jackpot).*
  Sacó el premio gordo. *He won the grand prize (jackpot).*

la prenda — *pledge, pawn, token*
  no dolerle prendas — *not to be concealing anything; to have nothing to hide.*
  No me duelen prendas. *I'm not concealing anything (I have nothing to hide).*

la prensa — *press*
  tener buena (mala) prensa — *to have a good (bad) press.*
  Tuvo buena (mala) prensa. *He had a good (bad) press.*

preocupar — *to preoccupy, concern, worry*
  preocuparse de (por) — *to take up; to concern oneself with.*
  Se ha preocupado del (por el) robo. *He has taken up (concerned himself with) the matter of the theft.*

presente — *present*
  hacer presente — *to notify.*
  Nos hizo presente que no iría a la reunión. *He notified us that he would not go to the meeting.*

  mejorando lo presente — *present company excepted.*
  Mejorando lo presente, son unos ladrones. *Present company excepted, they're a bunch of thieves.*

  tener presente — *to bear (keep) in mind.*
  Tenga presente que la clase empieza a las ocho. *Bear (Keep) in mind that the class starts at eight.*

prestar — *to lend*
  pedir prestado — *to borrow.*
  Nos pidieron prestado el coche. *They borrowed our car.*

presumir — *to presume*

el pretexto   **la prisa**

    presumir de — *to consider oneself.*
    Presume de sabio. *He considers himself a sage.*

el pretexto — *pretext*
    tomar a pretexto — *to use as an excuse (pretext).*
    Lo tomó a pretexto para quedarse. *She used it as an excuse (pretext) for staying.*

prevenir — *to prepare*
    prevenirse contra — *to take precautions against.*
    Ella nunca se previene contra las enfermedades. *She never takes precautions against illness.*

primero — *first*
    de primera — *first rate.*
    Este hotel es de primera. *This hotel is first-rate.*

    ser lo primero — *to come first.*
    Mi familia es lo primero. *My family comes first.*

el principio — *beginning; principle*
    a principios de — *early in; around the beginning of.*
    Se murió a principios de mayo. *She died early in (around the beginning of) May.*

    al (en un) principio — *at first.*
    Al (En un) principio me gustó. *At first I liked it.*

    dar principio a — *to open.*
    Se dio principio al congreso con el himno nacional. *The conference was opened with the national anthem.*

    desde un (el) principio — *all along; right from the start.*
    Lo sabía desde un (el) principio. *I knew it all along (right from the start).*

    en principio — *in principle.*
    En principio es verdad. *In principle it's true.*

la prisa — *haste*

a (de) prisa — *fast*.
Siempre va muy a (de) prisa. *He always goes very fast.*

a toda prisa — *in great haste*.
Abandonó la tienda a toda prisa. *She left the shop in great haste.*

andar de prisa — *to be in a rush*.
Siempre andan de prisa. *They are always in a rush.*

¡Dése prisa! — *Hurry up!*

No corre prisa. — *There's no hurry; It's not urgent.*

tener (estar de; estar con) prisa — *to be in a hurry*.
Tengo (Estoy de; Estoy con) prisa. *I'm in a hurry.*

---

el pro — *profit*
en pro de — *for the benefit of*.
Es una colecta en pro de las víctimas del terremoto. *It is a collection for the benefit of the victims of the earthquake.*

---

pronto — *soon*
al pronto — *at first*.
Al pronto la rechazó. *At first he rejected her.*

de pronto — *suddenly*.
De pronto lo vi acercarse. *Suddenly I saw him approaching.*

lo más pronto posible — *as soon as possible*.
Regrese lo más pronto posible. *Return as soon as possible.*

por lo (el) pronto (por de pronto) — *for the time being*.
Por lo (el) pronto (Por de pronto) no necesito más. *For the time being I don't need any more.*

---

la propina — *tip*
de propina — *into the bargain*.
Nos invitó a comer y de propina nos llevó al cine. *He invited us to dinner and took us to the movies into the bargain.*

---

el propósito — *purpose*
a propósito — *by the way*.

A propósito, ¿me puede prestar su coche? *By the way, can you lend me your car?*

de propósito — *on purpose.*
Lo hizo de propósito. *He did it on purpose.*

fuera de propósito — *irrelevant; out of place.*
Su comentario fue totalmente fuera de propósito. *His comment was entirely irrelevant (out of place).*

el provecho — *profit, benefit*
¡Buen provecho! — *Good appetite!; Enjoy your meal!*

de provecho — *respectable.*
Son hombres de provecho. *They are respectable men.*

sacar provecho de — *to profit from.*
Sacó mucho provecho de la conferencia. *He profited a lot from the lecture.*

próximo — *next, close*
estar próximo a — *to be about to.*
Están próximo a comprar una casa. *They are about to buy a house.*

la prueba — *proof; test, trial*
a prueba de agua (de sonido, etc.) — *waterproof soundproof, etc.).*
Es a prueba de agua (de sonido, etc.). *It's waterproof (soundproof, etc.).*

poner a prueba — *to put to the test.*
Vamos a ponerlo a prueba. *Let's put it to the test.*

la puerta — *door*
a puerta cerrada — *behind closed doors.*
Lo discutieron a puerta cerrada. *They discussed it behind closed doors.*

cerrarle todas las puertas — *to close all avenues to someone.*
Se le cerraron todas las puertas. *All avenues were closed to him.*

darle con (cerrarle) la puerta en las narices — *to slam the door in someone's face.*
Me dio con (Me cerró) la puerta en las narices. *He slammed the door in my face.*

estar a las puertas de la muerte — *to be at death's door.*
Está a las puertas de la muerte. *She's at death's door.*

llamar a la puerta — *to knock at the door.*
Llamó a la puerta. *He knocked at the door.*

pues — *then, well; since*
pues bien — *well then.*
Pues bien, ¿qué hacemos? *Well then, what shall we do?*

la pulga — *flea*
tener malas pulgas — *to be short-tempered.*
Tiene muy malas pulgas. *He's very short-tempered.*

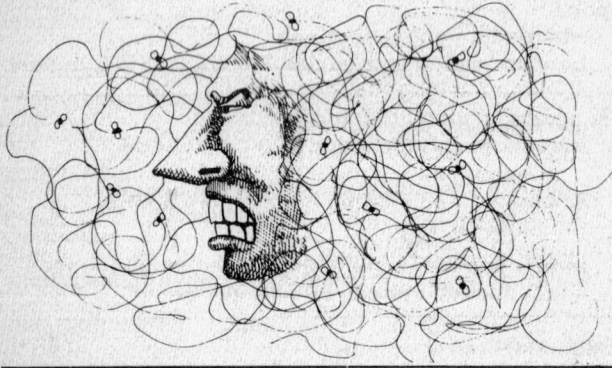

el pulso — *pulse*
con pulso firme — *with a steady hand.*
Apuntó con pulso firme. *He aimed with a steady hand.*

la punta — *point*

de punta en blanco — *all dressed up; in full regalia.*
Vinieron vestidos de punta en blanco. *They came all dressed up (in full regalia).*

de puntillas — *on tiptoe.*
Entró de puntillas. *She went in on tiptoe.*

sacar punta a — *to sharpen.*
Sacó punta al lápiz. *He sharpened the pencil.*

tener en la punta de la lengua — *to have on the tip of one's tongue.*
Lo tengo en la punta de la lengua. *It's (I have it) on the tip of my tongue.*

---

el punto — *point*

a punto de — *on the point of; about to.*
Está a punto de comprarlo. *He's on the point of buying it (about to buy it).*

a punto fijo — *exactly; definitely.*
Quiero saber esto a punto fijo. *I want to know this exactly (definitely).*

a tal punto (hasta el punto) — *to such an extent; so much.*
Llovió a tal punto (hasta el punto) que no salimos. *It rained to such an extent (so much) that we didn't go out.*

al punto — *at once.*
Me devolvió el dinero al punto. *He returned the money to me at once.*

en punto — *sharp; on the dot.*
Me levanto a las siete en punto. *I get up at seven (o'clock) sharp (on the dot).*

estar en su punto — *to be just right.*
Las verduras estaban en su punto. *The vegetables were (cooked) just right.*

hasta cierto punto — *in a way; to some extent; up to a point.*
Hasta cierto punto lo que dice es verdad. *In a way (To some extent, Up to a point) what you say is true.*

llegar a su punto cumbre — *to reach its peak.*
Todavía no ha llegado a su punto cumbre. *It hasn't reached its peak yet.*
punto de vista — *point of view.*
No lo habían considerado desde ese punto de vista. *They hadn't considered it from that point of view.*
punto menos que — *very nearly.*
Lo encuentro punto menos que insoportable. *I find it very nearly unbearable.*

---

el puñado — *handful*
a puñados — *in abundance; by the handful.*
Los distribuyó a puñados. *He distributed them in abundance (by the handful).*

---

la puñalada — *stab (with a dagger)*
darle una puñalada — *to stab someone.*
Le di una puñalada. *I stabbed him.*

matar a puñaladas — *to stab to death.*
Lo mataron a puñaladas. *They stabbed him to death.*

ser una puñalada por la espalda — *to be a stab in the back.*
Fue una puñalada por la espalda. *It was a stab in the back.*

---

el puño — *fist*
de su puño y letra — *in one's own handwriting.*
Esta carta es de su puño y letra. *This letter is in his own handwriting.*

tener en un puño — *to have under one's thumb.*
Lo tiene en un puño. *She has him under her thumb.*

---

qué — *what*
¿A qué discutirlo? — *Why argue (What's the good of arguing) about it?*

¿En qué quedamos? — *What do you say?; What about it?*
qué — *what a*.
¡Qué hombre! *What a man!*
¿Qué quiere? — *What can you expect?*

---

que — *that*
a que — *I'll bet (you)*.
A que no llega antes que yo. *I'll bet (you) you won't arrive before I do.*

el que más y el que menos — *everybody*.
El que más y el que menos estaban de acuerdo. *Everybody was in agreement.*

---

quedar — *to remain, stay, be left*
hacer quedar en ridículo — *to make look ridiculous*.
Me hizo quedar en ridículo. *He made me look ridiculous.*

quedar bien con — *to get along with*.
Lo que quiere él es quedar bien con los vecinos. *What he wants is to get along with the neighbors.*

quedar ciego — *to be blinded*.
Quedó ciego por toda la vida. *He was blinded for life.*

quedar en — *to agree to*.
Han quedado en verse en la plaza. *They have agreed to meet in the square.*

quedar en nada — *for nothing to come of; to come to naught*.
Sus planes quedaron en nada. *Nothing came of their plans (Their plans came to naught).*

quedar mal con — *to be in one's bad books*.
No quiero quedar mal con ellos. *I don't want to be in their bad books.*

quedarle — *to have left*.
Me quedan sólo tres. *I only have three left.*

quedarle grande (estrecho) — *to be too big (tight) for (on) one*. Le queda grande (estrecho). *It's too big (tight) for (on) him.*

quedarse con — *to keep*.
Se quedó con el coche. *She kept the car*.

quemarropa — *point blank*
a quemarropa — *at close range*.
Le disparó a quemarropa. *He fired at him at close range*.

querer — *to want*
querer decir — *to mean*.
No sé qué quiere decir. *I don't know what it means*.

sin querer — *unintentionally; by accident*.
Lo hice sin querer. *I did it unintentionally (by accident)*.

el quicio — *door jamb, eye of a door hinge*
sacarle de quicio — *to drive someone to distraction; to drive wild; to unhinge*.
Me saca de quicio. *It drives me to distraction (drives me wild; unhinges me)*.

quién — *who*
Dime con quién andas y te diré quién eres. — *Show me your friends and I'll tell you what you are. A man is known by the company he keeps. Birds of a feather flock together*.

Haz bien y no mires a quién. — *Cast your bread upon the waters*.

¡Mira quién habla! — *Look who's talking!*

quien — *(he) who*
como quien no dice nada — *as if it were quite unimportant*.
Nos vino con esta noticia como quien no dice nada. *He came to us with this news as if it were quite unimportant*.

Como quien oye llover. — *In one ear and out the other; Like water off a duck's back*.

Quintín — *Quentin*
armarse la de San Quintín — *for there to be a terrible row*.

quitar   **el rabo**

Se armó la de San Quintín. *There was a terrible row.*

quitar — *to remove*
ser de quita y pon — *to be detachable (removable).*
Es de quita y pon. *It's detachable (removable).*

la rabia — *rage*
darle rabia — *to make one mad.*
Me da (mucha) rabia. *It (really) makes me mad.*

el rabillo — *(little) tail*
con el rabillo del ojo — *out of the corner of one's eye.*
Me miró con el rabillo del ojo. *He looked at me out of the corner of his eye.*

el rabo — *tail*
con el rabo entre las piernas — *with one's tail between one's legs.*
Se fue con el rabo entre las piernas. *He went off with his tail between his legs.*

la raíz — *root*
cortar de raíz — *to nip in the bud.*
Cortaron de raíz el rumor. *They nipped the rumor in the bud.*
echar raíces — *to take root.*
La planta echó raíces. *The plant took root.*
echar raíces — *to put down root; to settle down.*
Quiero echar raíces aquí. *I want to put down roots (settle down) here.*

la rama — *branch*
andarse por las ramas — *to beat around the bush.*
No pueden hablar del asunto sin andarse por las ramas. *They can't talk about the matter without beating around the bush.*

el rape — *quick haircut or shave.*
cortado al rape — *cut very short.*
Tenía el pelo cortado al rape. *He had his hair cut very short.*

el rasgo — *stroke, flourish; trait, characteristic*
a grandes rasgos — *in broad strokes; in outline.*
Describió la escena a grandes rasgos. *He described the scene in broad strokes (in outline).*

raso — *level, even, smooth*
al raso — *out in the open.*
Pasaron la noche al raso. *They spent the night out in the open.*

la rastra — *track, trail (of something dragged)*
ir a rastras — *to crawl.*
Apenas podían ir a rastras. *They could scarcely crawl.*

llevarse a rastras (a la rastra) — *to drag off.*
Se lo llevaron a rastras (a la rastra). *They dragged him off.*

la rata — *rat*
ser más pobre que una rata — *to be as poor as a church mouse.*
Es más pobre que una rata. *He's as poor as a church mouse.*

el rato — *while, short time*
  a cada rato — *every little while; every so often*
  A cada rato se oía un grito. *Every little while (Every so often) you could hear a shout.*

  a(l) poco rato — *shortly afterwards; in a little while.*
  A(l) poco rato me llamó. *Shortly afterwards (In a little while) she called me.*

  a ratos perdidos — *in one's spare time.*
  Mi hermana lee novelas a ratos perdidos. *My sister reads novels in her spare time.*

  de rato en rato (a ratos) — *from time to time.*
  De rato en rato (A ratos) se asoma a la ventana. *From time to time she looks out the window.*

  pasar (un) buen rato — *to have a good time.*
  Pasamos (un) buen rato en su casa. *We had a good time at your house.*

  pasar el rato — *to kill time; to pass the time.*
  Leía una revista para pasar el rato. *I was reading a magazine to kill time (pass the time).*

el ratón — *mouse*
  un ratón de biblioteca — *a bookworm.*
  Es un ratón de biblioteca. *He's a bookworm.*

la raya — *stripe, line*
  pasarse de (la) raya — *to go too far; to overstep the mark.*
  Ya se pasaron de la raya. *Now they've gone too far (overstepped the mark).*

  tener a raya — *to keep in line.*
  Es muy difícil tenerla a raya. *It's very hard to keep her in line.*

la razón — *reason*
  a razón de — *at the rate of.*
  Andaba a razón de ochenta kilómetros la hora. *He was traveling at the rate of eighty kilometers an hour.*

asistirle la razón — *to be in the right.*
Le asiste la razón. *He is in the right.*

con razón — *rightly so.*
Se lo quitó y con razón. *He took it away from her, and rightly so.*

dar razón de — *to give information about.*
Era el único que podía darles razón de su hijo. *He was the only one that could give them information about their son.*

darle la razón a — *to side with.*
Siempre le daba la razón a mi hermano. *He always used to side with my brother.*

ponerse en (la) razón — *to be reasonable; to listen to reason.*
Hay que ponerse en (la) razón. *You've got to be reasonable (listen to reason).*

tener la razón de su parte — *to be in the right.*
Tiene la razón de su parte. *He's in the right.*

tener razón — *to be right.*
No tiene razón. *She's not right.*

---

la realidad — *reality*
en realidad — *as a matter of fact.*
En realidad es mentira. *As a matter of fact it's not true.*

---

rebajar — *to reduce, lower*
rebajarse a — *to condescend to; to stoop to.*
No quiere rebajarse a comer con nosotros. *He won't condescend to eat (stoop to eating) with us.*

rebajarse ante — *to humble oneself to.*
No se rebaje ante nadie. *Don't humble yourself to anybody.*

---

rebosar — *to overflow*
rebosar de — *to be brimming with.*
Rebosa de salud. *He is brimming with health.*

---

recaer — *to fall again*

recapacitar   la regla

recaer sobre — *to fall upon.*
Todas las tareas recaen sobre ese pobre. *All the tasks fall upon that poor man.*

recapacitar — *to run over in one's mind*
recapacitar sobre — *to think over.*
Tenemos que recapacitar sobre lo que dijo. *We have to think over what he said.*

el recibo — *receipt*
acusar recibo de — *to acknowledge receipt of.*
Acusamos recibo de su atenta. . . . *We acknowledge receipt of your letter. . . .*

el recuerdo — *remembrance*
muchos recuerdos — *kindest regards.*
Muchos recuerdos a Elena. *Kindest regards to Helen.*

referir — *to refer, relate*
en lo que se refiere a . . . *as far as . . . is concerned.*
En lo que se refiere a su futuro, sin duda se casará. *As far as her future is concerned, she will no doubt get married.*

el regalo — *gift, present*
hacerle un regalo — *to present someone with a gift.*
Me hizo un regalo. *He presented me with a gift.*

regañadientes
a regañadientes — *reluctantly; grudgingly.*
Fue convencida, aunque a regañadientes. *She was convinced, although reluctantly (grudgingly).*

el régimen — *regimen; régime*
ponerse a régimen — *to go on a diet.*
Se puso a régimen. *She went on a diet.*

la regla — *rule*

por regla general — *as a (general) rule*.
Por regla general nos acostamos a las once. *As a (general) rule we go to bed at eleven.*

el regreso — *return*
de regreso — *upon returning*.
De regreso a casa se acostó. *When she got home she went to bed.*

estar de regreso — *to be back*.
Todavía no están de regreso. *They aren't back yet.*

venir de regreso — *to come back*.
Venía de regreso de la guerra. *He was coming back from the war.*

reír — *to laugh*
El que ríe al último ríe mejor. — *He who laughs last laughs best.*

reírse de — *to laugh at*.
Se ríe de nosotros. *He's laughing at us.*

ser para reírse — *to be enough to make one laugh*.
Es para reírse. *It's enough to make you laugh.*

la relación — *relation*
con relación a — *regarding*.
Con relación a lo que me dijo ayer. . . . *Regarding what you told me yesterday.* . . .

el relieve — *relief*
poner de relieve — *to point out*.
Puso de relieve las ventajas del programa. *He pointed out the advantages of the program.*

el remate — *end*
estar loco de remate — *to be stark raving mad; to be hopelessly insane*.
Está loco de remate. *He's stark raving mad (hopelessly insane).*

por remate — *finally*.
Nos sirvió jerez, cerveza y por remate coñac. *He served us sherry, beer, and finally cognac.*

el remedio — *remedy*
ni para remedio — *(not) for love nor money*.
No pude comprar pan ni para remedio. *I was unable to buy bread for love nor money.*

No hay (No tiene) (más) remedio. — *It can't be helped; It's beyond repair.*

no hay más remedio que — *there's nothing to do but*.
No hay más remedio que aceptar el veredicto. *There's nothing to do but accept the verdict.*

el rencor — *rancor*
guardarle rencor — *to hold a grudge against someone*.
Todavía me guarda rencor. *He still holds a grudge against me.*

rendido — *tired*
estar rendido — *to be exhausted*.
Estamos rendidos. *We are exhausted.*

el renglón — *line*
leer entre renglones — *to read between the lines*.
Hay que leer entre renglones. *You've got to read between the lines.*

reojo
mirar de reojo — *to look askance*.
La miró de reojo. *He looked askance at her.*

reparar — *to repair*
reparar en — *to consider*.
No reparamos en lo que iba a pasar. *We did not consider what was going to happen.*

reparar en — *to notice*.

No reparó en que Adriana se había ido. *He did not notice that Adrienne had left.*

---

el repente — *sudden movement*
de repente — *suddenly*.
De repente se desmayó. *Suddenly she fainted.*

---

la representación — *representation*
en representación de — *as a representative of*.
Habló en representación de los obreros. *He spoke as a representative of the workers.*

---

reprochar — *to reproach*
reprocharle — *to reproach one for*.
Me reprochó mi conducta. *He reproached me for my conduct.*

---

el reproche — *reproach*
hacer un reproche — *to reproach*.
Le hizo un reproche injusto. *He reproached her unjustly.*

---

la reserva — *reserve*
con (bajo) la mayor reserva — *in the strictest confidence*.
Me lo dijo con (bajo) la mayor reserva. *He told (it to) me in the strictest confidence.*

guardar reserva — *to be discreet*.
Siempre guarda reserva con sus clientes. *He is always discreet with his customers.*

sin reserva — *freely; openly*.
Me lo dijo sin reserva. *He told (it to) me freely (openly).*

---

la resistencia — *resistance*
oponer resistencia — *to resist*.
Todos opusieron resistencia a los invasores. *They all resisted the invaders.*

---

resistir — *to resist*

resistirse a — *to refuse.*
Se resistía a envejecer. *She refused to grow old.*

---

respectar — *to concern*
por lo que respecta (toca) a — *as far as . . . is concerned.*
Por lo que respecta (toca) a su plan, estoy muy contento. *As far as your plan is concerned, I'm very happy.*

---

el respecto — *respect*
al respecto — *about this matter.*
No me ha dicho nada al respecto. *He has said nothing to me about the matter.*

(con) respecto a — *with respect to.*
Nos habló (con) respecto a su problema. *He spoke to us with respect to his problem.*

---

el respeto — *respect*
faltarle al respeto — *to be disrespectful to.*
Le faltaron al respeto. *They were disrespectful to her.*

---

restar — *to deduct, subtract; to remain*
restarle — *to have left.*
Me resta un año de estudios. *I have a year of studies left.*

restarle el tiempo — *to take up one's time.*
Siempre me resta el tiempo cuando estoy ocupado. *He's always taking up my time when I'm busy.*

---

la resulta — *result*
de (por) resultas de — *as a result of.*
Cojea de (por) resultas del accidente. *He limps as a result of the accident.*

---

el resumen — *summary, résumé*
en resumen — *in short.*
En resumen, se les perdió todo. *In short, they lost everything.*

el retraso — *delay*
llegar con . . . de retraso — *to arrive . . . late.*
El tren llega con dos horas de retraso. *The train is arriving two hours late.*

---

reunir — *to unite, join*
reunirse con — *to join.*
Se reunirán con nosotros. *They'll join us.*

---

el reverso — *reverse*
el reverso de la medalla — *just the opposite.*
Pepe es buenísimo pero su hijo es el reverso de la medalla. *Pepe is very good but his son is just the opposite.*

---

el revés — *reverse*
al revés — *the other way around; the opposite.*
No es así, es al revés. *It's not like that, it's the other way around.*

---

la revista — *review; magazine*
pasar revista a — *to review.*
Pasaron revista a las tropas. *They reviewed the troops.*

---

ridículo — *ridiculous*
hacer el ridículo — *to make a fool of oneself.*
Está haciendo el ridículo. *He's making a fool of himself.*

poner en ridículo — *to make look ridiculous.*
Nos puso en ridículo. *He made us look ridiculous.*

---

la rienda — *rein*
a rienda suelta — *without restraint.*
Habló a rienda suelta toda la tarde. *He spoke without restraint all afternoon.*

aflojar las riendas — *to ease up.*
Aflojó un poco las riendas. *He eased up a little.*

dar rienda suelta (a) — *to give free rein (to).*

Dio rienda suelta a su imaginación. *He gave free rein to his imagination.*

el rigor — *rigor*
de rigor — *de rigueur; absolutely essential.*
Para esta fiesta, un smoking es de rigor. *For this party, a dinner jacket is de rigueur (absolutely essential).*
en rigor — *strictly speaking.*
En rigor no es el jefe. *Strictly speaking he's not the boss.*

el riñón — *kidney*
forrarse el riñón — *to feather one's nest.*
Trabaja mucho para forrarse el riñón. *He's working hard to feather his nest.*
pegarse al riñón — *to stick to one's ribs.*
Es un alimento que se pega al riñón. *It's a food that sticks to your ribs.*
tener el riñón bien cubierto — *to be well-heeled.*
Tiene el riñón bien cubierto. *He's well-heeled.*

el río — *river*
A río revuelto, ganancia de pescadores. — *There's good fishing in troubled waters.*

la risa — *laughter*
llorar de risa — *to laugh till one cries.*
Lloró de risa. *She laughed till she cried.*
morirse (ahogarse) de risa — *to die laughing.*
Se murió (Se ahogó) de risa. *He died laughing.*
tomar a risa — *to take lightly.*
No hay que tomar las cosas a risa. *You mustn't take things lightly.*

el rodeo — *detour, roundabout way*
andar con rodeos — *to beat around (about) the bush.*
Siempre anda con rodeos. *He always beats around (about) the bush.*

dar rodeos — *to make detours*.
Tuvimos que dar varios rodeos. *We had to make several detours.*

dejarse de rodeos — *to stop beating around (about) the bush.*
¡Déjate de rodeos! *Stop beating around (about) the bush!*

la rodilla — knee
caminar de rodillas — *to walk on one's knees.*
Caminaban de rodillas. *They were walking on their knees.*

estar de rodillas — *to be kneeling; to be on one's knees.*
Está de rodillas. *She is kneeling (is on her knees).*

ponerse (hincarse) de rodillas — *to kneel; to get down on one's knees.*
Se puso (Se hincó) de rodillas. *He knelt (got down on his knees).*

rojo — red
al rojo (vivo) (al rojo blanco) — *red-hot (white-hot).*
Se usó un hierro al rojo (vivo) (al rojo blanco). *A red-hot (white-hot) iron was used.*

romance — Romance
decir en buen romance — *to tell in plain language.*
Díganoslo en buen romance. *Tell (it to) us in plain language.*

hablar en romance — *to speak plainly (clearly).*
Hable en romance. *Speak plainly (clearly).*

romper — to break
romper a reír (llorar) — *to burst out laughing (crying).*
Rompió a reír (llorar). *He burst out laughing (crying).*

romper con — *to break off with; to have a falling-out with.*
Rompió con sus amigos. *He broke off with (had a falling-out with) his friends.*

rondar — to patrol, prowl about
rondar — *to be around.*
Ronda ya los treinta años. *He's around thirty.*

la rueda — *wheel*
ir sobre ruedas — *to run smoothly.*
Todo va sobre ruedas. *Everything is running smoothly.*

---

el ruido — *noise*
meter ruido — *to be noisy.*
Esos chicos siempre están metiendo ruido. *Those kids are always noisy.*

Mucho ruido y pocas nueces — *Much ado about nothing.*

sin hacer ruido — *without causing a stir.*
Llegó a la ciudad sin hacer ruido. *He arrived in the city without causing a stir.*

---

el rumor — *rumor*
correr el rumor — *to be rumored.*
Corrió el rumor de que se iba. *It was rumored that he was leaving.*

---

saber — *to know*
a saber — *namely.*
Leyeron una novela muy famosa, a saber, **Don Quijote.** *They read a very famous novel, namely,* **Don Quixote.**

no sé qué — *some . . . or other.*
Está leyendo no sé qué libro sobre España. *She's reading some book or other about Spain.*

¿Qué sé yo? — *How do I know?*

que yo sepa — *as (so) far as I know.*
Que yo sepa, no. *Not as (so) far as I know.*

saber a — *to taste like.*
Esto sabe a mostaza. *This tastes like mustard.*

un no sé qué — *(a certain) something.*
Tiené un no sé qué simpático. *There's something likable about him.*

Vaya usted a saber. — *Who knows?*

sabiendas
a sabiendas — *knowingly.*
Lo hizo a sabiendas. *He did it knowingly.*

sacar — *to take out*
sacar a relucir — *to bring up.*
Lo sacó a relucir. *He brought it up.*

sacar en limpio — *to deduce.*
¿Qué sacaste en limpio de lo que nos contó? *What did you deduce from what he told us?*

sacar las entradas (los boletos) — *to buy the tickets.*
Sacó las entradas (los boletos). *She bought the tickets.*

el saco — *bag, sack*
echar en saco roto — *to forget.*
No eché en saco roto sus consejos. *I didn't forget his advice.*

salir — *to go out, come out, leave*
salir — *to turn out to be.*
Salió conservador. *He turned out to be a conservative.*

salir adelante — *to win out; to come out on top.*
Salió adelante. *He won out (came out on top).*

salir bien — *to come out well; to pass.*
Salió bien en su examen. *He came out well in (passed) his exam.*

salir muy caro — *to cost a lot.*
Me salió muy caro. *It cost me a lot.*

salirse con la suya — *to get one's own way.*
Cada vez se sale con la suya. *Each time he gets his own way.*

la saliva — *saliva*
gastar saliva en balde — *to waste one's breath; to talk in vain.*
Gastan saliva en balde. *They're wasting their breath (talking in vain).*

salto   **salvo**

tragar saliva — *to grin and bear it.*
Lo trataron muy mal, pero tuvo que tragar saliva. *They treated him very badly, but he had to grin and bear it.*

salto — *jump, leap*

dar saltos de alegría — *to jump for joy.*
Dábamos saltos de alegría. *We were jumping for joy.*

dar un salto — *to jump.*
El perro dio un salto. *The dog jumped.*

de un salto — *in a flash.*
De un salto se encontró al otro lado. *In a flash he was on the other side.*

la salud — *health*

beber por (a) la salud de . . . — *to drink (to) . . . 's health.*
Bebieron por (a) la salud de su padre. *They drank (to) their father's health.*

tener salud de piedra — *to have an iron constitution; to be as strong as an ox.*
Tenía salud de piedra. *He had an iron constitution (was as strong as an ox).*

salvar — *to save*

¡Sálvese el que pueda! — *Every man for himself!*

salvo — *safe*

estar a salvo — *to be safe.*
Los soldados están a salvo. *The soldiers are safe.*

poner a salvo — *to save; to bring to safety.*
Logró ponerla a salvo. *He succeeded in saving her (bringing her to safety).*

salvo — *except (for).*
Todos fueron salvo Juan. *They all went except (for) John.*

la sangre — *blood*
  a sangre fría — *in cold blood.*
  Los asesinó a sangre fría. *He murdered them in cold blood.*

  no tener sangre en las venas — *to be a cool customer.*
  No tiene sangre en las venas. *He's a cool customer.*

sano — *healthy, sound*
  cortar por lo sano — *to take drastic measures; to use desperate remedies.*
  Tuve que cortar por lo sano. *I had to take drastic measures (use desperate remedies).*

  sano y salvo — *safe and sound.*
  Llegó sano y salvo. *He arrived safe and sound.*

el santiamén — *jiffy, instant*
  en un santiamén — *in the twinkling of an eye.*
  Me los quitó en un santiamén. *He took them away from me in the twinkling of an eye.*

santo — *saintly, holy*
  a santo de qué — *why; for what reason.*
  ¿A santo de qué me dice eso? *Why (For what reason) are you telling me that?*

  alzarse con el santo y la limosna — *to make off with the whole thing; to make a clean sweep.*
  Se alzó con el santo y la limosna. *He made off with the whole thing (made a clean sweep).*

  desnudar a un santo para vestir a otro — *to rob Peter to pay Paul.*
  Desnudan a un santo para vestir a otro. *They're robbing Peter to pay Paul.*

  hacerse el santo — *to act saintly (innocent).*
  No se haga el santo. *Don't act so saintly (innocent).*

  írsele el santo al cielo — *to forget what one is doing.*

Se le fue el santo al cielo. *He forgot what he was doing.*

no ser santo de su devoción — *to be no favorite of one's; not to be especially fond of someone.*
No es santo de mi devoción. *He's no favorite of mine (I'm not especially fond of him).*

---

el sapo — *toad*
echar sapos y culebras — *to swear (curse; cuss) a blue streak.*
Echaba sapos y culebras. *He was swearing (cursing, cussing) a blue streak.*

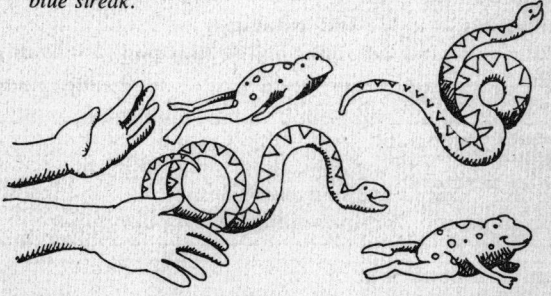

---

satisfacer — *to satisfy*
darse por satisfecho — *to accept; to declare oneself satisfied.*
Se dio por satisfecho con mi explicación. *He accepted (declared himself satisfied with) my explanation.*

---

la sazón — *time, season*
a la sazón — *at the time.*
A la sazón no funcionaba. *At the time it wasn't working.*

---

seco — *dry*
a secas — *just plain.*
La llamaba María a secas. *He called her just plain María.*

dejar en seco — *to leave high and dry.*
Nos dejó en seco. *He left us high and dry.*

la sed — *thirst*
darle sed — *to make one thirsty.*
Me da sed. *It makes me thirsty.*
tener sed — *to be thirsty.*
Tengo sed. *I'm thirsty.*

la seguida — *series, succession*
de seguida — *in a row; in succession.*
Llovió tres días de seguida. *It rained three days in a row (in succession).*
en seguida — *right away; immediately.*
Tráigamelo en seguida. *Bring it to me right away (immediately).*

seguir — *to follow; to continue*
seguidos — *in a row.*
Habló cuatro horas seguidas. *He talked four hours in a row.*
seguir — *to go on; to keep on; to continue.*
Siguen jugando. *They go on (keep on, continue) playing.*

según — *according to*
Según y conforme. — *That (It all) depends.*

el segundo — *second*
por breves segundos — *for a few seconds.*
Se había quedado dormido por breves segundos. *He had fallen asleep for a few seconds.*

la seguridad — *security, safety*
tener la seguridad de — *to rest assured.*
Tenga la seguridad de que lo visitaremos. *Rest assured that we will visit you.*

seguro — *sure*
de seguro — *surely; for sure.*
El año que viene iremos de seguro. *Next year we'll surely go (we'll go for sure).*

la semana — *week*
entre semana — *during the week.*
Vienen los domingos y entre semana también. *They come on Sunday and also during the week.*

sentar — *to seat; to suit, fit*
dar por sentado — *to take for granted; to regard as settled.*
Dio por sentado que irían. *He took it for granted (regarded it as settled) that they would go.*

sentarle bien — *to do one good; to agree with one.*
El sol me ha sentado bien. *The sun has done me good (agreed with me).*

el sentido — *sense*
de un solo sentido — *one-way.*
Esta calle es de un solo sentido. *This is a one-way street.*

en sentido contrario — *just the opposite.*
Fue interpretado en sentido contrario. *It was interpreted just the opposite.*

perder el sentido — *to lose consciousness; to faint.*
Perdió el sentido. *She lost consciousness (fainted).*

sentido común — *common sense.*
Lo que les hace falta es un poco de sentido común. *What they need is a little common sense.*

tener sentido — *to make sense.*
Eso no tiene sentido. *That doesn't make sense.*

sentido — *sensitive, touchy*
darse por sentido — *to take offense; to show resentment.*
Se dio por sentido. *He took offense (showed resentment).*

estar (muy) sentido — *to be (to have one's feelings) hurt.*
Estuve muy sentido por causa de su indiferencia. *I was (My feelings were) hurt because of her indifference.*

| sentir | ser |

sentir — *to feel; to regret*
  dar que sentir — *to give cause for regret*.
  Sus acciones darán que sentir. *His actions will give cause for regret.*

la seña — *sign*
  hacerle señas — *to motion to someone*.
  Le hizo señas. *She motioned to him.*

  por más señas — *to be more exact*.
  Es francés y por más señas parisiense. *He's a Frenchman and to be more exact a Parisian.*

la señal — *sign*
  dar señales de vida — *to show signs of life*.
  La víctima da señales de vida. *The victim shows signs of life.*

ser — *to be*
  a no ser que — *unless*.
  Iremos a no ser que llueva. *We'll go unless it rains.*

  (ello) es que — *the fact is (the thing is) that*.
  (Ello) es que no quiso ir. *The fact is (The thing is) that he refused to go.*

  lo que es . . . — *as for. . . .*
  Lo que es yo, prefiero no comprarlo. *As for me, I prefer not to buy it.*

  o sea — *that is; in other words*.
  Lo presentaron a la señorita Pérez, o sea a mi prima. *They introduced him to Miss Pérez, that is (in other words), to my cousin.*

  sea lo que sea — *whatever it may be*.
  Sea lo que sea, no me va a gustar. *Whatever it may be, I'm not going to like it.*

  ser de — *to become of.*
  ¿Qué será de nosotros? *What will become of us?*

  ser de lamentar — *to be too bad.*

Es de lamentar que no haya venido. *It's too bad that he has not come.*

ser de llorar — *to be something to cry about.*
No es de llorar. *It's nothing to cry about.*

serle a uno indiferente — *to be all the same to.*
Me es indiferente. *It's all the same to me.*

si no fuera por — *if it weren't for.*
Si no fuera por mi hijo, no sé qué haría. *If it weren't for my son, I don't know what I'd do.*

un sí es no es — *a trifle; a little bit.*
Es un sí es no es irrespetuoso. *He's just a trifle (a little bit) disrespectful.*

---

el sereno — *night dew, night air*
al sereno — *in the open.*
Lo dejó al sereno toda la noche. *She left it out in the open all night long.*

---

la serie — *series*
fuera de serie — *really outstanding.*
Fue una presentación fuera de serie. *It was a really outstanding presentation.*

---

serio — *serious*
en serio — *seriously.*
Me habló en serio. *He spoke to me seriously.*

tomar en serio — *to take seriously.*
Toma en serio sus estudios. *He takes his studies seriously.*

---

el servicio — *service*
hacerle a uno un flaco servicio — *to play a dirty trick on one.*
Se enfadó porque le hizo un flaco servicio. *She got mad because he played a dirty trick on her.*

hacer servicio a domicilio — *to deliver.*
No hacen servicio a domicilio. *They don't deliver.*

el servidor — *servant*
  ¡Servidor de usted! — *At your service!*

servir — *to serve*
  no sirve — *it's no good.*
  No sirve para eso. *It's no good for that.*

  Para servirle (a usted). — *At your service.*

  servirle de — *to be of use to one.*
  No me sirve de nada. *It's of no use to me.*

  servirse de — *to make use of.*
  Se sirve del libro. *He makes use of the book.*

  sírvase — *please.*
  Sírvase leer las instrucciones. *Please read the instructions.*

el seso — *brain*
  devanarse los sesos — *to rack one's brains.*
  Me devanaba los sesos. *I was racking my brains.*

  perder el seso — *to lose one's mind.*
  Está perdiendo el seso. *He's losing his mind.*

sí — *yes*
  porque sí — *just because.*
  ¿Por qué lo hizo? Porque sí. *Why did you do it? Just because.*

  sí — *do (emphatic).*
  No habla francés, pero sí habla español. *He doesn't speak French but he does speak Spanish.* El no asistió, pero yo sí. *He didn't attend, but I did.*

  uno sí y otro no — *every other.*
  Visitaba el médico una semana sí y otra no. *He visited the doctor every other week.*

sí — *(one)self*
  de por sí — in itself.

La cuestión de por sí no es muy importante. *The question is not very important in itself.*

---

si — *if*
  si — *why*.
  ¡Si nunca dice la verdad! *Why, he never tells the truth!*

---

siempre — *always*
  de siempre — *the same old*.
  Nos sirvieron la comida de siempre. *They served us the same old food.*

  para siempre — *forever*.
  Adiós para siempre. *Good-bye forever.*

  siempre que — *as long as*.
  Irán siempre que vaya Juan. *They'll go as long as John goes.*

  siempre que — *whenever*.
  Siempre que podía, iba al cine. *Whenever he could, he went to the movies.*

---

la siesta — *(afternoon) nap*
  dormir la siesta (echar una siesta) — *to take one's afternoon nap*.
  Están durmiendo la siesta (echando una siesta). *They're taking their afternoon nap.*

---

siete — *seven*
  hablar más que siete — *to talk a lot (too much)*.
  Habla más que siete. *He talks a lot (too much).*

---

el siglo — *century*
  por los siglos de los siglos — *forever and ever*.
  Siempre habrá políticos, por los siglos de los siglos. *There will always be politicians, forever and ever.*

---

siguiente — *following*
  al (el) día siguiente — *(on) the following day*.

Me lo devolvió al (el) día siguiente. *She returned it to me (on) the following day.*

el silencio — *silence*
en silencio — *in silence.*
Sufría en silencio. *He suffered in silence.*

guardar silencio — *to remain silent.*
Guardó silencio. *He remained silent.*

sin — *without*
sin explicar — *unexplained.*
Lo dejaron sin explicar. *They left it unexplained.*

siquiera — *at least*
ni siquiera — *not even; not so much as.*
Ni siquiera nos saludó. *He didn't even (so much as) speak to us.*

la sobra — *surplus, excess*
de sobra — *left over; more than enough.*
Tenemos comida de sobra. *We have food left over (more than enough food).*

estar de sobra — *to be in the way.*
¡Vamos! Aquí estamos de sobra. *Let's go! We're in the way here.*

saber de sobra — *to be fully aware of.*
Lo sabemos de sobra. *We are fully aware of it.*

sobrar — *to be in excess*
Sobra tiempo. — *There's more than enough time.*

la sobremesa — *sitting at the table after eating*
estar de sobremesa — *to be chatting at the table (after eating).*
Están de sobremesa. *They're chatting at the table (after eating).*

la soga — *rope*
No hay que mentar la soga en la casa del ahorcado. — *Don't talk*

el sol   **el son**

---

of ropes in the house of a man that was hanged. There's a time and a place for everything.

¿Para qué echar la soga tras el caldero? — *Why throw good money after bad?*

---

el sol — *sun*

a pleno sol — *right out in the sun; in full sunshine.*
Nos sentamos a pleno sol. *We sat right out in the sun (in full sunshine).*

de sol a sol — *from sun(rise) to sun(set).*
Trabajaron de sol a sol. *They worked from sun(rise) to sun(set).*

ponerse el sol — *for the sun to go down (to set).*
Se puso el sol. *The sun went down (set).*

tomar el sol — *to get out in the sun; to sun oneself.*
Nos gusta tomar el sol. *We like to get out in the sun (sun ourselves).*

---

solo — *alone*

a solas — *(all) alone.*
La dejó a solas. *He left her (all) alone.*

---

sólo — *only*

no sólo — *not only.*
Toca no sólo el piano sino también el violín. *He plays not only the piano but also the violin.*

---

el son — *sound*

a son de qué (a qué son) — *for what reason; under what pretext.*
¿A son de qué (A qué son) me dice eso? *For what reason (Under what pretext) are you saying that to me?*

saber bailar al son que le tocan — *to know how to adjust (adapt) to the circumstances; to know how to swing with the punches.*
Sabe bailar al son que le tocan. *He knows how to adjust (adapt himself) to the circumstances (He knows how to swing with the punches).*

sonado — *famous, sensational*
  hacer una que sea sonada — *to give them something to talk about.*
  Voy a hacer una que sea sonada. *I'm going to give them something to talk about.*

sonar — *to sound*
  No me suena. — *It doesn't ring a bell.*

  ser tal como suena — *to be exactly the way it sounds.*
  Es tal como suena. *It's exactly the way it sounds.*

  sonar a — *to sound like.*
  Me suena a música. *It sounds like music to me.*

la sonrisa — *smile*
  hacer una sonrisa — *to give a smile.*
  Me hizo una sonrisa de lástima. *He gave me a pitying smile.*

soñar — *to dream*
  ni soñar — *wouldn't dream (think) of it.*
  ¿Tú quieres que le ayude? ¡Ni soñar! *You want me to help him? I wouldn't dream (think) of it!*

  soñar con — *to dream about.*
  Soñé con mi familia. *I dreamed about my family.*

la sopa — *soup*
  comer la sopa boba — *to live off other people.*
  ¿No le da vergüenza comer la sopa boba? *Aren't you ashamed to live off other people?*

  hecho una sopa — *soaking wet; drenched.*
  Llegó a casa hecha una sopa. *She got home soaking wet (drenched).*

sordo — *deaf; dull, muffled*
  con voz sorda — *in a muffled voice.*
  Lo dijo con voz sorda. *She said it in a muffled voice.*

  hacerse el sordo — *to turn a deaf ear.*
  Se hizo el sordo. *He turned a deaf ear.*

la sorpresa   **el sueño**

No hay peor sordo que el que no quiere oír. — *None (are) so deaf as those that won't hear.*

---

la sorpresa — *surprise*
   coger (pescar) de sorpresa — *to take by surprise.*
   Nos cogió (pescó) de sorpresa. *He took us by surprise.*

---

soslayo — *oblique*
   mirar de soslayo — *to watch (look at) someone out of the corner of one's eye.*
   Me miraba de soslayo. *He was watching (looking at) me out of the corner of his eye.*

---

la subasta — *auction*
   sacar a pública subasta — *to sell at auction.*
   Lo sacaron a pública subasta. *They sold it at auction.*

---

súbito — *sudden*
   de súbito — *suddenly.*
   De súbito se oyó un tiro. *Suddenly a shot was heard.*

---

sucesivo — *successive*
   en lo sucesivo — *in the future; hereafter.*

   En lo sucesivo lo haremos de la manera que usted ha sugerido. *In the future (Hereafter) we will do it the way you have suggested.*

---

sueco — *Swedish*
   hacerse el sueco — *to pretend not to understand.*
   Se hizo el sueco. *He pretended not to understand.*

---

el sueño — *sleep, sleepiness; dream*
   conciliar el sueño — *to fall asleep; to get to sleep.*
   No pudo conciliar el sueño. *He couldn't fall asleep (get to sleep).*

   ni en sueños — *by no means.*
   No es amigo mío, ni en sueños. *He is by no means a friend of mine.*

la suerte   **el suspiro**

---

un sueño hecho realidad — *a dream come true*.
Es un sueño hecho realidad. *It's a dream come true.*

---

la suerte — *luck, fortune*
  abandonar a su suerte — *to leave to one's fate*.
  Lo abandoné a su suerte. *I left him to his fate.*

  caerle en suerte — *to fall to one's lot*.
  Le cayó en suerte ir a España. *It fell to his lot to go to Spain.*

  de esta suerte — *this way*.
  De esta suerte sabré lo que pasa. *This way I'll know what's going on.*

  tener suerte — *to be lucky*.
  Tenemos suerte. *We're lucky.*

---

la suma — *sum*
  en suma — *in short*.
  En suma, no pudieron cruzar. *In short, they couldn't cross.*

---

sumo — *highest, greatest*
  a lo sumo — *at (the) most*.
  Estuvo enferma dos meses a lo sumo. *She was sick two months at (the) most.*

---

supuesto — *supposed, assumed*
  por supuesto — *of course*.
  Por supuesto no es necesario. *Of course it isn't necessary.*

---

el suspiro — *sigh*
  exhalar el último suspiro — *to breathe one's last; to draw one's last breath*.
  Exhaló el último suspiro. *She breathed her last (drew her last breath).*

  soltar un suspiro de alivio — *to heave (to give) a sigh of relief*.
  Soltó un suspiro de alivio. *He heaved (gave) a sigh of relief.*

el susto — *fright, scare*
estar muerto de susto — *to be frightened (scared) to death.*
Estaba muerta de susto. *She was frightened (scared) to death.*

el susurro — *whisper, murmur*
hablar en susurros — *to talk in whispers.*
Hablaban en susurros. *They were talking in whispers.*

suyo — *his, hers, its, theirs, yours, one's*
caerse de suyo — *to be self-evident.*
Se cae de suyo. *It's self-evident.*

hacer de las suyas — *to pull one of one's pranks; to be up to one's old tricks.*
Siempre está haciendo de las suyas. *He's always pulling one of his pranks (always up to his old tricks).*

salir(se) con la suya — *to get one's (own) way.*
Siempre (se) sale con la suya.
She always gets her (own) way.

tal — *such*
con tal que — *provided (that).*
Iré con tal que usted me acompañe. *I'll go provided (that) you go along.*

¿Qué tal? — *How are you?*

ser tal para cual — *to be two of a kind.*
Son tal para cual. *They're two of a kind.*

tal como — *just as.*
Tal como él lo suponía, ella volvió. *Just as he supposed, she returned.*

tal cual — *an occasional.*
Sólo se ve en el cielo tal cual avión. *Only an occasional airplane is seen in the sky.*

un tal — *a certain.*
Llegó un tal capitán Pérez. *A certain Captain Pérez arrived.*

el talante — *mien, countenance*
estar de buen talante — *to be in a good mood.*
Está de buen talante. *He's in a good mood.*

tanto — *so much, as much*
de tanto en tanto — *from time to time.*
Se enjugaba los ojos de tanto en tanto. *She was wiping her eyes from time to time.*

en (entre) tanto — *meanwhile; in the meantime.*
En (Entre) tanto recibimos un telegrama. *Meanwhile (In the meantime) we received a telegram.*

en tanto que — *whereas.*
A mí me gusta la música clásica, en tanto que a él le gusta la moderna. *I like classical music, whereas he likes modern.*

estar al tanto de — *to be up to date on.*
Está al tanto de la situación. *He's up to date on the situation.*

No es para tanto. — *It isn't as bad as (all) that (isn't all that bad).*

otro tanto — *the same; that much again.*
Yo le di un peso y Juan le dio otro tanto. *I gave him a peso and John gave him the same (that much again).*

por lo tanto — *therefore.*
Por lo tanto nos quedamos en casa. *Therefore we stayed home.*

tanto . . . como . . . — *both . . . and. . . .*
Tanto mis primos como mis padres viven en Lima. *Both my cousins and my parents live in Lima.*

Tanto monta el uno como el otro. — *One has the same importance as the other.*

un (algún) tanto — *a little*.
Llegó a la fiesta un (algún) tanto borracho. *He arrived at the party a little drunk.*

uno de tantos . . .s — *on a certain. . . .*
Uno de tantos miércoles llegó el circo. *On a certain Wednesday the circus arrived.*

y tantos — *some*.
Hemos invitado a veinte y tantas personas. *We've invited some twenty people.*

---

la tapa — *lid, cover*
saltarse la tapa de los sesos — *to blow one's brains out*.
Se saltó la tapa de los sesos. *He blew his brains out.*

---

la tapia — *wall*
ser más sordo que una tapia — *to be (as) deaf as a post*.
Es más sordo que una tapia. *He's (as) deaf as a post.*

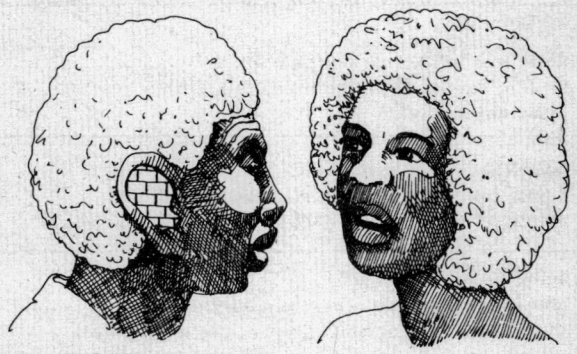

---

tardar — *to be long*
a más tardar — *at the latest*.
Nos vemos mañana a más tardar. *We'll get together tomorrow at the latest.*

tardar poco — *not to take long.*
Tardaron muy poco en hacerlo. *It didn't take them very long to do it.*

la tarde — *afternoon*
por (en) la tarde — *in the afternoon.*
Van a reunirse por (en) la tarde. *They're going to meet in the afternoon.*

tarde — *late*
de tarde en tarde — *from time to time; once in a while.*
De tarde en tarde vamos al cine. *From time to time (Once in a while) we go to the movies.*

hacérsele tarde — *to be late.*
Se me hace tarde. *I'm late.*

tarde o temprano — *sooner or later.*
Tarde o temprano ganaremos. *Sooner or later we'll win.*

la tarea — *task*
darse a la tarea — *to undertake the task.*
Se dio a la tarea de escribir una novela. *He undertook the task of writing a novel.*

el teléfono — *telephone*
llamar por teléfono — *to (tele)phone; to call up.*
Nos llamó por teléfono. *He (tele)phoned us (called us up).*

el telegrama — *telegram*
poner un telegrama — *to send a telegram.*
Me pusieron un telegrama. *They sent me a telegram.*

el tema — *theme*
concretarse al tema — *to stick to the subject.*
Usted debiera concretarse al tema. *You should stick to the subject.*

temblar — *to tremble*

temblar de miedo — *to tremble with fear*.
Temblaba de miedo. *He was trembling with fear.*

---

tener — *to have*

aquí tiene usted — *here is*.
Aquí tiene usted su diccionario. *Here's your dictionary.*

no tener nada de particular — *for there to be nothing unusual about it*.
No tiene nada de particular. *There's nothing unusual about it.*

qué tiene — *what's the matter with; what's wrong with*.
¿Qué tiene Felipe? *What's the matter with (What's wrong with) Philip?*

tener a bien — *to see fit to*.
Tuvo a bien comprar un yate. *He saw fit to buy a yacht.*

tener a menos — *to think (feel) it beneath one*.
El profesor no tiene a menos ayudar a sus alumnos. *The professor doesn't think (feel) it beneath him to help his students.*

tener algo de — *for there to be something . . . about it*.
Tiene algo de aburrido. *There's something boring about it.*

tener como (por) — *to consider (to be)*.
Se les tenía como (por) importantes. *They were considered (to be) important.*

tener con qué — *to have the wherewithal; to have what it takes*.
No tengo con qué vivir bien. *I don't have the wherewithal (what it takes) to live well.*

tener . . . de — *to have . . . (for)*.
Tenía dos años de casada. *She had been married (for) two years.*

tener de (por) qué — *to have reason to*.
No tiene de (por) qué quejarse. *You have no reason to complain (nothing to complain about).*

tener puesto — *to have on*.
Tiene puestos los zapatos. *He has his shoes on.*

tener que — *to have to*.

Tiene que escribir una carta. *He has to write a letter.*

tener . . . que — *to have . . . to.*
Tiene una carta que escribir. *He has a letter to write.*

tener que ver con — *to have to do with.*
No tiene nada que ver con el asunto. *It has nothing to do with the matter.*

---

la teoría — *theory*
en teoría — *theoretically; in theory.*
En teoría es así. *Theoretically (In theory) that's the way it is.*

---

terminar — *to end, finish*
terminar por — *to end up by.*
Terminó por aceptar la explicación. *He ended up by accepting the explanation.*

---

el término — *end; term*
al término de — *at the end of.*
Al término de la primera semana volvió a casa. *At the end of the first week she returned home.*

en primer término — *in the foreground.*
En primer término se ven dos árboles. *In the foreground are (seen) two trees.*

poner término a — *to put a stop (an end) to.*
Puso término a los chismes. *He put a stop (an end) to the gossip.*

por término medio — *on the (an) average.*
Por término medio asiste dos veces a la semana. *On the (an) average he attends twice a week.*

---

el terreno — *land, ground*
ganar (perder) terreno — *to gain (lose) ground.*
Estamos ganando (perdiendo) terreno en la lucha. *We are gaining (losing) ground in the struggle.*

el tiempo — *time; weather*

a su tiempo — *in due time.*
Recibirá el dinero a su tiempo. *He'll receive the money in due time.*

al mismo tiempo — *at the same time.*
Compré un traje y un sombrero al mismo tiempo. *I bought a suit and a hat at the same time.*

andando el tiempo — *in the course of time; eventually.*
Andando el tiempo, se va a dar cuenta. *In the course of time (Eventually) he's going to realize it.*

costar tiempo — *to take time.*
Costó tiempo acostumbrarse. *It took time to get used to it.*

cuánto tiempo — *how long.*
¿Cuánto tiempo lleva aquí? *How long have you been here?*

darle tiempo — *to have time.*
No nos dio tiempo. *We didn't have time.*

de tiempo en tiempo — *from time to time.*
Nos escriben de tiempo en tiempo. *They write to us from time to time.*

en algún tiempo — *at one time.*
En algún tiempo me gustaban. *At one time I used to like them.*

en (por) aquel tiempo — *at (around) that time.*
En (Por) aquel tiempo se usaba la falda larga. *At (Around) that time long skirts were being worn.*

en los últimos tiempos — *in recent times (lately).*
En los últimos tiempos ha empezado a ir a misa. *In recent times (Lately) she has started going to Mass.*

en otro tiempo — *formerly.*
En otro tiempo se producía mucho trigo aquí. *Formerly they grew a lot of wheat here.*

en tiempos de Maricastaña — *long, long ago; in days of yore; in olden days (times).*
Así era en tiempos de Maricastaña. *That's the way it was long, long ago (in days of yore; in olden days).*

en todo tiempo — *always; at all times.*
En todo tiempo pensaba en él. *She was always thinking (At all times she was thinking) of him.*

en (a) un tiempo — *at the same time.*
Los dos entraron en (a) un tiempo. *The two entered at the same time.*

ganar tiempo — *to save time.*
Vamos por aquí para ganar tiempo. *Let's go this way to save time.*

Hace buen (mal) tiempo. — *The weather is nice (bad).*

llegar a tiempo — *to be (to arrive) on time.*
Es necesario llegar a tiempo. *It is necessary to be (to arrive) on time.*

matar el (hacer) tiempo — *to kill time.*
Estábamos leyendo para matar el (hacer) tiempo. *We were reading to kill time.*

mucho tiempo — *a long time.*
Se quedó mucho tiempo. *He stayed a long time.*

pasar el tiempo — *to spend one's time.*
Pasa el tiempo trabajando. *He spends his time working.*

perder (el) tiempo — *to waste time.*
Estamos perdiendo (el) tiempo. *We're wasting time.*

poco tiempo — *a short time; not long.*
Se quedó poco tiempo. *She stayed a short time (didn't stay long).*

quitarle el tiempo — *to take (up) one's time.*
No quiero quitarle el tiempo. *I don't want to take (up) your time.*

tiempo atrás — *some time back; earlier.*
Tiempo atrás dijo que no quería ir. *Some time back (Earlier) he said he didn't want to go.*

---

la tienta — *sounding rod; shrewdness*
 ir a tientas — *to feel one's way along.*
  Hay que ir a tientas en la obscuridad. *You have to feel your way along in the dark.*

el tiento — *touch; caution, care*
con tiento — *cautiously.*
Lo abrió con mucho tiento. *He opened it very cautiously.*

la tierra — *earth, land*
echar por tierra — *to upset; to spoil.*
La lluvia echó por tierra nuestros planes. *The rain upset (spoiled) our plans.*

echar tierra a — *to hush up.*
Echaron tierra al asunto. *They hushed the matter up.*

En tierra de ciegos, el tuerto es rey. — *In the land of the blind, the one-eyed man is king. (Everything is relative.)*

tierra adentro — *inland.*
Se marcharon tierra adentro. *They set off inland.*

el tintero — *inkwell*
quedarse en el tintero — *to overlook; to omit.*
Se le quedó en el tintero. *He overlooked (omitted) it.*

el tiro — *shot*
dar (pegar) un tiro — *to shoot.*
Le dio (pegó) un tiro. *He shot her.*

errar el tiro — *to miss the mark.*
A pesar de ser inteligente, erró el tiro. *In spite of being intelligent, he missed the mark.*

matar a tiros — *to shoot dead (to death).*
Lo mataron a tiros. *They shot him dead (to death).*

salir el tiro por la culata — *to backfire.*
El tiro salió por la culata. *It backfired.*

el tirón — *jerk, pull*
de un tirón — *all at once; all in one stretch.*
Vamos a hacer el trabajo de un tirón. *Let's do the work all at once (all in one stretch).*

tocante — *touching*
   tocante a — *regarding*.
   Tocante al puesto que me ofreciste, lo acepto. *Regarding the position you offered me, I accept it.*

tocar — *to touch; to play (music)*
   por lo que a mí me toca — *as far I'm concerned*.
   Por lo que a mí me toca, es igual. *As far as I'm concerned, it's all the same.*

   tocarle (a uno) — *to be one's turn*.
   A mí me toca trabajar mañana. *It's my turn to work tomorrow.*

   tocarle — *to be time for*.
   Al niño le toca la medicina. *It's time for the child's medicine.*

todavía — *-still, yet*
   todavía no — *not yet*.
   Todavía no ha llamado. *He hasn't called yet.*

todo — *all*
   ante todo — *above all; first of all*.
   Ante todo, hay que ser sincero. *Above all (First of all), one must be sincere.*

   con todo (así y todo) — *even so*.
   Con todo (Así y todo) es el mejor que tenemos. *Even so it's the best one we have.*

   de todo — *a little of everything*.
   Aquí hay de todo. *Here there's a little of everything.*

   del todo — *entirely; completely*.
   No es del todo imposible. *It's not entirely (completely) impossible.*

   después de todo — *after all*.
   Después de todo no estoy convencido. *After all, I'm not convinced.*

   estar en todo — *to be involved in everything*.
   Está en todo. *She's involved in everything.*

   jugar el todo por el todo — *to gamble (risk) everything*.

Jugué el todo por el todo. *I gambled (risked) everything.*

sobre todo — *especially; above all.*
Hace mucho frío, sobre todo en invierno. *It's very cold, especially (above all) in winter.*

todos los — *every.*
Voy a mi clase todos los días. *I go to my class every day.*

---

tomar — *to take*
tomar a mal — *to take amiss.*
Lo tomó a mal. *She took it amiss.*

tomar por — *to go down.*
Tome por esa calle. *Go down that street.*

tomar por — *to take for.*
Me tomó por extranjero. *He took me for a foreigner.*

tomar sobre sí — *to take upon oneself.*
Lo tomó sobre sí. *He took it upon himself.*

tomarse el trabajo de — *to take the trouble to; to go to the trouble of.*
No se tomó el trabajo de escribirme. *She didn't take the trouble to write me (go to the trouble of writing me).*

¡Tome! — *Here!*

---

el ton — *motive*
sin ton ni son — *without rhyme or reason.*
Me despidió sin ton ni son. *He fired me without rhyme or reason.*

---

el tono — *tone*
darse tono — *to put on airs.*
Se da mucho tono. *She puts on a lot of airs.*

---

tonto — *foolish, stupid*
hablar a tontas y a locas — *to prattle away; to say the first thing that comes into one's head.*
Habla a tontas y a locas. *She prattles away (says the first thing that comes into her head).*

hacer el tonto — *to make a fool of oneself; to act like a fool.*
¡Deje ya de hacer el tonto! *Stop making a fool of yourself (acting like a fool)!*

hacerse el tonto — *to play dumb.*
Se hizo el tonto. *He played dumb.*

el torneo — *tournament*
hacer un torneo — *to hold a tournament.*
Hicieron un torneo de tenis. *They held a tennis tournament.*

el tornillo — *screw*
faltarle un tornillo — *to have a screw loose.*
Le falta un tornillo. *He has a screw loose.*

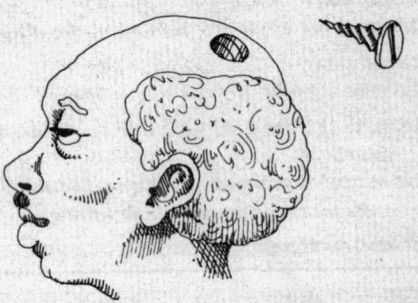

el torno — *turn*
girar en torno a — *to revolve around.*
Su vida giraba en torno a su padre. *Her life revolved around her father.*

la torta — *cake*
ser tortas y pan pintado — *to be child's play; to be as easy as pie.*
Estos trabajos son tortas y pan pintado. *These jobs are child's play (as easy as pie).*

total — *total*

en total — *in short*.
No jugaron bien anoche. En total, fue un desastre. *They did not play well last night. In short, it was a disaster.*

el trabajo — *work*
costarle trabajo — *to be hard for one*.
Me cuesta trabajo entenderlo. *It's hard for me to understand it.*

el trago — *swallow*
echar un trago — *to have a drink*.
¿Qué le parece que echemos un trago? *What do you say we have a drink?*

la trampa — *trap, snare; trick, deceit*.
caer en la trampa — *to fall into the trap*.
Cayó en la trampa. *He fell into the trap.*

hacer trampas — *to cheat*.
Siempre hace trampas. *He always cheats.*

llevar a la trampa — *to lead into the trap*.
Una mujer lo llevó a la trampa. *A woman led him into the trap.*

el trance — *difficult moment*
a todo trance — *at all cost; at any risk*.
Lo conseguiré a todo trance. *I'll get it at all costs (at any risk).*

el trapo — *rag*
poner como un trapo — *to rake over the coals; to give a dressing-down*.
Lo pusieron como un trapo. *They raked him over the coals (gave him a dressing-down).*

soltar el trapo — *to burst out crying (laughing)*.
Soltó el trapo. *She burst out crying (laughing).*

tratar — *to treat, handle, deal with*
tratar con — *to have dealings with*.

No trato con los ricos. *I have no dealings with the rich.*

tratar de — *to be about; to deal with.*
La novela trata de los indios. *The novel is about (deals with) the Indians.*

tratarlo (hablarle) de — *to address someone as.*
Lo trato (Le hablo) de Vuestra Majestad. *I address him as Your Majesty.*

tratarse — *to associate with each other.*
No se tratan. *They don't associate with each other.*

tratarse de — *to be a question of; to be a matter of; to involve.*
Se trata de un malentendido (una equivocación). *It's a question of (It's a matter of, It involves) a misunderstanding.*

---

el trato — *treatment; deal*
¡Trato hecho! — *It's a deal!*

---

el través — *inclination, bias, misfortune*
a través de — *through(out).*
A través de los años se ha hecho famoso. *Through(out) the years he has become famous.*

a través de — *through.*
Nos hablaba a través de un biombo. *He was talking to us through a screen.*

---

trece — *thirteen*
estarse en sus trece — *to stick to one's guns.*
Se estuvo en sus trece. *He stuck to his guns.*

---

el trecho — *stretch*
de trecho en trecho — *from time to time.*
Me escribe de trecho en trecho. *He writes me from time to time.*

---

la tregua — *truce*
sin tregua — *without letting up.*

Trabajó todo el día sin tregua. *He worked all day long without letting up.*

---

la tripa — *intestine*
hacer de tripas corazón — *to pluck up one's courage.*
Hizo de tripas corazón. *He plucked up his courage.*

¿Qué tripa se le habrá roto a ése? — *What's his problem (What's the matter with him)?*

---

el tris — *slight sound (of something breaking); hair's breadth*
estar en un tris de — *to be within an inch (to come within an ace) of.*
Estaba en un tris de caerse. *He was within an inch (came within an ace) of falling.*

---

el triunfo — *triumph*
costar un triunfo — *to take all one's efforts.*
Me costó un triunfo domar ese caballo. *It took all my efforts to tame that horse.*

---

la triza — *shred, fragment*
hacer trizas — *to smash.*
Hizo trizas el florero. *He smashed the vase.*

---

tronar — *to thunder*
tronar con — *to break (off) with; to quarrel with.*
Tronó con su familia. *She broke (off) with (quarreled with) her family.*

---

el tronco — *trunk*
dormir como un tronco (estar hecho un tronco) — *to sleep like a log; to be sound asleep.*
Estaba durmiendo como un tronco (Estaba hecho un tronco). *He was sleeping like a log (sound asleep).*

---

el tropel — *rush, bustle, confusion*

en tropel — *in a mad rush.*
Se fueron en tropel. *They left in a mad rush.*

tropezar — *to trip, stumble*
tropezar con — *to run into.*
Tropezó con Enrique. *She ran into Henry.*

el tropezón — *stumbling*
a tropezones — *stumblingly; haltingly.*
Lee a tropezones. *He reads stumblingly (haltingly).*

tuntún
al (buen) tuntún — *any old way; at random.*
Contestaba las preguntas al (buen) tuntún. *He was answering the questions any old way (at random).*

el turno — *turn*
estar de turno — *to be on duty.*
El doctor López está de turno. *Dr. López is on duty.*

último — *last*
estar en las últimas — *to be at death's door.*
Está en las últimas. *He's at death's door.*

por último — *finally.*
Por último pasaron las bandas. *Finally the bands passed by.*

uno — *one*
ser uno de tantos — *to be run-of-the-mill.*
Es uno de tantos escritores. *He's a run-of-the-mill writer.*

uno que otro — *an occasional; a few.*
Fuma uno que otro cigarrillo. *He smokes an occasional cigarette (a few cigarettes).*

uno tras otro — *one after another*.
Salieron uno tras otro. *They went out one after another*.

uno y otro — *both of them*.
Uno y otro nos saludaron. *Both of them spoke to us*.

unos cuantos — *a few*.
Me trajo unos cuantos libros. *He brought me a few books*.

unos y otros — *all of them*.
Unos y otros se acercaron. *All of them approached*.

la uña — *fingernail, toenail*
ser uña y carne — *to be as thick as thieves; to be hand in glove*.
Son uña y carne. *They're thick as thieves (hand in glove)*.

el uso — *use, usage*
El uso hace maestro. — *Practice makes perfect*.

estar en buen uso — *to be in good condition*.
El coche todavía está en buen uso. *The car is still in good condition*.

la vacación — *vacation*
estar de vacaciones — *to be on vacation*.
Están de vacaciones. *They're on vacation*.

valer — *to be worth*
más vale (valiera) — *it is (would have been) better to*.
Más vale (valiera) venderlo. *It's (It would have been) better to sell it*.

Más vale tarde que nunca. — *Better late than never*.

valerse de — *to use*.
Hay que valerse de todos los medios posibles. *One has to use all possible means*.

el valle — *valley*
  valle de lágrimas — *vale of tears*.
  Se sufre mucho en este valle de lágrimas — *You suffer a lot in this vale of tears*.

---

vano — *vain*
  en vano — *in vain*.
  Suplicó en vano. *He pleaded in vain*.

Vargas — *(proper name)*
  ¡Averígüelo Vargas! — *Heaven only knows!*

---

variar — *to vary*
  para variar — *just for a change*.
  Para variar voy a tomar café. *Just for a change I'm going to have coffee*.

---

el vaso — *glass*
  ahogarse en un vaso de agua — *to get all upset over nothing; to start a tempest in a teapot*.
  Se ahogó en un vaso de agua. *He got all upset over nothing (He started a tempest in a teapot)*.

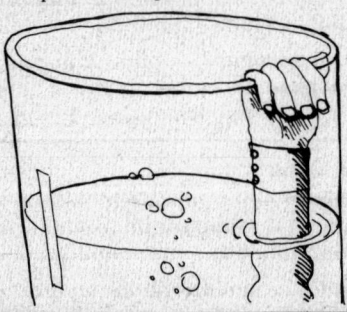

---

la vela — *vigil, wakefulness; candle; sail*
  a toda vela — *at full speed*.

Las cosas marchan a toda vela en la fábrica. *Things are going at full speed in the factory.*

pasar la noche en vela — *to stay awake (all night); to keep a vigil.*
Pasó la noche en vela por su hijo enfermo. *She stayed awake all night with (kept a vigil over) her sick son.*

¿Quién le ha dado a usted vela en este entierro? *Who asked you to butt in?*

---

velar — *to watch over*
velar por — *to look after.*
Su esposa vela constantemente por él. *His wife constantly looks after him.*

---

el velo — *veil*
correr un velo (sobre) — *to hush up.*
El gobierno corrió un velo sobre el escándalo. *The government hushed up the scandal.*

tomar el velo — *to take the veil.*
Desde joven, siempre era muy pía, y finalmente tomó el velo. *Since her youth she was always very religious, and finally she took the veil.*

---

la velocidad — *velocity*
llevar una velocidad de — *to travel at a speed of.*
Llevaba una velocidad de cien kilómetros la (por) hora. *I was traveling at a speed of one hundred kilometers an hour.*

---

vencer — *to conquer, vanquish*
darse por vencido — *to give up.*
Se dio por vencido. *He gave up.*

---

vender — *to sell*
vender regalado — *to sell for a song (for almost nothing).*
Me lo vendió regalado. *He sold it to me for a song (for almost nothing).*

venir — *to come*
   ... que viene — *next. ...*
   Nos reuniremos el mes (año, etc.) que viene. *We will meet next month (year, etc.).*

   venir a aparecer — *to turn up.*
   Mire donde vino a aparecer. *Look where he turned up.*

   venir a menos — *to come down in the world.*
   Es un aristócrata venido a menos. *He is an aristocrat who has come down in the world.*

   venir a parar — *to turn out.*
   ¿En qué vino a parar la discusión? *How did the discussion turn out?*

   venir mal de — *to have a case of.*
   Venía muy mal de gripe. *I had a bad case of the flu.*

   venirle bien — *to be good for one; to do one good.*
   El sol le vendría bien. *The sun would be good for you (would do you good).*

---

la venta — *sale*
   ponerse a la venta — *to be put on sale.*
   Se puso a la venta. *It was put on sale.*

---

la ventaja — *advantage*
   llevar (una) ventaja — *to have (to hold) an advantage; to be ahead; to have a lead.*
   Me lleva (una) ventaja. *He has (holds) an advantage (a lead) over me (He is ahead of me).*

   sacar ventaja de — *to profit from.*
   Sacaron ventaja de su contrato con Pérez y Cía. *They profited from their contract with Pérez and Co.*

---

ver — *to see*
   (Vamos) a ver. — *Let's see.*

   aquí donde usted me ve — *believe it or not.*
   Aquí donde usted me ve, hablo doce idiomas. *Believe it or not, I speak twelve languages.*

¡Fue de ver! — *You should have seen it!*

¡Habráse visto! — *The very idea!*

por lo visto — *apparently; evidently.*
Por lo visto no está. *Apparently (Evidently) he's not in.*

se ve — *it's evident (obvious).*
Se ve que es muy joven. *It's evident (obvious) that she's very young.*

Si te vi, no me acuerdo. — *Favors are soon forgotten.*

tener buen ver — *to be looking good (well).*
Tiene buen ver. *He's looking good (well).*

Ver y creer. — *Seeing is believing.*

verlo venir — *to see what someone is up to.*
Lo veo venir. *I see what he's up to.*

verse con — *to meet.*
Me veré con ella en el café. *I'll meet her at the cafe.*

verse forzado (obligado) a — *to be forced (compelled) to.*
Se vio forzado (obligado) a abandonarlos. *He was forced (compelled) to abandon them.*

---

las veras — *earnestness, sincerity, truth*
  de veras — *really.*
  Es de veras muy simpático. *He's really very nice.*

---

la verdad — *truth*
  a decir verdad — *to tell the truth.*
  A decir verdad, no sé. *To tell the truth, I don't know.*

  de verdad — *real.*
  Tenía una pistola de verdad. *He had a real pistol.*

  decirle cuatro verdades — *to tell someone a thing or two.*
  Un día de éstos le voy a decir cuatro verdades. *One of these days I'm going to tell him a thing or two.*

  en verdad — *truly.*
  Es en verdad un hombre muy capaz. *He is truly a very capable man.*

¿verdad? — *right? don't you?, isn't he?, won't they?, can't I?, etc.*
Usted habla inglés, ¿verdad? *You speak English, right? (don't you?)*

la vergüenza — *shame*
  darle vergüenza — *to make one ashamed.*
  Me da vergüenza. *It makes me ashamed.*

  tener vergüenza — *to be ashamed.*
  Tengo vergüenza. *I'm ashamed.*

verde — *green*
  ponerle verde — *to rake someone over the coals.*
  Me puso verde. *He raked me over the coals.*

vestir — *to dress*
  vestir de — *to wear; to be dressed in.*
  Vestía de seda. *She was wearing (was dressed in) silk.*

la vez — *time*
  a la vez — *at the same time.*
  Cantaba y trabajaba a la vez. *She was singing and working at the same time.*

  a su vez — *in turn.*
  Todos probaron el vino a su vez. *Everybody in turn tasted the wine.*

  a veces — *at times.*
  A veces toma un trago. *At times he takes a drink.*

  alguna vez — *ever.*
  ¿Ha visto alguna vez un alacrán? *Have you ever seen a scorpion?*

  alguna vez que otra — *occasionally.*
  Tomamos café al aire libre alguna vez que otra. *We have coffee in the open air occasionally.*

  algunas veces — *sometimes.*
  Viene algunas veces a comer con nosotros. *He sometimes comes to eat with us.*

la vez

cada vez más — *more and more.*
Se ponía cada vez más pálida. *She was getting paler and paler.*

de una vez — *and be done with it.*
Tómelo de una vez. *Take it and be done with it.*

de una vez por todas (de una vez y para siempre) — *once and for all.*
Lo terminaron de una vez por todas (y para siempre). *They ended it once and for all.*

de vez en cuando — *from time to time.*
De vez en cuando hacen un viaje a México. *From time to time they take a trip to Mexico.*

en vez de — *instead of.*
En vez de ir, se quedó. *Instead of going, he remained.*

hacer las veces de — *to act as.*
Ella hace las veces de madre. *She acts as a mother.*

las más (la mayoría) de las veces — *most of the time.*
Las más (La mayoría) de las veces hay agua caliente. *Most of the time there's hot water.*

muchas veces — *often.*
Muchas veces viene solo. *He often comes alone.*

ni una sola vez — *not even once; not a single time.*
Ni una sola vez me vino a ver. *Not even once (Not a single time) did she come to see me.*

otra vez — *again.*
Tuve que decirlo otra vez. *I had to say it again.*

otras veces — *on other occasions; other times.*
Otras veces iba a algún concierto. *On other occasions (Other times) she would go to a concert.*

para otra vez — *for another (a later) occasion.*
Lo dejaremos para otra vez. *We'll leave it for another (a later) occasion.*

raras (contadas) veces — *rarely; seldom.*
La vi raras (contadas) veces. *I rarely (seldom) saw her.*

el viaje   **la vida**

   repetidas veces — *repeatedly*.
   Me lo dijo repetidas veces. *He told me (so) repeatedly*.

   tal vez — *perhaps; maybe*.
   Tal vez vengan. *Perhaps (Maybe) they're coming*.

   tantas veces — *so often*.
   Nos llama tantas veces que nos molesta. *She calls us so often that it's a nuisance (bother)*.

   una vez (dos veces) — *once (twice)*.
   Una vez (Dos veces) vino a vernos. *Once (Twice) she came to see us*.

el viaje — *trip*
   ¡Buen viaje! — *Bon voyage!*

   el viaje de ida y vuelta — *the round trip*.
   El viaje de ida y vuelta dura cuatro horas. *The round trip lasts four hours*.

   estar de viaje — *to be on a trip*.
   Están de viaje. *They're on a trip*.

   hacer (realizar) un viaje — *to take a trip*.
   Hicieron (Realizaron) un viaje. *They took a trip*.

   salir de viaje — *to leave on a trip*.
   Mañana salimos de viaje. *Tomorrow we're leaving on a trip*.

la vida — *life*
   darse buena vida — *to live it up; to enjoy life*.
   Le gusta darse buena vida. *He likes to live it up (enjoy life)*.

   echarse (lanzarse) a la vida — *to take to the streets; to become a prostitute*.
   Se echó (Se lanzó) a la vida. *She took to the streets (became a prostitute)*.

   en su vida — *never in one's life*.
   En mi vida he comido una sopa tan sabrosa. *Never in my life have I eaten such delicious soup*.

en una sola vida — *in a single lifetime*.
En una sola vida no se puede hacer mucho. *In a single lifetime you can't do much.*

en vida — *while one was alive; during one's lifetime*.
En vida siempre leía mucho. *While he was alive (During his lifetime) he always used to read a lot.*

ganarse la vida — *to earn one's living*.
Se gana la vida tocando la guitarra. *He earns his living (by) playing the guitar.*

jugarse (arriesgarse) la vida — *to risk one's life*.
Se jugó (Se arriesgó) la vida. *He risked his life.*

la vida y milagros — *the life and doings*.
Es una revista que cuenta la vida y milagros de las estrellas del cine. *It's a magazine that tells all about the life and doings of the movie stars.*

llevar (hacer) una vida . . . — *to lead a . . . life*.
Lleva (Hace) una vida muy tranquila. *He leads a very quiet life.*

Los gatos tienen siete vidas. — *Cats have nine lives.*

---

viejo — *old*
  un viejo verde — *a dirty old man*.
  Es un viejo verde. *He's a dirty old man.*

---

el viento — *wind*
  contra viento y marea — *against all odds*.
  Triunfó contra viento y marea. *He triumphed against all odds.*

---

el vigor — *vigor, force*
  entrar en vigor — *to go into effect*.
  La ley entró en vigor el mes pasado. *The law went into effect last month.*

  estar en vigor — *to be in effect*.
  La ley está en vigor. *The law is in effect.*

  poner en vigor — *to put into effect*.

Pusieron en vigor varias restricciones. *They put several restrictions into effect.*

vilo
en vilo — *(up) in the air.*
Levantó al niño en vilo. *He lifted the child (up) in the air.*

tenerle en vilo — *to keep someone up in the air.*
Díganoslo en seguida, no nos tenga en vilo. *Tell us right away, don't keep us up in the air.*

el vinagre — *vinegar*
hecho un vinagre — *in a very sour tone.*
Se lo dijo hecho un vinagre. *He said it to her in a very sour tone.*

la virtud — *virtue*
en virtud de — *by virtue of.*
Lo decretó en virtud de su autoridad. *He decreed it by virtue of his authority.*

la visita — *visit*
devolverle la visita — *to repay (to return) one's visit.*
Me devolverán la visita. *They'll repay (return) my visit.*
hacerle una visita — *to pay one a visit.*
Me hizo una visita. *He paid me a visit.*

la víspera — *eve*
estar en vísperas de — *to be about to; to be on the eve of.*
Estaban en vísperas de casarse. *They were about to get married (were on the eve of getting married).*

la vista — *sight, view*
a primera vista — *at first sight.*
Se enamoraron a primera vista. *They fell in love at first sight.*

andar mal de la vista — *to have poor eyesight.*
Andaba mal de la vista. *She had poor eyesight.*

con vistas a — *with a view to.*
Compré el libro con vistas a regalárselo a mi esposa. *I bought the book with a view to presenting it to my wife.*

conocer de vista — *to know by sight.*
Se conocen de vista. *They know each other by sight.*

corto de vista — *near-sighted.*
Es un poco corto de vista. *He's a little near-sighted.*

estar a la vista — *to be in sight.*
El policía no estaba a la vista. *The policeman wasn't in sight.*

hacer la vista gorda — *to look the other way; to pretend not to notice.*
Hizo la vista gorda. *He looked the other way (pretended not to notice).*

Hasta la vista. — *So long!; See you later.*

levantar la vista — *to raise one's eyes; to look up.*
No levantó la vista. *He didn't raise his eyes (look up).*

no echarle la vista encima — *not to lay eyes on someone.*
No le he echado la vista encima. *I haven't laid eyes on him.*

perder de vista — *to lose sight of.*
Los perdimos de vista. *We lost sight of them.*

saltar a la vista. — *to be obvious (self-evident).*
Los errores saltan a la vista. *The errors are obvious (self-evident).*

el vistazo — *glance, look*
echar (dar) un vistazo — *to take a look at; to glance at.*
Le echó (dio) un vistazo. *He took a look at it (glanced at it).*

visto — *seen*
por lo visto — *apparently.*
Por lo visto no hay nadie aquí. *Apparently there is nobody here.*

vivir — *to live*
viva — *long live; hurrah for.*
¡Viva el presidente! *Long live (Hurrah for) the president!*

vivo — *alive, lively*
a lo vivo — *vividly.*
Habla muy a lo vivo de su estancia en Chile. *He speaks very vividly about his stay in Chile.*

asarse vivo — *to be burning up; to be roasting.*
Me asaba vivo. *I was burning up (roasting).*

tocar en lo vivo — *to hurt one deeply.*
Lo que le dijeron le tocó en lo vivo. *What they said to him hurt him deeply.*

---

la voluntad — *will*
depender de su santa voluntad — *to be entirely up to one.*
Eso depende de su santa voluntad. *That's entirely up to him.*

ganarse la voluntad de — *to win the favor (affection) of.*
Se ganó la voluntad del rey. *She won the favor (affection) of the king.*

por propia voluntad — *of one's own free will.*
Volvió por propia voluntad. *He came back of his own free will.*

---

volver — *to return*
volver a — *to . . . again.*
Volvió a decirlo. *He said it again.*

volver en sí — *to come to.*
Parecía ofuscada cuando volvió en sí. *She appeared dazed when she came to.*

---

la voz — *voice*
a una voz — *with one voice.*
Dijeron a una voz que no. *With one voice they said no.*

a voz en cuello — *at the top of one's voice.*
Cantaba a voz en cuello. *She was singing at the top of her voice.*

apagar la voz — *to lower one's voice.*
Apagó la voz. *She lowered her voice.*

dar voces — *to shout.*
Daban voces. *They were shouting.*

en voz alta — *out loud; aloud.*
Nos lo leyó en voz alta. *He read it to us out loud (aloud).*

en voz baja — *in a low (soft) voice.*
Lo dijeron en voz baja. *They said it in a low (soft) voice.*

llamarle a voces — *to shout to someone.*
Me llamaban a voces. *They were shouting to me.*

---

el vuelco — *overturning, upset*
  dar un vuelco — *to turn over.*
  El corazón le dio un vuelco. *Her heart turned over.*

---

el vuelo — *flight*
  alzar el vuelo — *to take wing.*
  El pájaro alzó el vuelo. *The bird took wing.*

---

la vuelta — *turn; return*
  buscarle las vueltas — *to get around someone; to find someone's weak spot.*
  Para conseguirlo hay que buscarle las vueltas. *In order to get it you've got to get around him (find his weak spot).*

  dar media vuelta — *to turn halfway around.*
  Dio media vuelta. *He turned halfway around.*

  dar una vuelta — *to go for a walk.*
  Vamos a dar una vuelta. *Let's go for a walk.*

  dar (la) vuelta a — *to walk around.*
  Da (la) vuelta a la manzana (cuadra). *He walks around the block.*

  dar vueltas — *to toss and turn.*
  Daba vueltas en la cama. *I was tossing and turning in bed.*

  dar vueltas en redondo — *to go around in circles.*
  Daban vueltas en redondo. *They were going around in circles.*

  darle vuelta — *to turn something over.*
  Le da vuelta. *He turns it over.*

  estar de vuelta — *to be back.*
  Ya están de vuelta. *They're back already.*

estar de vuelta de todo — *to have been around; to know what the score is.*
Está de vuelta de todo. *He's been around (knows what the score is).*

No hay que darle vueltas. — *There are no two ways about it; There's no use talking about it (discussing it).*

sin más vueltas — *without question.*
Sin más vueltas, ella es la más bonita. *Without question she is the prettiest.*

tomar la vuelta de — *to start back to.*
Tomó la vuelta del lago. *He started back to the lake.*

ya — *already, now*
ya no — *no longer; not any more.*
Ya no llueve. *It's no longer raining (not raining any more).*

ya que — *since.*
Ya que está aquí, quédese a comer. *Since you're here, stay to eat.*

ya . . . , ya . . . — *now . . . , now. . . .*
Le traían ya carne, ya verduras. *They would bring him now meat, now vegetables.*

yo — *I*
yo que usted — *if I were you.*
Yo que usted, no lo hacía. *If I were you, I wouldn't do it.*

la zaga — *rear*
no ir en zaga — *to be not far behind; to be just as good.*
Tiene un gran talento para los idiomas, y su hermano no le va en

zaga. *He has a great talent for languages, and his brother is not far behind (is just as good).*

la zancadilla — *act of tripping someone, trick*
ponerle (hacerle, echarle) la zancadilla — *to trip someone.*
Le puse (Le hice, Le eché) la zancadilla. *I tripped him.*

Zamora — *proper name*
No se ganó Zamora en una hora. — *Rome wasn't built in a day.*

Indice Español (Spanish Index)

A

a 3
a altas horas 133
a beneficio de 29
a brazo partido 33
A buen entendedor, pocas palabras. 98
a buen paso 192
A caballo regalado no hay que mirarle el diente. 38
A cada cual lo suyo. 40
a cada instante 139
a cada paso 193
a cada rato 221
a cambio de 43
a campo raso 44
a campo travieso (traviesa) 44
a causa de 51
a centenares 52
a ciegas 52
a ciencia cierta 53
¿A cómo se vende? 56
a conciencia 58
a condición de que 58
a consecuencia de 60
a costa de 68
a coste y costa(s) 68
a crédito 69
a cuál más . . . 70
a cuestas 74
a chorros 77
a decir verdad 268
a derecha 83
a derechas 83
a descubierto 84
a despecho de 86
a diario 88
a diestra y siniestra 88
a diferencia de 89
A Dios gracias. 89
A Dios rogando y con el mazo dando. 89
a disgusto 90
a distinción de 91
a dos dedos de 81
a dos pasos 193

a duras penas 198
a escondidas 101
a eso de 102
a espaldas de 103
a estas alturas 14
a estas horas 133
a este paso 193
a excepción de 108
a expensas de 108
a falta de 110
a fin de 113
a fin de cuentas 113
a fines de 113
a flor de agua (tierra) 114
a fondo 115
a fuego vivo (lento) 118
a fuerza de 118
a galope (a galope tendido) 119
a gatas 121
a grandes rasgos 220
a gritos 125
a guisa de 126
a horas fijas 133
a humo de pajas 136
a hurtadillas 136
a instancias de 139
a juzgar por 143
a la buena de Dios 89
a la caída de la tarde 40
a la caída del sol 40
a la carrera 47
a la corta o a la larga 66
a la chita callando 76
a la chiticallando 76
a la defensiva 82
a la desbandada 84
a la desesperada 85
a la disposición de 91
a la fuerza 118
a la hora 133
a la hora de la verdad 133
a la inversa 140
a la izquierda 141
a la larga 145
a la letra 147
a la ligera 148
a la luz de la luna 151
a la medida 160

278

Indice Español

a la medida de 161
a la ocasión la pintan calva 180
a la par que 187
a la perfección 199
a la postre 209
a la sazón 235
a la semana 3
a la vez 268
a largo andar 16
a largo plazo 205
A lo hecho, pecho. 195
a lo largo 145
a lo largo y a lo ancho 145
a lo lejos 146
a lo más 159
a lo mejor 161
a lo menos 162
a lo que parece 188
a lo sumo 246
a lo vivo 274
a lomo de . . 149
a mano 155
a manos llenas 156
a (las mil) maravilla(s) 158
a más (de) 159
a más tardar 249
a mata caballo 38
a media asta 24
a media pierna 203
a mediados 160
a medianoche 160
a medias 161
a medida que 161
a medio camino 44
a medio cerrar 161
a mediodía 161
a menos que 162
a menudo 163
a merced de 163
a mitad de 168
a montones 170
a ninguna parte 189
a no ser que 238
a nombre de 176
a obscuras 179
a ojos cerrados 181
A otro perro con ese hueso. 200
A palabras necias, oídos sordos. 185

a partir de 191
a paso de tortuga 193
a pedazos 196
a pedir de boca 31
a pesar de 200
a petición de 201
a pie juntillas 202
a plazos 205
a pleno día 206
a pleno sol 243
a poco 206
a poco de 206
a poco rato 221
a primera hora 133
a primera vista 273
a principios de 211
a prisa 212
a propósito 212
a prueba de agua (de sonido, etc.) 213
a puerta cerrada 213
a punto de 215
a punto fijo 215
a puñados 216
a puros golpes de suerte 122
a que 217
¿A qué discutirlo? 216
a qué son 243
a quemarropa 218
A quien le corresponda. 65
a ratos 221
a ratos peridid0s 221
a razón de 221
a regañadientes 223
a rienda suelta 228
A río revuelto, ganancia de pescadores. 229
a saber 231
a sabiendas 232
a sangre fría 234
a santo de qué 234
a secas 235
a solas 243
a son de qué 243
a su albedrío 10
a su entender 99
a su favor 111
a su manera 155
a su modo 169

Indice Español

a su modo de ver 169
a su parecer 188
a su paso 193
a su tiempo 253
a su vez 269
a tal punto 215
a toda brida 34
a toda costa 68
a toda máquina 158
a toda prisa 212
a toda vela 264
a todas luces 151
a todas partes 189
a todo andar 16
a todo correr 65
a todo trance 259
a través de 260
a tropezones 262
a última hora 133
a un lado 143
a un paso 193
a un tiempo 254
a una voz 275
a veces 269
a ver 266
a viva fuerza 119
a voz en cuello 275
abajo 3
abandonar a su suerte 246
abierto de par en par 187
(el) abril 3
abrir paso 193
abrirle el apetito 19
abrirse paso 193
abrirse paso a empellones 96
abrirse paso a empujones 97
absoluto 3
la abuela 4
abundar 4
abusar 4
abusar de 4
acá 4
acabar 4
acabar de 4
acabar por 4
acaso 5
la acción 5
el aceite 5

acostarse con las gallinas 120
acusar recibo de 223
la actividad 5
el acto 5
acto seguido (continuo) 5
la actualidad 5
el acuerdo 6
adelante 6
el ademán 6
además 7
además de 7
adentro 7
adiós 7
¿Adónde irá el buey que no are? 36
la afición 7
el aficionado 7
afilar el ingenio 139
afirmar con la cabeza 38
aflojar las riendas 228
el agosto 7
agotado 7
el agrado 7
el agua 7
agua llovediza (lluvia) 8
aguar la fiesta 112
la aguja 8
aguzar el ingenio 139
aguzar las orejas 183
aguzar los oídos 180
ahí 8
el ahinco 9
ahogarse de risa 229
ahogarse en un vaso de agua 264
ahora 9
ahora bien 9
ahora mismo 9
el aire 9
ajeno 9
ajeno de cuidados 9
ajustar cuentas 71
al + infinitive 3
al aire libre 9
al amanecer 14
al anochecer 17
al atardecer 24
al avemaría 25
¡al avío! 25
al azar 25

Indice Español

al borde del llanto 33
al buen tuntún 262
al cabo 39
al cabo de un rato 39
al compás de 56
al cuidado de 74
al día 87
al día siguiente 241
al doble 92
al fiado 112
al fin 113
al fin y al cabo 113
al final 114
al final de la página 114
Al freír será el reír. 116
al frente de 116
¡Al habla! 128
al igual que 137
al improviso 138
al instante 139
al lado 143
al menos 162
al mes 3
al minuto 166
al mismo tiempo 253
al momento 169
al otro lado 144
al par que 187
al parecer 188
al pie de la letra 202
al pie de la página 202
al poco rato 221
al por mayor 160
al por menor 162
al postre 209
al primer golpe de vista 122
al principio 211
al punto 215
Al que madruga Dios le ayuda. 89
al raso 220
al rayar el alba 10
al respecto 227
al revés 228
al rojo (vivo) 230
al rojo blanco 230
al romper el alba 10
al sereno 239
al término de 252

el ala 9
el alarde 10
el alba 10
el albedrío 10
el alboroto 10
el alcance 11
alcanzar 11
alcanzar el tiempo (dinero) 11
la aldaba 11
el alfiler 11
algo 11
Algo es algo. 11
algo por el estilo 105
el algodón 12
algún tanto 249
alguna vez 268
alguna vez que otra 268
algunas veces 268
alguno 12
alguno que otro 12
la alhaja 12
el aliento 12
alimentar 12
alimentarse de 12
el alma 12
el almííbar 13
la almohada 13
alrededor 13
alrededor de 13
el alta 13
el altar 13
alto 13
lo (más) alto 13
¡Alto ahí! 13
la altura 14
alzar el vuelo 275
alzarse con el santo y la limosna 234
alzarse en armas 21
allá 14
allá abajo 14
allá arriba 14
allá dentro 14
allá él (ella, usted, etc.) 14
allá mismo 14
allá por 14
Allá se las haya. 127
¡Allá voy! 14
allanar el camino 44

Indice Español

amanecer 14
amén 15
amén de 15
el amigo 15
un amigo de confianza 59
la amistad 15
el amor 15
ancho 15
las andadas 16
andando el tiempo 253
andando los años (días, etc.) 16
andar 16
andar a casa 51
andar a cuatro patas 194
andar con rodeos 229
andar de boca en boca 31
andar de prisa 212
andar en boca de todos 31
andar escaso de fondos 115
andar mal de la vista 272
andarse por las ramas 220
las andas 16
el anillo 16
el ánimo 16
anochecer 17
ansioso 17
ante todo 256
antemano 17
la anterioridad 17
antes 17
antes bien 17
Antes hoy que mañana. 17
Antes que te cases, mira lo que haces. 49
la anticipación 17
la antipatía 18
el anzuelo 18
la añadidura 18
los añicos 18
el año 18
apagar la voz 274
la apariencia 19
Las apariencias engañaan. 19
apartar el grano de la paja 125
apartarse del camino 44
aparte 19
aparte de 19
apenas 19

apenas ahora 19
el apetito 19
apostar 19
apostar a que 19
el aprendiz 19
Aprendiz de todo, oficial de nada. 19
apresurar la marcha 158
apretar el paso 193
apretarle las clavijas 54
aprobar un examen 107
aprovechar 20
aprovechar(se) de 20
apurado 20
el apuro 20
aquello 20
aquello de 20
aquí 20
aquí dentro 20
aquí donde usted me ve 266
Aquí hay gato encerrado. 121 ·
aquí mismo 20
aquí tiene usted 251
arder 21
la arena 21
el arma 21
armar caballero 37
armar hasta los dientes 88
armar un alboroto 10
armar una bronca 35
armarse la de San Quintín 218
armarse un lío 149
el aro 21
arquear las cejas 51
arreglar 21
arreglar cuentas 71
arreglar la cama 43
arreglárselas 21
el arreglo 21
arriba 21
arriesgarse el pellejo 198
arriesgarse la vida 271
arrimar el hombro 132
arrimarle una bofetada 32
arrojar el guante 125
el arroz 22
el arte 22
asarse vivo 274
ascender 22

Indice Español

ascender a 22
el asco 22
el ascua 22
asentir con la cabeza 38
así 22
así así 22
así como 23
así . . . como 23
así de 23
así de momento 169
así nada más 173
así que 23
así (es) que 23
así y todo 256
el asiento 23
asirse de un cabello 38
asistir 23
asistir a 23
asistirle la razón 222
asomar 23
asomarse a 23
asombrar 23
asombrarse de (con) 23
el asta 24
el asunto 24
el atajo 24
atar cabos 39
atardecer 24
la atención 24
atenerse 24
atenerse a 24
atrás 24
atrasado de noticias 177
Aunque la mona se vista de seda, mona se queda. 170
la ausencia 25
el avemaría 25
¡Averígüelo Vargas! 264
el avío 25
el aviso 25
ay 25
¡Ay de mí! 25
¡Ay del que los ofenda! 25
ayer mismo 167
ayudar a misa 167
Ayúdate, que Dios te ayudará. 89
ayuno 25

el azar 25
azogado 26

la baba 26
Babia 26
bailar el agua (delante) 8
la baja 26
bajar 26
bajar andando 16
bajarle los humos 136
bajarse en 26
bajo 26
bajo la mayor reserva 226
bajo llave 152
la bala 26
balde 27
la banda 27
la bandera 27
el baño 27
la baraja 27
la barba 27
barrer 28
barrer hacia dentro 28
el barrio 28
bartola 28
los bártulos 28
el basilisco 28
bastar 28
bastar con 28
el bastidor 28
el bastón 29
la batuta 29
el bautismo 29
la baza 29
beber por (a) la salud de 223
Belén 29
el bemol 29
la bendición 29
el beneficio 29
el berenjenal 30
la berlina 30
bien 30
el bien 30

Indice Español

bien mirado 167
la bienvenida 30
un billete de ida y vuelta 136
la blanca 30
blanco 31
el blanco 30
el bledo 31
la boca 31
boca abajo 31
boca arriba 31
el bocado 32
el bofe 32
la bofetada 32
la boga 32
la bola 32
un boleto de ida y vuelta 136
el bolsillo 33
la bomba 33
la bondad 33
el borbotón 33
el borde 33
la bota 33
el bote 33
la brasa 33
el brazo 33
el brazo derecho 34
breve 34
la brevedad 34
la brida 34
brillar por la ausencia 25
brincar de gozo 124
brindar 34
brindar a coro 64
brindar con 34
brindarse a 35
la brocha 35
la broma 35
bromas aparte 35
la bronca 35
bruces 35
el buche 35
¡Buen provecho! 213
¡Buen viaje! 270
¡Buena alhaja! 12
¡Buena se va a armar! 36
¡Buenas! 36
bueno 36
el bueno de 36

¡Bueno está! 36
Bueno está lo bueno. 36
el buey 36
El buey suelto bien se lame. 36
el bulto 36
la burla 37
burlar 37
burlarse de 37
burlas aparte 37
la busca 37
buscar una aguja en un pajar 8
buscarle el bulto 36
buscarle las cosquillas 67
buscarle las vueltas 275
buscarle tres pies al gato 202

cabal 37
el caballero 37
caballero andante 37
el caballo 38
el cabello 38
caber 38
caber todo en 38
caberle en suerte 246
la cabeza 38
la cabezada 39
la cabida 39
el cabo 39
el cabo del mundo 40
cabos sueltos 39
cada 40
cada cuanto (tiempo) 40
Cada loco con su tema. 149
cada poco 40
Cada uno cuenta de la feria según le va en ella. 112
cada vez más 269
caer 40
caer como una bomba 33
caer de bruces 35
caer en cama 43
caer en la cuenta 72
caer en la trampa 259

284

Indice Español

caer en las garras de 120
caer en manos de 156
caer enfermo 40
caer redondo 40
caerle bien 40
caerle en gracia 124
caerse de su peso 201
caerse de suyo 247
caérsele la baba 26
caérsele las alas (del corazón) 9
la caída 40
Caín 41
la caja 41
la cal 41
la calabaza 41
la calada 41
el caldo 41
calentarse la cabeza 39
calentarse los cascos 49
la calidad 41
la calma 41
una calma chicha 42
el calor 42
las calzas 42
los calzones 42
callar 42
callarse la boca 31
la calle 42
calle abajo 42
calle arriba 42
calle de dirección única 90
el callejón 43
un callejón sin salida 43
la cama 43
cambiar 43
cambiar de idea 137
cambiar de opinión 183
cambiar de tren 43
el cambio 43
caminar de rodillas 230
el camino 44
camino de 44
el camino trillado 44
la camisa 44
el campo 44
la cana 45
el candado 45
cantar 45

el cantar 45
cantar de plano 45
cantarlas claras 45
cantarle las cuarenta 71
el cántaro 45
el canto 46
la cara 46
cara a cara con 46
carecer 46
carecer de 46
cargar 46
cargar con 46
cargar la mano
el cargo 47
la caridad 47
La caridad empieza por uno mismo. 47
la carne 47
carne de gallina 47
la carrera 47
la carta 48
el cartucho 48
la casa 48
casar 49
casar con 49
casarse con 49
el caso 49
la casilla 49
el caso 49
el caso es 49
la castaña 50
castaño 50
el castillo 50
un castillo de naipes 51
la casualidad 51
la categoría 51
la causa 51
causar gracia 124
la caza 51
la ceja 51
los celos 52
el centenar 52
el centro 52
cerca 52
el cero 52
cerrar con llave 152
cerrar de golpe 123
cerrar el paso 193
cerrar la noche 176

Indice Español

cerrar los labios 143
cerrarle la boca 31
cerrarle la puerta en las narices 214
cerrarle todas las puertas 213
cerrarse a la banda 27
ciego 52
Un ciego mal guía a otro ciego. 52
el cielo 52
la ciencia 53
cierto 53
un cierto 53
cinco 53
la cintura 53
citar 53
citarse con 53
claro 54
la clase 54
la clavija 54
el clavo 54
el claxon 54
la coba 54
cobrar aliento 12
el codo 54
coger con las manos en la masa 156
coger de sorpresa 245
coger en flagrante 114
coger en (una) mentira 163
coger la delantera 82
coincidir 55
la cola 55
la colada 55
colmar 55
colmarle de 55
el colmillo 55
el colmo 55
el color 55
colorado 56
la coma 56
comer la sopa boba 244
comerse de envidia 100
el comino 56
como 56
cómo 56
como al descuido 84
¿Cómo amaneció? 15
como cualquier (cada) hijo de vecino 131
como de costumbre 68

como Dios manda 89
como el que más 159
como gallina en corral ajeno 120
¿Cómo le va? 140
como llovido del cielo 52
¡Cómo no! 56
como Pedro por su casa 196
¿Cómo que . . .? 56
como quien dice 79
como quien no dice nada 218
como quien no quiere la cosa 66
Como quien oye llover. 218
como quiera 56
como si nada 173
como si tal cosa 66
como un descosido 84
como una fiera 112
el compás 56
completo 56
la compra 57
el compromiso 57
común 57
el común de las gentes 57
común y corriente 57
con 57
con anterioridad 17
con anterioridad a 17
con anticipación 17
con arreglo a 21
con banderas desplegadas 27
con calma 41
con creces 69
con destino a 86
con el bocado en la boca 32
con el corazón en la mano 64
con el rabillo del ojo 219
con el rabo entre las piernas 219
con esto 106
con etiqueta 107
con (buen) éxito 108
con frecuencia 116
con intención 139
con la mayor reserva 226
con los brazos abiertos 34
con motivo de 171
con mucho ahinco 9
con mucho gusto 126
con objeto de 178

Indice Español

Con permiso. 199
con pulso firme 214
con razón 222
con relación a 224
con respecto a 227
Con su pan se lo coma. 187
con su permiso 199
con tal que 247
con tiento 255
con toda confianza 59
con todo 256
con todos sus pelos y señales 196
con un (con su) grano de sal 125
con vistas a 273
con voz sorda 244
concentrado 57
el concepto 57
concertar un acuerdo 6
la conciencia 58
conciencia de culpa 58
conciliar el sueño 245
concretarse al tema 250
concreto 58
la condición 58
conducir al altar 13
el conejillo 58
conejillo de Indias 58
confesar 58
confesar de plano 58
la confianza 58
confiar 59
confiar en 59
la confidencia 59
el confite 59
conformar 60
conformarse con 60
conforme 60
conforme a 60
la conformidad 60
conocer 60
conocer de vista 273
conocer la aguja de marear 8
conocerle el juego 142
el conocimiento 60
la consecuencia 60
consentir 61
consentir en 61
conservar 61

conservar la línea 148
la consideración 61
consiguiente 61
constar 61
constar de 61
constarle 61
el consuelo 61
consultarlo con la almohada 13
el contacto 62
contadas veces 269
contado 62
contante 62
contar 62
contar con 62
contar por los dedos 81
contener el aliento 12
Contigo, pan y cebolla. 187
contra viento y marea 271
contrario 63
el corazón 64
el coro 64
la coronilla 65
el correo 65
correr 65
correr el rumor 231
correr fama 111
correr peligro 196
correr por la cuenta 72
correr un velo 265
corresponder 65
corresponderle 65
corriente 66
la corriente 65
cortado al rape 220
cortado por el mismo patrón 195
cortar de raíz 220
cortar el hilo 131
cortar por lo sano 234
cortarle las alas 10
corto 66
corto de oído 180
corto de vista 273
la cosa 66
cosa de 66
(ser) cosas de . . . 66
cosas por el estilo 105
la cosecha 67
coser 67

Indice Español

cosido a las faldas de 109
las cosquillas 67
la costa 68
el costado 68
el costal 68
costar 68
costar tiempo 253
costar un ojo de la cara 181
costar un triunfo 261
costarle caro 68
costarle trabajo 259
el coste 68
la costumbre 68
la coz 69
las creces 69
el crédito 69
creer 69
creer que sí (no) 69
Cría cuervos y te sacarán los ojos. 74
el (la) crisma 69
cristiano 70
la cruz 70
cruzarle la cara 46
cruzarse de brazos 34
cuál 70
cualquiera 70
cuando 70
cuando más 70
cuando menos 70
cuando menos se piensa 198
cuanto 70
cuanto antes 70
¿Cuánto hay? 127
cuanto más 70
cuanto más que 70
cuánto tiempo 253
cuarenta 71
el cuarto 71
cuatro 71
cuclillas 71
la cuchara 71
la cuenta 71
el cuento 73
la cuerda 73
el cuero 73
el cuerpo 74
el cuervo 74
la cuesta 74

cuesta abajo 74
cuesta arriba 74
cuesto lo que cueste 68
la cuestión 74
cuidado 74
el cuidado 74
cuidar 75
cuidar a 75
cuidar de 75
cuidarse de 75
la culpa 75
cumplir 75
cumplir años 75
cumplir la palabra 185
cumplir una orden 183
el chasco 76
la chinche 76
la chispa 76
chistar 76
el chiste 76
la chita 76
el chorro 76

da la casualidad de que 51
¡Dale que dale! 77
el daño 77
dar 77
dar a 77
dar a beber 77
dar a conocer 77
dar a entender 77
dar a luz 151
dar a luz (a) 151
dar alcance 11
dar asco 22
dar cabezadas 39
dar calabazas 41
dar celos 52
dar coces 69
dar con 77
dar con el codo 54
dar crédito a 69
dar cuenta de 73
dar cuerda 73

Indice Español

dar de alta 13
dar de comer 77
dar de sí 78
dar en 78
dar en el blanco 30
dar en el clavo 54
dar enhorabuena 98
dar fe 111
dar fin a 113
dar frente a 116
dar fruto 117
dar gato por liebre 121
dar golpes 123
dar gritos 125
dar guerra 126
dar gusto 127
dar la bienvenida 30
dar la lata 146
dar la nota discordante 177
dar las . . . 78
dar las buenas noches 176
dar las gracias 124
dar lástima 146
dar lugar a 150
dar marcha atrás 158
dar media vuelta 275
dar muestras de 172
dar oídos 180
dar parte de 189
dar pasos 193
dar por 78
dar por bien empleado 96
dar por cierto (seguro) 53
dar por sentado 237
dar principio a 211
dar que decir 78
dar (mucho) que hacer 78
dar que pensar 78
dar que sentir 238
dar razón de 222
dar rienda suelta 228
dar rodeos 230
dar saltos de alegría 233
dar señales de vida 238
dar toda clase de facilidades 109
dar un paseo 192
dar un paseo en coche 192
dar un salto 233

dar un tiro 255
dar un vistazo 273
dar un vuelco 275
dar una carrera 47
dar una fiesta 112
dar una vuelta 275
dar unas palmadas 186
dar voces 274
dar (la) vuelta a 275
dar vueltas 275
dar vueltas en redondo 275
darle 78
darle a 78
darle a cada cual lo suyo 78
darle a uno lo mismo 167
darle coba 54
darle con la puerta en las narices 214
darle disgustos 90
darle el pecho 195
darle fuego (lumbre) 118
darle jabón 141
darle la espalda 103
darle la gana 120
darle la razón a 222
darle lumbre 150
darle mal espina 104
darle miedo 165
darle pena 198
darle por 78
darle rabia 219
darle sed 236
darle tiempo 253
darle un jabón 141
darle una calada 41
darle una puñalada 216
darle unas palmadas en la espalda 186
darle vergüenza 268
darle vuelta 275
darse a la tarea 250
darse buena vida 270
darse cuenta de 72
darse de alta 13
darse de baja 26
darse el gusto 127
darse importancia 137
darse la mano 156
darse maña 157
darse por satisfecho 235

Indice Español

darse por sentido 237
darse por vencido 265
darse tono 257
darse un baño (una ducha) 27
de 79
de + infinitive 79
de abajo 3
de acuerdo con (a) 6
de ahora 9
de ahora en adelante 9
de algún modo 169
de antemano 17
de aquí 20
de aquí en adelante 20
de arriba 21
de arriba abajo 21
de balde 27
de bien 30
de bote en bote 33
de brocha gorda 35
de buen (mal) gusto 127
de buen (mal) humor 136
de buena (mala) fe 111
de buena (mala) gana 120
de buenas a primeras 36
de cabeza 38
de cabo a cabo 40
de cabo a rabo 40
de camino 44
de carne y hueso 47
De casta le viene al galgo ser rabilargo. 119
de categoría 51
de cerca 52
de común acuerdo 6
de confianza 59
de conformidad con 60
de consecuencia 61
de corta edad 95
de costumbre 69
de cuando en cuando 70
de día (noche) 79
de día en día 79
de dos en dos 79
de . . . en . . . 79
de en medio 161
de enfrente 98
de entonces 99

de espaldas 103
de espaldas a 103
de esta manera 155
de esta suerte 246
de este modo 169
de etiqueta 107
de fijo 113
de golpe (y porrazo) 123
de (buen) grado 124
de grado en grado 124
de guardia 126
de hecho 130
de higos a brevas 131
de hoy a mañana 134
de hoy en ocho días 87
de improviso 138
de inmediato 139
de intento 140
de joven 79
de la mañana (noche) 79
de la noche a la mañana 176
de lado 144
de lejos 147
de lo contrario 63
de lo lindo 148
de lujo 150
de lleno 152
de madrugada 153
de mal en peor 154
de mal grado 124
de mala muerte 171
de manera que 155
de mano en mano 156
(muy) de mañana 157
de memoria 162
de menos 162
de mío 166
de modo que 169
de momento 169
de muerte natural 171
de nacimiento 173
De nada. 173
de una vez 269
de una vez por todas 269
de veras 267
de verdad 267
de vez en cuando 269
debajo de llave 152

Indice Español

decidir 79
decir 79
decir a todo amén 15
decir adiós con la mano 7
decir bien 79
decir en buen romance 230
decir flores 114
decir lo que se viene a la boca 32
decir pestes de 201
decirle al oído 181
decirle cuántas son cinco 53
decirle cuatro verdades 267
la decisión 80
declararse en huelga 134
dedicar 81
dedicarse a 81
el dedillo 81
el dedo 81
Un dedo no hace mano, ni una golondrina verano. 81
defender 82
defenderse 82
la defensiva 82
dejar 82
dejar caer 82
dejar de 82
dejar dicho 88
dejar en la calle 42
dejar en las astas del toro 24
dejar en seco 235
dejar huella 135
dejar las cosas a medias 66
dejar plantado 205
dejar sin camisa 4
dejarle con la palabra en la boca 185
dejarle en paz 195
dejarse de historias 132
dejarse de rodeos 230
dejarse llevar de la corriente 65
¡Déjese de cuentos! 73
del día 87
Del dicho al hecho hay mucho trecho. 88
del fondo 115
Del mal, el menos. 154
Del plato a la boca se pierde la sopa. 205
del todo 256

delante 82
delante de las narices 174
la delantera 82
Déle el pie y se tomará la mano. 202
demás 82
la demasía 82
la demostración 83
la dentellada 83
dentro 83
dentro de poco 206
depender 83
depender de 83
depender de su santa voluntad 274
derecho 83
el derecho 83
la deriva 83
la desbandada 84
descampado 84
descosido 84
descubrir 84
descubrirse 84
el descuido 84
desde 84
desde ahora 9
desde antes 84
desde entonces 99
desde hace (hacía) 129
desde lejos 147
Desde luego. 150
desde niño 176
desde que el mundo es mundo 172
desde un (el) principio 211
¡Dése prisa! 212
desempeñar el cargo de 47
desempeñar el papel de 187
desentenderse 85
el deseo 85
la desesperación 85
desesperado 85
la desgracia 85
Desgraciado en el juego, afortunado en amores. 142
deshacer 85
deshacerse 85
deshacerse de 85
deshacerse en 85
deshacerse en lágrimas 85
la deshecha 85

Indice Español

la deshonra 86
el desierto 86
desnudar a un santo para vestir a otro 234
el despecho 86
despedir con cajas destempladas 41
despedir el espíritu 104
despedirse a la francesa 116
desprender 86
desprenderse de 86
después de todo 256
el destino 86
desvivirse 86
desvivirse por 86
la determinación 86
detrás 86
devanarse los sesos 240
devolverle la visita 272
el día 87
un día de estos 88
el día menos pensado 87
día por día 87
el día siguiente 241
el diamante 88
un diamante en bruto 88
diario 88
diciendo y haciendo 80
el dicho 88
Lo dicho, dicho. 80
dicho sea de paso 194
Dicho y hecho. 80
¡Dichosos los ojos! 182
el diente 88
diestro 88
la dieta 88
la diferencia 89
difícil 89
Digan, que de Dios dijeron. 89
Dime con quien andas y te diré quien eres. 218
el dinero 89
dinero contante y sonante 62
dinero efectivo 95
Dios 89
Dios los cría y ellos se juntan. 89
¡Dios me libre! 89
¡Dios mío! 89
la dirección 90

dirigir la palabra a 186
dirigir una mirada 166
el disgusto 90
disparar 90
disparar a boca de cañón (de jarro) 32
disparar sobre (contra) 90
dispararle 90
disponer 91
disponer de 91
disponerse a 91
la disposición 91
la disputa 91
la distancia 91
la distinción 91
la distracción 92
doblar la cabeza 39
doble 92
la docena 92
la docena del fraile 92
el dogal 92
doler 92
dolerle 92
el dolor 92
el don 92
¿Dónde va a parar? 188
dorar la píldora 204
dormir a fondo 115
dormir a pierna suelta 203
dormir como un lirón 149
dormir como un tronco 261
dormir la mona 170
dormir la siesta 241
dormir sobre los laureles 146
dos 93
los dos 93
dos a dos 79
la duda 93
dudar 93
el dueño 93

echar 93
echar(se) a 93
echar al correo 65
echar a la calle 42

Indice Español

echar a perder 93
echar a pique 204
echar a rodar 94
echar aceite (leña) al fuego 5
echar candado a la puerta 45
echar de menos 162
echar de ver 94
echar en cara 46
echar espumarajos por la boca 104
echar flores 114
echar indirectas 138
echar la aldaba 11
echar la bendición 29
echar la casa por la ventana 48
echar la cuenta 72
echar la culpa a 75
echar la llave 152
echar leña al fuego 147
echar los bofes 32
echar llamas 152
echar pestes contra 201
echar por el atajo 24
echar por tierra 255
echar raíces 220
echar sapos y culebras 235
echar tierra a 255
echar un párrafo 189
echar un saco roto 232
echar un trago 259
echar un vistazo 273
echar una cana al aire 45
echar una carta 48
echar una ojeada a 181
echar una partida de dados 191
echar una siesta 241
echarle la zancadilla 277
echarle mano a 156
echarle una mano 156
echarse a la bartola 28
echarse a la calle 94
echarse a la desesperación 85
echarse a la vida 270
echarse atrás 94
echarse en la cama 94
echarse encima 94
echarse hacia atrás 94
echárselas de 94
la edad 95

efectivo 95
el efecto 95
el ejemplo 95
El que a hierro mata a hierro muere. 131
el que más y el que menos 217
El que ríe al último ríe mejor. 224
el elefante 95
un elefante blanco 95
el elemento 96
el embargo 96
emborracharse a muerte 171
el embozo 96
el empellón 96
empeñar 96
empeñarse en 96
el empeño 96
empinar el codo 54
emplear 96
emprender 97
emprenderla 97
el empujón 97
empuñar el bastón 29
en absoluto 3
en adelante 6
en algún tiempo 253
en alguna parte 189
en alta mar 158
en aquel entonces 99
en aquel momento 170
en aquel tiempo 253
en balde 27
en blanco 31
En boca cerrada no entran moscas. 32
en brasas 33
en breve 34
en breve plazo 205
en broma 35
en cabello 38
en cabellos 38
en calidad de 41
en calzas prietas 42
en cambio 43
en caso contrario 49
en caso de 49
en común 57
en concepto de 57
en concreto 58

Indice Español

en (buenas) condiciones 58
en condiciones de 58
en confianza 59
en confidencia 59
en consecuencia 61
en cualquier caso 49
en cuanto 71
en cuanto a 71
en cuanto sea posible 209
en cuclillas 71
en cueros (vivos) 74
en demasía 83
en descampado 84
en (el) desierto 86
en efecto 95
en el acto 5
en el extranjero 108
en el fondo 115
en el momento actual 170
en el peor de los casos 50
en especial 104
en espera de 104
en estos últimos años 18
en extremo 109
en familia 111
en fila india 113
en fin 113
en fin de cuentas 113
en forma de 115
en frente de 116
en general 122
en globo 122
en gran escala 101
en gran parte 189
en grande 125
en guardia 126
en hora buena 133
en la actualidad 5
en la mañana 157
en la misma forma 115
en la tarde 250
en las barbas 27
en limpio 148
en lo alto de 13
en lo futuro 119
en lo más mínimo 166
en lo posible 209
en lo que se refiere a . . . 223

en lo que va de 140
en lo sucesivo 245
en los brazos de Morfeo 34
en los últimos tiempos 253
en lugar de 150
en mangas de camisa 155
en materia de 160
en medio de 161
en menos que canta un gallo 120
en mitad de 168
en nada 173
en ninguna parte 189
en nombre de 176
en obra de 179
en obras 179
en ocasiones 180
en otras palabras 186
en otro tiempo 253
en parte 190
en parte alguna 189
en particular 190
en persona 200
en pie 202
en pleno día 206
en pleno verano 206
en primer lugar 150
en primer término 252
en principio 211
en pro de 212
en punto 215
¿En qué quedamos? 217
en realidad 222
en representación de 226
en resumen 227
en resumidas cuentas 72
en rigor 229
en seguida 236
en sentido contrario 237
en serio 239
en silencio 242
en su vida 270
en suma 246
en tanto 248
en tanto que 248
en teoría 252
en tiempos de Maricastaña 253
En tierra de ciegos, el tuerto es rey. 225
en todas partes 190

Indice Español

En todas partes cuecen habas. 190
en todo caso 49
en todo tiempo 254
en total 259
en tropel 262
en último caso 50
en un abrir y cerrar de los ojos 182
en un avemaría 25
en un decir amén 15
en un decir Jesús 142
en un descuido 84
en un dos por tres 93
en un futuro próximo 119
en un principio 211
en un santiamén 234
en un tiempo 254
en una sola vida 271
en uno u otro caso 50
en vano 264
en verdad 267
en vez de 269
en vida 271
en vilo 272
en virtud de 272
en voz alta 275
en voz baja 275
encarar 97
encararse con 97
encargar 97
encargarse de 97
el encargo 97
encerrar con llave 152
encima 97
encima de todo 97
encogerse de hombros 132
la encorvada 97
el encuentro 98
ende 98
enfermo 98
enfrentar 98
enfrentarse con 98
enfrente 98
engaño 98
la enhorabuena 98
enseñar los colmillos 5
enseñar los dientes 88
el entendedor 98
entender 99

enterar 99
enterarse de 99
entero 99
entonces 99
entrar 99
entrar a empellones 96
entrar en (a) 99
entrar en disputas 91
entrar en el fondo del asunto 115
entrar en materia 160
entrar en vigor 271
entrar por el aro 21
entrar por un oído y salir por el otro 181
entre 100
entre bastidores 28
entre dos luces 151
entre paréntesis 188
entre semana 237
entre tanto 248
entre . . . y . . . 100
la envidia 100
la época 100
el equipaje 100
la equivocación 100
equivocar 100
equivocarse de 100
errar el tiro 255
Es como llevar hierro a Vizcaya. 131
es decir 80
es fácil 109
es más 159
(ello) es que 238
la escala 101
la escalera 101
escapar 101
escapar a 101
escapar de milagro 166
el escape 101
escaso 101
la escena 101
escondido 101
el escote 102
escribir a máquina 158
escrito 102
escupir 102
escurrir el bulto 37
el esfuerzo 102
eso 102

Indice Español

eso de 102
¡Eso es! 102
eso mismo 167
¡Eso ni pensarlo! 198
¡Eso sí que es! 102
¡Eso sí que no! 102
Eso va en gustos. 127
Eso ya es otra cosa. 67
la espada 103
la espalda 103
el espárrago 103
especial 104
la especie 104
la espera 104
esperar 104
la espina 104
el espinazo 104
el espíritu 104
el espumarajo 104
esta noche 176
Está tan claro como el agua. 8
el estado 105
estamos a . . . 105
¿Estamos aquí o en Jauja? 142
estar 105
estar a cargo de 47
estar a dieta 89
estar a disgusto 90
estar a gusto 127
estar al mando 155
estar a la altura de 14
estar a la disposición de 91
estar a la expectativa de 108
estar a la mira 166
estar a la vista 273
estar a las puertas de la muerte 214
estar a salvo 233
estar a su alcance 11
estar a sus anchas 15
estar agotado 7
estar ajeno a 9
estar al corriente (al tanto) de 66
estar al día 87
estar al habla 128
estar al tanto de 248
estar ansioso por (de) 17
estar bien 105
estar bien con 105

estar bien conservado 61
estar como el pez en el agua 201
estar como unas pascuas 192
estar con 105
estar con ánimo de 16
estar con el dogal a la garganta 92
estar concentrado en los pensamientos 57
estar conforme 60
estar de acuerdo 6
estar de balde 27
estar de buen talante 248
estar de buenas 36
estar de canto 46
estar (enfermo) de cuidado 74
estar de Dios 90
estar de espaldas 103
estar de fiesta 112
estar de hinojos 132
estar de luto 151
estar de más 159
estar de moda 168
estar de pie 202
estar de prisa 212
estar de regreso 224
estar de rodillas 230
estar de sobra 242
estar de sobremesa 242
estar de turno 262
estar de última hora 133
estar de vacaciones 263
estar de veinticinco alfileres 11
estar de viaje 270
estar de vuelta 275
estar de vuelta de todo 276
estar decidido a 79
estar dispuesto a 91
estar echando chispas 76
estar en ayunas (en ayuno) 25
estar en Babia 26
estar (bailando) en Belén 29
estar en buen uso 263
estar en berlina 30
estar en boga 32
estar en calma 41
estar en cama 43
estar en casa de . . . 48
estar en duda 93

Indice Español

estar en el caso de 50
estar (hallarse) en el pellejo de 198
estar en escena 101
estar en estado interesante 105
estar en la gloria (en sus glorias) 122
estar en la higuera 131
estar en la luna 150
estar en las nubes 177
estar en las últimas 262
estar en lo cierto 53
estar en lo firme 114
estar en los cabales 37
estar en los huesos 135
estar en paz 195
estar en pie 202
estar en plena actividad 5
estar en (fuera de) su acuerdo 6
estar en su centro 52
estar en su elemento 96
estar en su poder 207
estar en su punto 215
estar en todo 256
estar en un tris de 261
estar en vigor 271
estar en vísperas de 272
estar entrado en años 19
estar escaso de 101
estar escrito 102
estar frito 117
estar fuera de peligro 196
estar fuera de sí 118
estar fuera de su alcance 11
estar harto de 130
estar hasta la coronilla 65
estar hecho un almíbar 13
estar hecho un asco 22
estar hecho un basilisco 28
estar hecho un costal de huesos 68
estar hecho un tronco 261
estar hecho una lástima 146
estar hecho unas brasas 33
estar loco de atar 149
estar loco de contento 149
estar loco de remate 224
estar metido en años 19
estar mojado (calado) hasta los huesos 135
estar muerto de susto 247

estar muy metido en 165
estar muy pagado de sí mismo 185
estar muy sentido 237
estar obscuro 179
estar para (por) 105
estar pegado con alfileres 11
estar pendiente de 196
estar pendiente de sus labios 143
estar pendiento de un cabello 38
estar pendiente de un hilo 131
estar persuadido de 200
estar por demás 82
estar prendido con alfileres 11
estar próximo a 213
estar que arde 21
estar rendido 225
estar sin blanca 30
estar sobre (en) ascuas 22
estar sobre aviso 25
estarle bien empleado 96
estarse con los brazos cruzados 34
estarse en sus trece 260
el estilo 105
estimar en poco 207
estirar la pata 194
esto 106
esto de 106
el estómago 106
el estudio 107
estrecharle la mano 156
la estrella 106
estrenar 106
estrenarse 106
el estribo 107
la etiqueta 107
la evidencia 107
el examen 107
exceder 107
excederse a sí mismo 107
la excelencia 107
la excepción 108
exhalar el espíritu 104
exhalar el último suspiro 246
el éxito 108
la expectativa 108
las expensas 108
explicar 108
explicar clases 108

Indice Español

explicarse 108
extranjero 108
el extremo 108

fácil 109
la facilidad 109
facilitar 109
la falda 109
la falta 109
la falta 110
faltar 110
faltar a 110
faltar a clase 110
faltar ... para ... 110
faltar poco 110
faltarle al respeto 227
faltarle experiencia 110
faltarle un tornillo 258
la fama 111
la familia 111
fas 111
el favor 111
la fe 111
la fecha 111
¡Felices Pascuas! 192
la feria 112
fiar 112
fiarse de 112
la fiera 112
la fiesta 112
figurar 112
¡Figúrese! 112
fijar 112
fijar una mirada en 166
fijarse en 112
fijo 113
la fila 113
el fin 113
el final 114
firme 114
flagrante 114
la flor 114
la flor y nata 114
el flote 115
el fondo 115

forjarse (hacerse) ilusiones 137
la forma 115
formar parte de 190
forrarse el riñón 229
la fortuna 116
francés 116
la frecuencia 116
freír 116
el frente 116
la frente 117
frente a 116
frente a frente 116
fresco 117
frío 117
frisar 117
frisar en 117
frito 117
el fruto 117
¡Fue de ver! 267
el fuego 118
fuera 118
fuera de compás 56
fuera de propósito 213
fuera de serie 239
la fuerza 118
fumarse la clase 54
el furor 119
el futuro 119

el galgo 119
el galope 119
la gallina 120
el gallo 120
la gana 120
ganar terreno 252
ganar tiempo 254
ganarle la acción 5
ganarse la vida 271
ganarse la voluntad de 274
la garra 120
gastar bromas pesadas 35
gastar saliva en balde 232
el gasto 121
gatas 121
el gato 121

Indice Español

Los gatos tienen siete vidas. 271
general 122
el genio 122
Genio y figura hasta la sepultura. 122
la gente 122
la gente de bien 122
girar en torno a 258
el globo 122
la gloria 122
el golpe 122
el golpe de gracia 123
gordo 123
la gorra 123
la gota 123
gota a gota 123
gozar 123
gozar de 124
el gozo 124
El gozo en el pozo. 124
la gracia 124
gracias a 124
el grado 124
grande 125
el grano 125
el grito 125
el guante 125
guardar 126
guardar cama 43
guardar la derecha 83
guardar la línea 148
guardar reserva 226
guardar silencio 242
guardarle rencor 225
guardarse de 126
la guardia 126
la guerra 126
guerra de nervios 126
la guisa 126
gustar 126
gustarle 126
gustarle más 126
el gusto 126

haber 127

haber arroz y gallo muerto 22
haber de 127
haberle salido la barba 27
habérselas con 127
el hábito 128
El hábito no hace al monje. 128
el habla 128
hablar 128
hablar a borbotones 33
hablar a tontas y a locas 257
hablar en cristiano 70
hablar en romance 230
hablar en susurros 247
hablar entre dientes 88
hablar más que siete 241
hablar pestes de 201
hablar por hablar 128
hablar por las narices 174
hablar por los codos 55
hablar solo 128
hablarle de 260
¡Habráse visto! 267
Hace buen (mal) tiempo. 254
Hace calor. 42
Hace luna. 151
hace poco 129
hacer 129
hacer acto de presencia 5
hacer ademán de 6
hacer alarde de 10
hacer alto 13
hacer añicos 18
hacer ascos a 22
hacer buenas migas 165
hacer burla burlando 37
hacer caso omiso 50
hacer castillos en el aire 50
hacer causa común 51
hacer cola 55
hacer de 129
hacer de la necesidad virtud 175
hacer de las suyas 247
hacer de tripas corazón 261
hacer dinero 89
hacer el amor 15
hacer el equipaje 100
hacer el favor de 111
hacer el papel de 187

Indice Español

hacer el ridículo 228
hacer el tonto 258
hacer época 100
hacer escala 101
hacer falta 110
hacer frente a 117
hacer frío 117
hacer fuego 118
hacer furor 119
hacer (la) guerra 126
hacer hincapié en 132
hacer juego 142
hacer la cama 43
hacer la caridad de 47
hacer la deshecha 86
hacer la encorvada 97
hacer la maleta 154
hacer la vista gorda 273
hacer las amistades 15
hacer las paces 195
hacer las veces de 269
hacer lo(s) imposible(s) 138
hacer mal efecto 95
hacer mención de 162
hacer méritos 164
hacer objeciones a 178
hacer obscuro 179
hacer buen (mal) papel 187
hacer pedazos 196
hacer pinos 204
hacer polvo 208
hacer presente 210
hacer quedar en ridículo 217
hacer resaltar 129
hacer servicio a domicilio 239
hacer su agosto 7
hacer sus pinitos 204
hacer tiempo 254
hacer trampas 259
hacer trizas 261
hacer un paréntesis 188
hacer un reproche 226
hacer un torneo 258
hacer un viaje 270
hacer una broma 35
hacer una confidencia 59
hacer una demostración 83
hacer una pregunta 209

hacer una que sea sonada 244
hacer una sonrisa 244
hacer una vida 271
hacerla buena 36
hacerle a uno un flaco servicio 239
hacerle coro 64
hacerle cosquillas 67
hacerle chiste (gracia) 76
hacerle daño 77
hacerle el caldo gordo 41
hacerle la barba 27
hacerle la zancadilla 277
hacerle mal 154
hacerle señas 238
hacerle un regalo 223
hacerle una visita 272
hacerlo picadillo 202
hacerse 129
hacerse a 129
hacerse a la mar 158
hacerse agua en la boca 8
hacerse amigo de 15
hacerse con (de) 129
hacerse cruces 70
hacerse cuenta 72
hacerse daño 77
hacerse de noche 176
hacerse de rogar 129
hacerse el desentendido 85
hacerse el muerto 172
hacerse el santo 234
hacerse el sordo 244
hacerse el sueco 245
hacerse el tonto 258
hacerse un lío 149
hacerse uno bolas 32
hacérsele agua la boca 8
hacérsele tarde 250
hacia abajo 3
hacia adelante 6
hacia arriba 22
hacia atrás 24
hallar la horma del zapato 134
el hambre 129
la harina 130
harto 130
hasta 130
hasta ahora 130

Indice Español

hasta cierto punto 215
hasta el punto 215
hasta entonces 130
hasta la fecha 111
Hasta la vista. 273
Hasta luego. 150
Hasta mañana. 157
hasta más no poder 207
hay 128
Hay luna. 151
Hay moros en la costa. 171
hay que 128
Hay que tomar (coger) la ocasión por los cabellos. 180
Haz bien y no mires a quién. 128
he 130
he aquí 130
hecho 130
el hecho 130
hecho a mano 156
hecho un vinagre 272
hecho una sopa 244
hecho y derecho 130
el hielo 130
el hierro 131
el higo 131
la higuera 131
el hijo 131
el hilo 131
el hincapié 132
hincarse de rodillas 230
el hinojo 132
la historia 132
el hito 132
¡Hombre! 132
el hombre 132
¡Hombre al agua! 132
un hombre de (con) pelo en pecho 197
Hombre prevenido vale por dos. 132
el hombro 132
la honrilla 132
la hora 133
(la) hora de comer 134
horas libres 133
la horma 134
hoy 134
hoy (en día) 134
hoy mismo 134

la huelga 134
la huella 135
el hueso 135
el huevo 136
huirle la mirada 167
el humo 136
el humor 136
hurtadillas 136
Huyendo del perejil, dio en el berenjenal. 199

la ida 136
¡La ida del humo! 136
la idea 137
igual 137
Igual da. 137
igual que 137
la ijada 137
la ilusión 137
imponer 137
imponerle una multa 172
imponerse a 137
la importancia 137
importar 137
importarle a uno 138
imposible 138
improviso 138
el inconveniente 138
incorporar 138
incorporarse 138
incorporarse a filas 113
la indirecta 138
ingeniar 138
ingeniárselas para 138
el ingenio 139
inmediato 139
instalar 139
instalarse en 139
la instancia 139
el instante 139
la inteligencia 139
la intención 139
el intento 140
el interés 140

Indice Español

interesar 140
interesarse por 140
la inversa 140
ir 140
ir a cuentas 72
ir a eso 102
ir a la deriva 83
ir a medias 161
ir a pie 202
ir a rastras 220
ir a tientas 254
ir agua(s) arriba (abajo) 8
ir al asunto 24
ir al caso 50
ir al extranjero 108
ir al grano 125
ir de compras 57
ir de cuento 73
ir de juerga 142
ir de pesca 201
ir del brazo 34
ir entrando en calor 42
ir por 140
ir por cuenta de la casa 72
ir por lana y volver esquilado (trasquilado) 145
ir sobre ruedas 231
ir tirando 141
irle a uno bien (mal) 140
irse a la francesa 116
irse a pique 204
irse en humo 136
írsele el santo al cielo 234
írsele la mano 156
izquierda 141

el jabón 141
la jarra 141
Jauja 142
Jesús 142
la jota 142
el juego 142
la juerga 142
el jueves 142
jugar 143

jugar a las muñecas 173
jugar con dos barajas 27
jugar con fuego 118
jugar el todo por el todo 256
jugar limpio 143
jugarle una mala pasada 191
jugarse la vida 271
junto 143
junto a 143
juzgar 143

¡La del humo! 136
el labio 143
la ladilla 143
el lado 143
lado flaco 144
la lágrima 144
lágrimas de cocodrilo 145
la lana 145
lanzer gritos 125
lanzarse a la vida 270
largo 145
¡Largo (de aquí)! 146
largos años 19
la lástima 146
la lata 146
el laurel 146
el lazo 146
la leche 146
leer entre líneas 148
leer ente renglones 225
lejos 146
la lengua 147
la lengua materna 147
la leña 147
la letra 147
levantar cabeza 39
levantar la mesa 164
levantar la vista 273
levantarse del lado izquierdo 144
levantarse de la mesa 164
liar los bártulos 128
liarse a mamporros 154
ligero 148
ligero de palabra 186

Indice Español

limitar 148
limitar con 148
el límite 148
limpio 148
lindo 148
la línea 148
el lío 149
el lirón 149
liso 149
la lista 149
lo de menos 162
el lobo 149
loco 149
el lomo 149
la lucha 150
una lucha a muerte 150
luchar cuerpo a cuerpo 74
luego 150
luego luego 150
el lugar 150
el lujo 150
el lumbre 150
la luna 150
la luna de miel 151
el luto 151
la luz 151

la llama 152
llamar 152
llamar a filas 113
llamar a la puerta 214
llamar al pan pan y al vino vino 187
llamar la atención 24
llamar la atención sobre 24
llamar por teléfono 250
llamarle a voces 275
llamarse 152
llamarse a engaño 98
la llave 152
llegar a oídos de 181
llegar a ser 152
llegar a su punto cumbre 216
llegar a tiempo 251
llegar a un acuerdo 6
llegar a una inteligencia 139

llegar al extremo de 109
llegar con . . . de retraso 228
llegar tarde 152
llevarle la hora 134
lleno 152
llevar 152
llevar + gerund 152
llevar a cabo 40
llevar a la trampa 259
llevar adelante 153
llevar amistad con 15
llevar aparte 153
llevar bien las cuentas 72
llevar el compás 56
llevar el corazón el la mano 64
llevar en andas 16
llevar encima 153
llevar la batuta 29
llevar la derecha (izquierda) 153
llevar leña al monte 147
llevar los calzones 42
llevar mal fin 113
llevar puesto 153
llevar su merecido 163
llevar una velocidad de 265
llevar una ventaja 266
llevar una vida . . . 271
llevarle a 153
llevarle la corriente 66
llevarlo a mal 154
llevarse a rastras (a la rastra) 220
llevarse bien 153
llevarse chasco 76
llorar a lágrima viva 145
llorar de risa 229
llover a cántaros 45

machacar en hierro frío 131
la madera 153
la madrugada 153
madrugar 154
mal 154
el mal 154
mal de su grado 124

Indice Español

mal que bien 154
mal que le pese 154
¡Mala pieza! 203
(las) malas lenguas 147
la maleta 154
mamar en (con) la leche 146
el mamporro 154
mandar a freír espárragos 103
mandar a paseo 192
el mando 155
la manera 155
la manga 155
manifiesto 155
la mano 155
¡Manos a la obra! 157
mantener al corriente 66
mantenerse a flote 115
mantenerse a prudente distancia 91
la maña 157
mañana 157
la mañana 157
mañana mismo 157
la máquina 158
el (la) mar 158
la mar de 158
la maravilla 158
marcar la hora 134
la marcha 158
la margarita 159
más 159
los más 159
más adelante 6
más allá 14
el más allá 14
lo más alto 13
más bien 159
más de 159
más de cuatro 71
más de la cuenta 72
las más de las veces 269
lo más fácil 109
Más moscas se cazan con miel que con vinagre. 171
lo más vale 263
Más vale algo que nada. 11
Más vale pájaro en mano que ciento volando. 185
Más vale tarde que nunca. 263

más valiera 263
Más ven cuatro ojos que dos. 182
matar a bala 26
matar a palos 186
matar a pistoletazos 204
matar a puñaladas 216
matar a tiros 255
Matar dos pájaros de un tiro (una pedrada). 185
matar el tiempo 254
Matar la gallina de los huevos de oro. 120
la materia 160
mayor 160
la mayor parte de 190
la mayoría de las veces 269
mediado 160
la medianoche 160
el médico 160
médico de cabecera 160
la medida 160
medio 161
medio mundo 172
el mediodía 161
mejor 161
mejor dicho 80
Mejor que mejor. 161
mejorando lo presente 210
la memoria 162
la mención 162
menor 162
menos 162
menos de 79
menos mal 154
la mente 163
mentir 163
la mentira 163
menudo 163
merced 163
merced a 163
merecer la pena 198
merecido 163
el mérito 164
la mesa 164
el metal 164
meter 164
meter aguja y sacar reja 8
meter baza 29

Indice Español

meter el bastón 29
meter en cintura 53
meter la cuchara 71
meter la pata 194
meter ruido 231
meter las narices en todo 174
meterle miedo 165
meterse con 164
meterse de (a) 164
meterse donde no le llaman 164
meterse en buen berenjenal 30
meterse en camisa de once varas 44
meterse en gastos 121
meterse en lo ajeno 164
meterse en lo que no le importa 164
metérsele en la cabeza 39
metérselo con cuchara (de palo) 71
metido 165
el miedo 165
las mientes 165
¡Miento! 163
la miga 165
el milagro 166
mínimo 166
el minuto 166
mío 166
la mira 166
¡Mira quien habla! 218
la mirada 166
mirar 167
mirar con buenos ojos 182
mirar de hito en hito 132
mirar de reojo 225
mirar de soslayo 245
mirar por 167
mirar por el número uno 178
mirarse a la cara 46
la misa 167
la misa del gallo 167
mismo 167
. . . mismo 167
Lo mismo da. 78
lo mismo que 168
lo mismo . . . que . . . 168
la mitad 168
la moda 168
el modo 169
molestar 169

molestarse en 169
el momento 169
la mona 170
la moneda 170
montar a caballo 38
montar en pelo 196
el monte 170
el montón 170
morder en un confite 59
morderse la lengua 147
morderse los labios 143
morir 170
morir como chinches 76
morirse de hambre 129
morirse de risa 229
morirse por 170
el moro 171
la mosca 171
mostrar los dientes 88
mostrarse a la altura de las circunstancias 14
el motivo 171
mover cielo y tierra 53
la moza 171
muchas veces 269
mucho 171
mucho tiempo 254
muchos recuerdos 223
la muerte 171
muerto 172
El muerto al pozo y el vivo al gozo. 172
la muestra 172
la mujer 172
la multa 172
el mundo 172
la muñeca 173
la musaraña 173
muy de noche 176
muy entrada la mañana (noche) 99

el nacimiento 173
nada 173
nada de particular 190
nada más 173, 174

305

Indice Español

nadar entre dos aguas 8
la nariz 174
la nave 174
la necesidad 175
La necesidad carece de ley. 175
negar 175
negarse a 175
negarse a sí mismo 175
el nervio 175
ni 175
ni con mucho 171
ni en sueños 245
ni . . . ni . . . 175
ni para remedio 225
ni que 175
ni que decir tiene 80
ni siquiera 175
ni soñar 244
ni una sola vez 269
la niña 175
la niña de sus ojos 175
el niño 176
no 176
no bien 176
No cabe duda. 93
no caber de contento 38
no caber en sí de gozo 124
no casarse con nadie 49
No corre prisa. 212
no crea 69
no chistar 76
no dar el brazo a torcer 34
no dar golpe 123
no darse por entendido 78
no decir de 80
no decir ni pío 204
no dejar piedra por mover 203
no dejar piedra sobre piedra 203
no despegar los labios 143
no dolerle prendas 210
no dudar 93
no echarle la vista encima 273
no entender ni papa 187
no entrar en la cuenta 73
No es oro todo lo que reluce (brilla). 184
No es para tanto. 248
no estar de más 159

no estar para fiestas 112
¡No faltaba más! 110
no faltar quien 110
no haber inventado la pólvora 208
no hablarse 128
no hacer caso a 50
No hay mal que cien años dure. 154
No hay mal que por bien no venga. 154
no hay más remedio que 225
No hay peor sordo que el que no quiere oír. 245
¡No hay pero que valga! 199
No hay que darle vueltas. 276
No hay que echar margaritas a los puercos. 159
No hay que mentar la soga en la casa del ahorcado. 242
No hay (más) remedio. 225
No hay tal cosa. 67
no importar un bledo 31
no ir en zaga 276
no le va ni viene nada 141
no . . . más que 159
no me suena 244
no . . . (para) nada 174
no necesitar abuela 4
no obstante 179
no omitir esfuerzos 102
no pegar (los) ojo(s) 182
no poder con 207
no poder más 207
no poder menos de 207
no poder verlo 207
no poder verlo ni en pintura 204
no saber a qué carta quedarse 48
no saber de la misa la media 167
no saber dónde meterse 165
no saber ni jota de 142
No se ganó Zamora en una hora. 277
no se ponga así 205
no sé qué 231
un no sé qué 231
no ser cosa de juego 142
no ser cosa del otro jueves 142
no ser santo de su devoción 235
no sirve 240
no sólo 243
no tener arreglo 21

Indice Español

no tener arte ni parte 22
no tener blanca 30
no tener corazón para 64
no tener cuidado 75
no tener donde caerse muerto 172
no tener nada de particular 251
no tener nombre 177
no tener pelo de tonto 197
no tener pelos en la lengua 197
no tener pies ni cabeza 203
no tener precio 209
no tener (más) remedio 225
no tener sangre en las venas 234
no tener un cuarto 71
No todo el monte es orégano. 170
no valer un comino 56
no ver gota 123
no ver la hora 134
no ver más allá de sus narices 174
no ver ningún inconveniente 138
la noche 176
el nombre 176
la nota 177
las noticias 177
la novedad 177
la nube 177
el nudo 177
nuevo 177
el número 178
nunca volver a pisar en casa 48

o 178
o bien 30
o . . . o . . . 178
o sea 238
obedecer 178
obedecer a 178
la objeción 178
el objeto 178
la obra 178
obrar con conocimiento de causa 60
obrar con segunda intención 139
obrar en poder de 208
Obras son amores, que no buenas razones. 179

obscuro 179
obsequiar 179
obsequiar con 179
obstante 179
la ocasión 179
la ociosidad 180
La ociosidad es la madre de todos los vicios. 180
la octava maravilla 158
ocupar 180
ocuparse de 180
la ocurrencia 180
ocurrir 180
ocurrírsele 180
el oído 180
los oídos 180
oír 181
oír decir 181
oír hablar de 181
oír misa 167
la ojeada 181
el ojo 181
¡Ojo con lo que dice! 182
el ojo derecho 182
Ojos que no ven, corazón que no siente. 182
oler 182
oler a 182
oler a gloria 122
operar 182
operarle 182
operarle de 182
la opinión 183
oponer 183
oponer resistencia 226
oponerse a 183
optar 183
optar por 183
ora 183
ora . . . ora . . . 183
el orden 183
la orden 183
ordinario 183
la oreja 183
el oro 184
otra cosa 67
otra vez 269
otras veces 269

Indice Español

otro 184
el otro 184
¡Otro que bien baila! 184
¡Otro que tal! 184
otro tanto 248
otros tantos 184
la oveja 184
la oveja negra de la familia 184

la paciencia 184
Paciencia y barajar. 184
el padre 184
pagar 185
pagar a escote 102
pagar al contado 62
pagar el pato 194
pagar en especie 104
pagar la casa 48
pagarle en la misma moneda 170
pagársela 185
el pájaro 185
la palabra 815
la palmada 186
el palmo 186
palmo a palmo 186
el palo 186
el pan 187
la papa 187
el papel 187
par 187
para 188
para algo 11
para entonces 99
para esa época 100
Para muestras, basta un botón. 172
para otra vez 269
para qué 188
¿Para qué echar la soga tras el caldero? 243
Para servirle (a usted). 240
para sí 188
para siempre 241
para variar 264
parar 188

parar mientes en 165
parecer 188
parecer mentira 163
parecerse a 188
la pared 188
Las paredes oyen. 188
el paréntesis 188
el párrafo 189
párrafo aparte 189
el parte 189
la parte 189
particular 190
la partida 191
el partido 191
partir 191
partir la diferencia 89
partirle el corazón 64
partirse el espinazo 104
partírsele los huesos de frío 135
la pasada 191
pasar 191
pasar al otro barrio 28
pasar apuros 20
pasar (un) buen rato 221
pasar de castaño oscuro 50
pasar de largo 146
pasar de un extremo a otro 109
pasar el rato 221
pasar el tiempo 254
pasar hambre 129
pasar la aldaba 11
pasar la noche en vela 265
pasar las de Caín 41
pasar lista 149
pasar por alto 191
pasar por las armas 21
pasar revista a 228
pasar(se) sin 191
pasarlo 191
pasarlo bien 191
pasarse de la raya 221
pasarse de moda 168
pasarse volando el tiempo 192
pasársela 192
pasársele a uno la mano 157
pasársele con el tiempo 192
la pascua 192
pasear a caballo 38

Indice Español

el paseo 192
el paso 192
paso por paso 194
la pasta 194
la pata 194
el pato 194
el patrón 195
el pavo 195
la paz 195
la pe 195
el pecho 195
el pedazo 196
pedir peras al olmo 199
pedir prestado 210
pedirle cuentas 73
Pedro 196
pegar 196
pegar fuego a 118
pegar un tiro 255
pegarse al riñón 229
pegársela a 196
pegársele como una ladilla 143
una pelea de padre y muy señor mío 184
el peligro 196
el pelo 196
el pellejo 197
la pena 198
pendiente 198
pensar 198
pensar en las musarañas 198
pensar para sus adentros 7
peor 198
Peor es nada. 174
¡Peor que peor! 198
la pequeñez 199
la pera 199
perder cuidado 75
perder de vista 273
perder el conocimiento 60
perder el contacto con 62
perder el habla 128
perder el hilo (de la conversación) 131
perder el sentido 237
perder el seso 240
perder la cuenta 73
perder los estribos 107
perder terreno 252
perder (el) tiempo 254

el perejil 199
la perfección 199
la perilla 199
la perla 199
el permiso 199
pero 199
el perro 200
El perro del hortelano, que ni come la berza ni la deja comer. 200
Perro que ladra no muerde. 200
la persona 200
persuadir 200
pesar 200
el pesar 200
pesar las palabras 186
la pesca 200
pescar de sorpresa 245
pescar en flagrante 114
pescar en (una) mentira 163
pese a 200
pese a quien pese 200
el peso 201
la pestaña 201
pestañear 201
la peste 201
la petición 201
el pez 201
un pez gordo 202
el picadillo 202
picar 202
picar muy alto 202
el pico 202
el pie 202
la piedra 203
la pierna 203
la pieza 203
la píldora 203
pillar en flagrante 114
pino 204
un pintor de brocha gorda 35
la pintura 204
el pío 204
pique 204
el piso 204
el piso bajo 204
el pistoletazo 204
plan de estudios 107
plano 204

Indice Español

la planta 205
plantar en la calle 42
el plato 205
el plazo 205
el pleito 206
pleno 206
pobre 206
¡Pobre de mí! 206
poco 206
poco a poco 206
poco antes (después) 206
un poco de 207
poco (tiempo) ha 128
poco más o menos 206
poco tiempo 254
poder 207
el poder 207
poder más que 208
Poderoso caballero es Don Dinero. 37
el polvo 208
la pólvora 208
poner 208
poner a fuego y sangre 118
poner a prueba 213
poner a salvo 233
poner a un lado (de lado) 144
poner al corriente 66
poner al día 87
poner atención 24
poner cara de circunstancias 46
poner casa 48
poner como un trapo 259
poner cuidado 75
poner de manifiesto 155
poner de moda 168
poner de relieve 224
poner el dedo en la llaga 81
poner el grito en el cielo 125
poner en duda 93
poner en escena 101
poner en la calle 42
poner en (sobre, por) las nubes 177
poner en marcha 158
poner en ridículo 228
poner en vigor 271
poner fin a 113
poner la(s) mano(s) encima 157
poner al mesa 164

poner la mira en 166
poner las cartas sobre la mesa 48
poner las cosas en su punto 67
poner mala cara 46
poner peros 200
poner pleito 206
poner por caso 50
poner por obra 179
poner sobre (por) las estrellas 106
poner término a 252
poner un huevo 136
poner un telegrama 250
ponerle a pan y agua 187
ponerle de patitas en la calle 194
ponerle el cascabel al gato 121
ponerle en evidencia 107
ponerle en un compromiso 57
ponerle la zancadilla 277
ponerle unas (cuatro) líneas 148
ponerle verde 268
ponerse 208
ponerse a 208
ponerse a flote 115
ponerse a la obra 179
ponerse a la venta 266
ponerse a régimen 223
ponerse al frente 117
ponerse al habla con 128
ponerse colorado 56
ponerse de acuerdo 6
ponerse de moda 168
ponerse de rodillas 230
ponerse el sol 243
ponerse en camino 44
ponerse en contacto con 62
ponerse en (de) jarras 141
ponerse en marcha 158
ponerse en pie 203
ponerse en (la) razón 222
ponerse las botas 33
ponérsele a uno la carne de gallina 47
ponérsele los cabellos de punta 38
ponérsele los pelos de punta 197
por 208
por (más) 208
por acá 4
por ahí 8
por ahora 9

Indice Español

por algo 11
por allá 14
por añadidura 18
por aquel entonces 99
por aquel tiempo 253
por aquí 20
por barba 28
por breves segundos 236
por casualidad 51
por cierto 53
por completo 56
por consecuencia 61
por consideración a 61
por consiguiente 61
por cualquier cosa 67
por cuenta y riesgo 73
por culpa de 75
por cumplir 76
por de pronto 212
por decirlo así 80
por delante 82
por demás 82
por dentro y por fuera 83
por descuido 84
por desgracia 85
por despecho 86
por detrás 87
por día 87
¡Por Dios! 90
por disposición de 91
por distracción 92
por ejemplo 95
por el momento 169
por encargo 97
por ende 98
por entero 99
por entre 100
por equivocación 100
por esa (la) época 100
por escrito 102
por eso 103
por esos días 87
por esto 106
por excelencia 107
por fas o por nefas 111
por favor 111
por fin 114
por fortuna 116

por fuera 118
por igual 137
por la mañana 157
por la mitad 168
por la negra honrilla 132
por la tarde 250
por las buenas 36
por las buenas o por las malas 36
por las nubes 177
por lo bajo 26
por lo común 57
por lo demás 82
por lo general 122
por lo menos 162
por lo mismo 168
por lo (el) pronto 212
por lo que a mí me toca 256
por lo que respecta (toca) a 227
por lo tanto 248
por lo visto 273
por los años de 19
por los cuatro costados 68
por los pelos 197
por los siglos de los siglos 241
por más señas 238
por milagro 166
por motivo de 171
por necesidad 175
por otra parte 190
por pequeñeces 199
por poco 207
por poder 207
por propia voluntad 274
por regla general 224
por remate 225
por resultas de 227
por si acaso 5
por si las moscas 171
por su cuenta 73
por su parte 190
por supuesto 246
por término medio 252
por todas partes 190
por todos lados 144
por último 262
por un lado; por otro 144
porque sí 240
pos 209

Indice Español

la posesión 209
posible 209
postre 209
preciar 209
preciarse de 209
precio 209
la pregunta 209
preguntar 209
preguntar por 209
el premio 210
la prenda 210
la prensa 210
preocupar 210
preocuparse de 210
preparar los bártulos 28
presencia de ánimo 17
presentar un examen 107
presente 210
prestar 210
prestar atención 24
prestarse al juego 142
presumir 210
presumir de 211
el pretexto 211
prevenir 211
prevenirse contra 211
primero 211
el principio 211
la prisa 211
el pro 212
probar fortuna 116
probarle la paciencia 184
pronto 212
la propina 212
el propósito 212
el provecho 213
próximo 213
la prueba 213
puede que 208
Puede que no. 208
Puede que sí. 208
la puerta 213
pues 214
pues bien 214
la pulga 214
el pulso 214
la punta 214
el punto 215

punto de vista 216
punto menos que 216
el puñado 216
la puñalada 216
el puño 216

que 217
qué 216
Lo que abunda no daña. 4
Que aproveche 20
¡Qué asco de vida! 22
que digamos 80
el qué dirán 80
lo que es . . . 238
¿Qué hay? 128
¿Qué hay de nuevo? 178
¡Qué hombre! 217
qué le parece 188
¿Qué le pasa? 192
¿Qué más da? 78
¿Qué quiere? 217
¿Qué sé yo? 231
¿Qué tal? 247
¿Qué tiene? 251
¿Qué tripa se le habrá roto a ése? 261
¡Qué va! 141
. . . que viene 266
que yo sepa 231
quedar 217
quedar bien con 217
quedar ciego 217
quedar en 217
quedar en la calle 43
quedar en nada 217
quedar en paz 195
quedar mal con 217
quedarle 217
quedarle grande (estrecho) 217
quedarse con 218
quedarse con el día y la noche 87
quedarse con la boca abierta 32
quedarse de una pieza 203
quedarse en ayunas 25
quedarse en casa 48
quedarse en el tintero 255

Indice Español

quedarse en pie 203
quedarse tan fresco 117
quemar el último cartucho 48
quemar las naves 174
quemarropa 218
quemarse las cejas 51
quemarse las pestañas 201
querer 218
querer de todo corazón 64
querer decir 218
el quicio 218
quien 218
quién 218
Quien ama el peligro en él perece. 196
Quien calla, otorga. 42
¡Quién había de creerlo! 69
¿Quién le ha dado a usted vela en este entierro? 265
Quintín 218
quitar 219
quitar la mesa 164
quitarle el tiempo 254
quitarse años 19
quitarse el embozo 96
quitárselo de la mente 163

la rabia 219
el rabillo 219
el rabo 219
la raíz 220
la rama 220
el rape 220
raras veces 269
rascarse el bolsillo 33
el rasgo 220
raso 220
la rastra 220
la rata 220
el rato 221
el ratón 221
un ratón de biblioteca 221
la raya 221
la razón 221
la realidad 222

realizar un viaje 270
rebajar 222
rebajarse a 222
rebajarse ante 222
rebasar los límites de la paciencia 148
rebozar 222
rebozar de 222
recaer 222
recaer sobre 222
recapacitar 223
recapacitar sobre 223
el recibo 223
recitar a coro 64
el recuerdo 223
reducir a cama 43
referir 223
refrescarle la memoria 162
el regalo 223
regañadientes 223
el régimen 223
la regla 223
el regreso 224
reír 224
reírse de 224
la relación 224
el relieve 224
el remate 224
el remedio 225
el rencor 225
rendido 225
rendir cuentas a 72
el renglón 225
reojo 225
reparar 225
reparar en 225
el repente 226
repetidas veces 270
la representación 226
representar su papel de 187
reprochar 226
reprocharle 226
el reproche 226
la reserva 226
la resistencia 226
resistir 226
resistirse a 227
respectar 227
el respecto 227

Indice Español

respecto a 227
el respeto 227
restar 227
restarle 227
restarle el tiempo 227
la resulta 227
el resumen 227
el retraso 228
reunir 228
reunirse con 228
reventar de ganas de 120
reverso 228
el reverso de la medalla 228
el revés 228
la revista 228
revolverle el estómago 106
rezar a coros 64
ridículo 228
la rienda 228
el rigor 229
el riñón 229
el río 229
la risa 229
el rodeo 229
la rodilla 230
rojo 230
romance 230
romper 230
romper a dentelladas 230
romper a reír (llorar) 230
romper con 230
romper el hielo 130
romper las amistades 15
romperle el bautismo 29
romperle la crisma 69
romperse la cabeza 39
romperse los cascos 49
rondar 230
la rueda 231
el ruido 231
el rumor 231

sabe Dios 90
saber 231

saber a 231
saber a gloria 122
saber a la madera 153
saber al dedillo 81
saber bailar al son que le tocan 243
saber como el avemaría 25
saber de qué pie cojea 203
saber de sobra 242
sabiendas 232
sacar 232
sacar a pública subasta 245
sacar a luz 151
sacar a relucir 232
sacar de las casillas 49
sacar de las garras de 121
sacar del apuro 20
sacar el ascua con la mano del gato 22
sacar el pecho 195
sacar el premio gordo 240
sacar en claro 54
sacar en limpio 232
sacar fuerzas de flaqueza 119
sacar la lengua 147
sacar las entradas 232
sacar provecho de 213
sacar punta a 215
sacar ventaja de 266
sacarle de quicio 218
sacarle el buche 35
sacarle las castañas del fuego 50
sacarle partido a 191
el saco 232
Sale como alma que lleva el diablo. 12
salir 232
salir a escape 101
salir a la busca de 37
salir adelante 232
salir bien 232
salir bien en un examen 232
salir como (una) bala 27
salir(se) con la suya 247
salir de compras 57
Salir de (las) llamas y caer en (las) brasas. 152
salir de viaje 270
salir del paso 194
salir el tiro por la culata 255
salir en busca de 37

314

Indice Español

salir en pos de 209
salir muy caro 232
salirle al encuentro 98
salirle de la memoria 162
salirse con la suya 232
la saliva 232
Saltar a la vista. 273
saltar de gozo 124
saltarse la tapa de los sesos 249
saltársele las lágrimas 145
salto 233
la salud 233
salvar 233
salvarse el pellejo 198
¡Sálvese el que pueda! 233
salvo 233
la sangre 234
sano 234
sano y salvo 234
Santas pascuas. 192
el santiamén 234
santo 234
el sapo 235
satisfacer 235
la sazón 235
Se armó la gorda. 123
se conoce 60
¿Se puede? 208
Se va a armar la de Dios es Cristo. 90
se ve 267
sea lo que sea 238
seco 235
la sed 236
la seguida 236
seguidos 236
seguir 236
seguir las huellas de 135
según 236
Según y conforme. 236
el segundo 236
la seguridad 236
seguro 236
la semana 237
sembrar en arena 21
sentar 237
sentarle bien 237
sentido 237
el sentido 237

sentido común 237
sentir 238
sentir un nudo en la garganta 177
la seña 238
la señal 238
señalarle con el dedo 81
ser 238
ser aficionado a 7
ser amable con 57
ser bien mirado 167
ser blando de corazón 64
ser buena moza 171
ser cierto 53
ser cosa del otro mundo 67
ser cosa suya 67
ser coser y cantar 67
ser criado entre algodones 12
ser cuestión de 74
ser de 238
ser de actualidad 5
ser de buena pasta 194
ser de cal y canto 41
ser de esperar 104
ser de la pasta de su . . . 194
ser de la propia cosecha 67
ser de lamentar 238
ser de llorar 239
ser de quita y pon 219
ser de su agrado 7
ser del montón 170
ser difícil que 89
ser dueño de sí mismo 93
ser el colmo 55
ser escupido su 102
ser fama 111
ser harina de otro costal 130
ser hora de 134
ser igual 137
ser Jauja 142
ser (una) lástima 146
ser liso y llano 149
ser lo mismo 168
ser lo primero 211
ser mal hablado 129
ser mal pensado 198
ser mano de santo 157
ser más pobre que una rata 220
ser más sordo que una tapia 249

Indice Español

ser mayor de edad 95
ser mejor para callado 42
ser menor de edad 95
ser muy de adentro 7
ser muy de casa 48
ser muy mujer 172
ser otro cantar 45
ser para chuparse los dedos 81
ser para reírse 224
ser superior a sus fuerzas 119
ser tal como suena 244
ser tal para cual 247
ser todo oídos 181
ser tortas y pan pintado 258
ser un cero a la izquierda 52
ser un cualquiera 70
ser un decir 80
ser un hueso duro de roer 135
ser un pico de oro 202
ser una fiera para 112
ser una perla 199
ser una puñalada por la espalda 216
ser uno de tantos 262
ser uña y carne 263
serle a uno indiferente 239
el sereno 239
la serie 239
serio 239
el servicio 239
el servidor 240
¡Servidor de usted! 240
servir 240
servir de ejemplo 95
servir (a) la mesa 164
servirle de 240
servirse de 240
el seso 240
si 241
sí 240
un sí es no es 239
si los hay 128
si no fuera por 239
Si te vi, no me acuerdo. 267
siempre 241
siempre que 241
la siesta 241
siete 241
el siglo 241

siguiente 241
el silencio 242
sin 242
sin aliento 12
sin consuelo 61
sin cruzar la palabra 186
sin cuento 73
sin cuidado 75
sin chistar ni mistar 76
sin decir esta boca es mía 32
sin duda 93
sin ejemplo 95
sin embargo 96
sin explicar 242
sin falta 110
sin faltar una coma 56
un sin fin de 114
sin fondo 115
sin fruto 118
sin hacer ruido 231
sin igual 137
sin ir más lejos 141
sin más ni más 160
sin más vueltas 276
sin medidas 161
sin novedad 177
sin número 178
sin pestañear 201
sin querer 218
sin reserva 226
sin ton ni son 257
sin tregua 260
siquiera 242
sírvase 240
la sobra 242
Sobra tiempo. 242
sobrar 242
Sobre gustos no hay nada escrito. 127
sobre todo 257
la sobremesa 242
la soga 242
el sol 243
solo 243
sólo 243
soltar el trapo 259
soltar la sin hueso 135
soltar un suspiro de alivio 246
el son 243

316

Indice Español

sonado 244
sonar 244
sonar a 244
la sonrisa 244
soñar 244
soñar con 244
la sopa 244
sordo 244
la sorpresa 245
soslayo 245
la subasta 245
subir andando 16
subirse a las barbas 28
subírsele a la cabeza 39
subírsele el pavo 195
súbito 245
sucesivo 245
sudar la gota gorda 123
sueco 245
el sueño 245
un sueño hecho realidad 246
la suerte 246
sufragar los gastos 121
sufrir un examen 107
la suma 246
sumo 246
supuesto 246
el suspiro 246
el susto 247
el susurro 247
suyo 247

tal 247
un tal 248
tal como 247
tal cual 248
tal vez 270
el talante 248
tantas veces 270
tanto 248
un tanto 249
tanto . . . como . . . 248
Tanto mejor. 161
Tanto monta el uno como el otro. 248

Tanto va el cántaro a la fuente que alguna vez se quiebra. 45
la tapa 249
la tapia 249
tardar 249
tardar poco 250
tarde 250
la tarde 250
tarde o temprano 250
la tarea 250
el teléfono 250
el telegrama 250
el tema 250
temblar 250
temblar como un azogado 26
temblar de miedo 251
tender un lazo 146
tenderse a la bartola 28
tener 251
tener a bien 251
tener a deshonra 86
tener a menos 251
tener a raya 221
tener . . . abriles 3
tener afición a 7
tener algo de 251
tener antipatía a 18
tener . . . años 19
tener atadas las manos 157
tener buen oído 181
tener buen ojo 182
tener buen ver 267
tener buena (mala) prensa 210
tener buenas aldabas 11
tener (gran) cabida 39
tener calor 42
tener cara de enfado 46
tener celos 52
tener (mucho) colmillo 55
tener como (por) 251
tener con qué 251
tener (mayores) consecuencias 61
tener corazón de piedra 64
tener cuidado 75
tener . . . de 251
tener derecho a 83
tener deseos de 85
tener dolor de . . . 92

Indice Español

tener don de gentes 92
tener edad 95
tener el descuido de no 84
tener el don de mando 92
tener el riñón bien cubierto 229
tener empeño en 96
tener en cuenta 73
tener en la punta de la lengua 215
tener en poco 207
tener en un puño 216
tener entre algodones 12
tener entre ceja y ceja 52
tener fama de 111
tener frío 117
tener ganas de 120
tener (mucha) gracia 124
tener gusto 127
tener hambre 130
tener inconveniente 138
tener la bondad 33
tener la costumbre de 69
tener la culpa 75
tener la evidencia 107
tener la intención de 140
tener la mira puesta en 166
tener la ocurrencia de 180
tener la palabra 186
tener la razón de su parte 222
tener la seguridad de 236
tener los huesos molidos 136
tener los nervios de punta 175
tener lugar 150
tener madera para 153
tener mal genio 122
tener mala cara 46
tener malas pulgas 214
tener miedo 165
tener mucho interés en que 140
tener mucho mundo 172
tener mucho ojo con 182
tener muchos bemoles 29
tener pájaros en la cabeza 185
tener por costumbre 69
tener presente 210
tener prisa 212
tener puesto 251
tener que 251
tener . . . que 252

tener que ver con 252
tener razón 222
tener salud de piedra 233
tener sed 236
tener sentido 237
tener sin cuidado 75
tener su ijada 137
tener suerte 243
tener tres bemoles 29
tener un disgusto 90
tener vergüenza 268
tenerle en vilo 272
la teoría 252
terminar 252
terminar por 252
el término 252
el terreno 252
el tiempo 253
tiempo atrás 254
la tienta 254
el tiento 255
la tierra 255
tierra adentro 255
el tintero 255
tirar coces 69
tirarle de la lengua 147
tirarle del pelo 197
el tiro 255
el tirón 255
tocante 256
tocante a 256
tocar 256
tocar a muerto 172
tocar de oído 181
tocar el claxon 54
tocar en lo vivo 274
tocar la bocina 54
tocar madera 153
tocarle 256
toda clase de 54
todavía 256
todavía no 256
todo 256
todo cuanto 71
todo el mundo 173
todo el santo día 87
todo lo posible 209
Todo saldrá en la colada. 55

Indice Español

todos los 257
tomar 257
tomar a broma 35
tomar a mal 257
tomar a pecho(s) 196
tomar a pretexto 211
tomar a risa 229
tomar aliento 12
tomar asiento 23
tomar el fresco 117
tomar el sol 243
tomar el velo 265
tomar en cuenta 73
tomar en serio 239
tomar la delantera 82
tomar la vuelta de 276
tomar las calzas de Villadiego 42
tomar las cosas con calma 67
tomar las de Villadiego 42
tomar nota de 177
tomar parte en 190
tomar partido 191
tomar por 257
tomar por la escalera arriba 101
tomar posesión de 209
tomar sobre sí 257
tomar una determinación (decisión) 86
tomarle el pelo 197
tomarle (el) gusto 127
tomarlo a mal 257
tomarse el trabajo de 257
¡Tome! 257
ton 257
el tono 257
tonto 257
el torneo 258
el tornillo 258
el torno 258
la torta 258
total 258
trabajar como un buey 36
trabajar de firme 114
trabajar como un fiera 112
el trabajo 259
trabar amistad con 15
trabársele la lengua 147
traer escrito en la frente 117
traer por la calle de la amargura 43

tragar el anzuelo 18
tragar saliva 233
tragarse la píldoro 204
el trago 259
traído por los pelos 197
la trampa 259
el trance 259
el trapo 259
tratar 259
tratar con 259
tratar de 260
tratarlo de 260
tratarse 260
tratarse de 260
el trato 260
¡Trato hecho! 260
el través 260
trece 260
el trecho 260
la tregua 260
la tripa 261
el tris 261
el triunfo 261
la triza 261
tronar 261
tronar con 261
el tronco 261
el tropel 261
tropezar 262
tropezar con 262
el tropezón 262
tumbarse a la bartola 28
tuntún 262
el turno 262

último 262
unir la acción a la palabra 5
uno 262
uno a uno 3
uno de tantos . . .s 249
uno que otro 262
uno sí y otro no 240
uno tras otro 263
uno y otro 263
unos cuantos 263
unos y otros 263

Indice Español

la uña 263
el uso 263
El uso hace maestro. 263

va sin decir 80
la vacación 263
Vale tanto oro como pesa. 184
valer 263
valer la pena 198
valerse de 263
¡Válgame Dios! 90
el valle 264
valle de lágrimas 264
Vamos a ver. 266
vano 264
Vargas 264
variar 264
el vaso 264
¡Vaya una sugerencia! 141
Vaya usted a saber. 232
la vela 264
velar 265
velar por 265
el velo 265
la velocidad 265
vencer 265
vender 265
vender regalado 265
venir 266
venir a aparecer 266
venir a cuento 73
venir a las manos 157
venir a menos 266
venir a parar 266
venir al caso 50
venir como anillo al dedo 16
venir de perillas 199
venir de perlas 199
venir de regreso 224
venir en conocimiento de 60
venir mal de 266
venirle bien 266
venirse a las mientes 165
venirse abajo 3
la venta 266

la ventaja 266
ver 266
ver la luz 151
ver las estrellas 106
ver las orejas al lobo 184
ver mundo 173
ver y creer 267
las veras 267
¿verdad? 268
la verdad 267
verde 268
la vergüenza 268
verle el juego 142
verlo todo color de rosa 55
verlo venir 267
verse apurado 20
verse con 267
verse forzado (obligado) a 267
vestir 268
vestir de 268
la vez 268
una vez (dos veces) 270
el viaje 270
el viaje de ida y vuelta 270
la vida 270
la vida y milagros 271
viejo 271
un viejo lobo de mar 149
un viejo verde 271
el viento 271
el vigor 271
el vil metal 164
vilo 272
el vinagre 272
la virtud 272
la visita 272
la víspera 272
la vista 272
visto 273
el vistazo 273
viva 273
vivir 273
vivir al día 88
vivir de gorra 123
vivir pared por medio 188
vivo 274
volar con las propias alas 10
la voluntad 274

Indice Español

volver 274
volver a decirlo 274
volver a las andadas 16
volver a pie 203
volver en sí 274
volver sobre sus pasos 194
volverle la espalda 103
volverse loco 149
la voz 274
el vuelco 275
el vuelo 275
la vuelta 275

y así sucesivamente 23
y eso que 103
. . . y pico 202

y por si eso fuera poco 207
y tantos 249
ya 276
Ya basta de disparates. 28
ya ir para 141
¡Ya lo creo! 69
ya no 276
ya pasó 192
ya que 276
ya . . . ya . . . 276
yo 276
yo que usted 276

la zaga 276
Zamora 277
la zancadilla 277

PARTE II:
APÉNDICES

PART II:
APPENDIXES

Verbos Irregulares Ingleses
(English Irregular Verbs)

Las formas irregulares del presente se encuentran entre paréntesis después del infinitivo.

(Irregular forms of the present tense are listed in parentheses following the infinitive.)

Infinitivo	Pretérito	Participio pasado
to arise — levantarse	I arose — me levanté	I have arisen — me he levantado
to be (am, is, are) — ser estar	I was (pl. were) — fui estuve	I have been — he sido he estado
to beat — golpear	I beat — golpeé	I have beaten — he golpeado
to become — hacerse (llegar a ser)	I became — me hice	I have become — me he hecho
to begin — empezar	I began — empecé	I have begun — he empezado
to bet — apostar	I bet — aposté	I have bet — he apostado
to bind — ligar	I bound — ligué	I have bound — he ligado
to bite — morder	I bit — mordí	I have bitten — he mordido
to bleed — sangrar	I bled — sangré	I have bled — he sangrado
to blow — soplar	I blew — soplé	I have blown — he soplado
to break — romper	I broke — rompí	I have broken — he roto
to bring — traer	I brought — traje	I have brought — he traído
to build — construir	I built — construí	I have built — he construido
to burst — reventar	I burst — reventé	I have burst — he reventado
to buy — comprar	I bought — compré	I have bought — he comprado
(can) — poder	I could — pude	
to catch — coger	I caught — cogí	I have caught — he cogido
to choose — escoger	I chose — escogí	I have chosen — he escogido
to come — venir	I came — vine	I have come — he venido
to cost — costar	(it) cost — costó	(it has) cost — ha costado
to cut — cortar	I cut — corté	I have cut — he cortado
to dig — cavar	I dug — cavé	I have dug — he cavado
to do (does) — hacer	I did — hice	I have done — he hecho
to draw — dibujar tirar atraer	I drew — dibujé tiré atraje	I have drawn — he dibujado he tirado he atraído
to dream — soñar	I dreamed (dreamt) — soñé	I have dreamed (dreamt) — he soñado

Infinitivo	Pretérito	Participio pasado
to drink — beber	I drank — bebí	I have drunk — he bebido
to drive — impeler conducir	I drove — impelí conduje	I have driven — he impelido he conducido
to eat — comer	I ate — comí	I have eaten — he comido
to fall — caer	I fell — caí	I have fallen — he caído
to feed — alimentar	I fed — alimenté	I have fed — he alimentado
to feel — sentir	I felt — sentí	I have felt — he sentido
to fight — luchar	I fought — luché	I have fought — he luchado
to find — hallar encontrar	I found — hallé encontré	I have found — he hallado he encontrado
to flee — huir	I fled — huí	I have fled — he huido
to fly — volar	I flew — volé	I have flown — he volado
to forbid — prohibir	I forbade — prohibí	I have forbidden — he prohibido
to forget — olvidar	I forgot — olvidé	I have forgotten — he olvidado
to forgive — perdonar	I forgave — perdoné	I have forgiven — he perdonado
to forsake — abandonar	I forsook — abandoné	I have forsaken — he abandonado
to freeze — helar congelar	I froze — helé congelé	I have frozen — he helado he congelado
to get — conseguir obtener	I got — conseguí obtuve	I have got (gotten) — he conseguido he obtenido
to give — dar	I gave — di	I have given — he dado
to go (goes) — ir	I went — fui	I have gone — he ido
to grow — crecer	I grew — crecí	I have grown — he crecido
to hang — colgar	I hung — colgué	I have hung — he colgado
to have (has) — tener	I had — tuve	I have had — he tenido
to hear — oír	I heard — oí	I have heard — he oído
to hide — esconder	I hid — escondí	I have hidden — he escondido
to hit — pegar golpear	I hit — pegué golpeé	I have hit — he pegado he golpeado
to hold — tener	I held — tuve	I have held — he tenido
to hurt — lastimar dañar	I hurt — lastimé dañé	I have hurt — he lastimado he dañado
to ride — ir (a caballo o en vehículo)	I rode — fui	I have ridden — he ido
to ring — tocar sonar	I rang — toqué soné	I have rung — he tocado he sonado
to rise — subir levantarse	I rose — subí me levanté	I have risen — he subido me he levantado
to run — correr	I ran — corrí	I have run — he corrido
to say — decir	I said — dije	I have said — he dicho
to see — ver	I saw — vi	I have seen — he visto
to sell — vender	I sold — vendí	I have sold — he vendido

Infinitivo	Pretérito	Participio pasado
to send — enviar	I sent — envié	I have sent — he enviado
to set — poner	I set — puse	I have set — he puesto
to shake — sacudir	I shook — sacudí	I have shaken — he sacudido
to shine — brillar	I shined (shone) — brillé	I have shined (shone) — he brillado
to shoe — herrar	I shod — herré	I have shod — he herrado
to shoot — disparar tirar	I shot — disparé tiré	I have shot — he disparado he tirado
to show — mostrar	I showed — mostré	I have shown — he mostrado
to shut — cerrar	I shut — cerré	I have shut — he cerrado
to sing — cantar	I sang — canté	I have sung — he cantado
to sink — hundir	I sank — hundí	I have sunk — he hundido
to sit — sentarse	I sat — me senté	I have sat — me he sentado
to sleep — dormir	I slept — dormí	I have slept — he dormido
to slide — resbalar	I slid — resbalé	I have slid (slidden) — he resbalado
to speak — hablar	I spoke — hablé	I have spoken — he hablado
to spend — gastar	I spent — gasté	I have spent — he gastado
to spring — saltar brincar	I sprang — salté brinqué	I have sprung — he saltado he brincado
to stand — estar de pie ponerse de pie	I stood — estuve de pie me puse de pie	I have stood — he estado de pie me he puesto de pie
to steal — robar	I stole — robé	I have stolen — he robado
to stick — pegar(se) adherir	I stuck — (me) pegué adherí	I have stuck — (me) he pegado he adherido
to sting — picar pinchar	I stung — piqué pinché	I have stung — he picado he pinchado
to stink — heder	I stank — hedí	I have stunk — he hedido
to sweep — barrer	I swept — barrí	I have swept — he barrido
to swim — nadar	I swam — nadé	I have swum — he nadado
to swing — balancear columpiar	I swung — balanceé columpié	I have swung — he balanceado he columpiado
to take — tomar	I took — tomé	I have taken — he tomado
to teach — enseñar instruir	I taught — enseñé instruí	I have taught — he enseñado he instruido
to tear — rasgar romper	I tore — rasgué rompí	I have torn — he rasgado he roto
to tell — decir contar	I told — dije conté	I have told — he dicho he contado
to think — pensar	I thought — pensé	I have thought — he pensado
to throw — echar arrojar	I threw — eché arrojé	I have thrown — he echado he arrojado
to understand — entender	I understood — entendí	I have understood — he entendido
to wake — despertar	I waked (woke) — desperté	I have waked (woken) — he despertado

Infinitivo	Pretérito	Participio pasado
wear — llevar usar (ropa)	I wore — llevé usé	I have worn — he llevado he usado
weep — llorar	I wept — lloré	I have wept — he llorado
ll) — querer	I would — querría	
win — ganar	I won — gané	I have won — he ganado
wind — devanar	I wound — devané	I have wound — he devanado
write — escribir	I wrote — escribí	I have written — he escrito

Abbreviations — English-Spanish
(Abreviaturas — Inglés-Español)

Abbreviation	Meaning	Spanish equivalent	Spanish abbreviation
		A	
A.B.	Bachelor of Arts	Bachiller en Artes	
a.c.	alternating current	corriente alterna	c.a.
A.D.	Anno Domini	Año de Cristo	A.C.
ADC	aide-de-camp	ayudante de campo; edecán	
ad lib	at will; without restraint	a libertad	ad lib.
Ala.	Alabama	Alabama	
Alas.	Alaska	Alaska	
A.M., a.m.	ante meridiem; before noon	de la mañana	a.m.
anon.	anonymous	anónimo	X.
Apr.	April	abril	
apt.	apartment	apartamento	ab.
Ariz.	Arizona	Arizona	
Ark.	Arkansas	Arkansas	
assn.	association	asociación	
asst.	assistant	asistente; ayudante	
att(n).	(to the) attention (of)	atención	
atty.	attorney	abogado	
at. wt.	atomic weight	peso atómico	p.a.
Aug.	August	agosto	agto.
Av., Ave.	Avenue	avenida	Av., av
AWOL	absent without leave	ausente sin licencia	
		B	
b.	born	nacido	n.
B.A.	Bachelor of Arts	Bachiller en Artes	
B.C.	Before Christ	antes de Jesucristo	A. de C
B.D.	Bachelor of Divinity	Bachiller en divinidad	
bldg.	building	edificio	
Blvd.	Boulevard	bulevar	
Br.	British	Británico	
B.S.	Bachelor of Science	Bachiller en Ciencias	
		C	
C.A.	Central America	Centro América	C.A.
Calif., Cal.	California	California	

328

Abbreviation	Meaning	Spanish equivalent	Spanish abbreviation
Can.	Canada	Canadá	
Capt.	Captain	Capitán	Cap., Capn.
C.E.	Christian Era	era cristiana	
cf.	compare	compárese	comp.
ch., chap.	chapter	capítulo	capo., cap.
cm.	centimeter	centímetro	cm.
c/o	in care of	casa de	a/c, c/de
Co.	Company	compañía	Cía., C.
C.O.D.	Collect (or Cash) on Delivery	cóbrese al entregar	C.A.E.
Col.	Colonel	Coronel	Cnel.
Colo.	Colorado	Colorado	
Comdr.	Commander	Comandante	Cdte.
Conn., Ct.	Connecticut	Connecticut	
Corp.	Corporation	Sociedad Anónima	S.A.
C.P.A.	Certified Public Accountant	Contador Público Titulado	C.P.T.
cr.	credit	crédito	
cu.	cubic	cúbico	cú.
C.Z.	Canal Zone	Zona del Canal	

D

Abbreviation	Meaning	Spanish equivalent	Spanish abbreviation
D.A.	District Attorney	Fiscal de Distrito	
d.c.	direct current	corriente directa	c.d.
D.D.	Doctor of Divinity	Doctor en Divinidad	D.D.
dec.	deceased	difunto	
Dec.	December	diciembre	dic.
Del.	Delaware	Delaware	
dept.	department	departamento	dpto.
dist.	district	distrito	d.
do.	ditto	lo mismo	do.
doz.	dozen	docena	dna., doc.
Dr.	Doctor	doctor	Dr.

E

Abbreviation	Meaning	Spanish equivalent	Spanish abbreviation
ea.	each	cada uno	c/u.
ed(s).	edition(s); editor(s)	edición(es); editor(es)	ed(s).
e.g.	for example	por ejemplo	p. ej.
enc.	enclosure	incluso	incl.
Eng.	England; English	Inglaterra; inglés	
Esq.	Esquire	Señor	Sr.
et al.	and others	y otros	et al.
etc.	and so forth; etcetera	etcétera	etc.
ext.	extension	extensión	ext.

Abbreviation	Meaning	Spanish equivalent	Spanish abbreviation

F.	Fahrenheit	Fahrenheit	
F.B.I.	Federal Bureau of Investigation	Oficina Federal de Investigaciones	
Feb.	February	febrero	febo.
fed.	federal	federal	
fem.	feminine	femenino	fem.
fig.	figurative; figure	figurativa; figura	fig.
fl.	fluid	fluido	
Fla.	Florida	Florida	
F.M.	Frequency Modulation	modulación de frecuencia	m.f.
f.o.b.	free on board	franco a bordo	f.a.b.
for.	foreign	extranjero	
Fri.	Friday	viernes	vier.
ft.	foot; feet	pie(s)	

G

Ga.	Georgia	Georgia	
gen.	gender	género	gen.
Gen.	General	General	Genl., Gral.
Ger.	Germany; German	Alemania; Alemán	
govt.	government	gobierno	gob.
gr.	gram	gramo	g.; gr.
Gr. Brit.	Great Britain	Gran Bretaña	
gro. wt.	gross weight	peso bruto	p.b.

H

hdqrs., HQ	headquarters	dirección general	D.G.
H.I.	Hawaiian Islands	Islas Hawaianas	
H.M.	Her (His) Majesty	Su Majestad	
H.M.S.	Her (His) Majesty's Ship		
Hon.	(The) Honorable	honorable	
h.p.	horsepower	caballo de fuerza	c.f., c. de f.
hr.	hour	hora	h.

Ia.	Iowa	Iowa	
id.	the same	lo mismo	id.

Abbreviation	Meaning	Spanish equivalent	Spanish abbreviation
Ida.	Idaho	Idaho	
i.e.	that is	esto es	i.e.
Ill.	Illinois	Illinois	
in(s).	inch(es)	pulgada(s)	pulg(s).
Inc.	incorporated	sociedad anónima	S.A.
Ind.	Indiana	Indiana	
Inst.	Institute	instituto	
I.O.U.	I owe you	vale	
I.Q.	intelligence quotient	cociente intelectual	c.i.
It.; Ital.	Italy; Italian	Italia; italiano	ital.
ital.	italics	itálica; bastardilla	

J

Jan.	January	enero	en.
Jap.	Japan	Japón	
J.C.	Jesus Christ	Jesucristo	J.C.
J.P.	Justice of the Peace	juez de paz	
Jr.	Junior	menor; hijo	h.
Jul.	July	julio	jul.
Jun.	June	junio	jun.

K

Kan(s).	Kansas	Kansas	
kg.	kilogram	kilogramo	Kg.
km.	kilometer	kilómetro	Km.
kw.	kilowatt	kilovatio	Kv., Kw.
Ky.	Kentucky	Kentucky	

L

La.	Louisiana	Louisiana	
lab.	laboratory	laboratorio	
lat.	latitude	latitud	
Lat.	Latin	latín	
lb(s).	pound(s)	libra(s)	lib(s).
l.c.	lower case	caja baja	c.b.
L.C.	Library of Congress	Biblioteca del Congreso	
Lieut., Lt.	Lieutenant	Teniente	Tte., Tente.
Lit. D.	Doctor of Letters	Doctor en Letras	Dr. en Let.
LL.D.	Doctor of Laws	Doctor en Leyes	Dr. en L.
loc. cit.	in the place cited	loco citado	loc. cit.

Abbreviation	Meaning	Spanish equivalent	Spanish abbreviation
long.	longitude	longitud	
Ltd.	Limited	Limitada	

M

Abbreviation	Meaning	Spanish equivalent	Spanish abbreviation
M.A.	Master of Arts	Maestro en Artes	A.M.
Maj.	Major	Comandante	
Mar.	March	marzo	mrz., mro.
masc.	masculine	masculino	m.
Mass.	Massachusetts	Massachusetts	
M.C.	Master of Ceremonies	Maestro de Ceremonias	
Md.	Maryland	Maryland	
M.D.	Doctor of Medicine	Doctor en Medicina	
Me.	Maine	Maine	
Messrs.	plural of Mr.	Señores	Sres.
Mex.	Mexico; Mexican	México; mexicano	Méx.; mex.
mfg.	manufacturing	fabricación	
mfr.	manufacturer	fabricante	
mg.	milligram	miligramo	mg.
Mgr.	Monsignor	monseñor	Mons.
Mich.	Michigan	Michigan	
min.	minute	minuto	m.
Minn.	Minnesota	Minnesota	
misc.	miscellaneous	misceláneo	
Miss.	Mississippi	Mississippi	
mm.	millimeter	milímetro	mm.
mo(s).	month(s)	mes(es)	m(s).
Mo.	Missouri	Missouri	
Mon.	Monday	lunes	lun.
Mont.	Montana	Montana	
M.P.	Military Police	Policía Militar	P.M.
m.p.h.	miles per (*or* an) hour	millas por hora	m.p.h.
Mr.	Mister	Señor	Sr.
Mrs.	Mistress, Mrs.	Señora	Sra.
Ms.	Miss *or* Mrs.	no Spanish equivalent	
ms.	manuscript	manuscrito	ms.
M.S.	Master of Science	Maestro en Ciencias	
Mt.	Mount; mountain	monte; montaña	

N

Abbreviation	Meaning	Spanish equivalent	Spanish abbreviation
n.	number; noun	número: sustantivo	n.
N.A.	North America	Norteamérica	

Abbreviation	Meaning	Spanish equivalent	Spanish abbreviation
nat., nat'l.	national	nacional	nac.
N.C.	North Carolina	North Carolina	
N.D.	North Dakota	North Dakota	
N.E.	New England	New England	
Neb.	Nebraska	Nebraska	
neut.	neuter	neutro	neut.
Nev.	Nevada	Nevada	
N.H.	New Hampshire	New Hampshire	
N.J.	New Jersey	New Jersey	
N. Mex., N.M.	New Mexico	New Mexico	
No.	number	número	n°.; núm.
Nov.	November	noviembre	nov.
nt. wt.	net weight	peso neto	no. n°.
N.Y.	New York	New York	
Oct.	October	octubre	oct.
O.K.	all right	visto bueno	V°. B°.
Okla.	Oklahoma	Oklahoma	
Ore.	Oregon	Oregon	
Oxf.	Oxford	Oxford	
oz(s).	ounce(s)	onza(s)	on(s)., onz.
p.	page	página	pág.
Pa.	Pennsylvania	Pennsylvania	
Pac.	Pacific	Pacífico	
Pan.	Panama	Panamá	
par.	paragraph	párrafo	
p.c.	per cent	por ciento	p.c.
pd.	paid	pagado	
Pfc.	Private first-class	soldado de primera	
Ph.D.	Doctor of Philosophy	Doctor en Filosofía	
Phila.	Philadelphia	Philadelphia	
P.I.	Philippine Islands	Islas Filipinas	
pl., plu.	plural	plural	pl.
P.M., p.m.	post meridiem; in the afternoon	de la tarde	p.m.
P.M.	Postmaster	Administrador de Correos	
P.O.	post office	oficina de correos	
P.O. Box	Post Office Box	apartado	apdo.
pp.	pages	páginas	págs.

Abbreviation	Meaning	Spanish equivalent	Spanish abbreviation
ppd.	prepaid	prepagado	p.p.
p.p.	parcel post	paquetes postales	
pr.	pair	par	
P.R.	Puerto Rico	Puerto Rico	P.R.
pres.	present	presente	pres.
Prof.	Professor	profesor	prof.
pron.	pronoun	pronombre	pron.
P.S.	Postscript	posdata	P.D., P.S.
pt.	pint	pinta	
pvt.	private	soldado raso	
P(O)W	Prisoner of War	prisionero de guerra	
pub., publ.	publisher	publicador	publ.

Q

qt(s).	quarts	cuarto(s) de galón	
Que.	Quebec	Quebec	

R

R.A.F.	Royal Air Force	Fuerzas Aéreas de Inglaterra	
R.C.	Roman Catholic	católico romano	
Rd.	road	camino	
ref.	reference	referencia	ref.
reg.	registered	registrado	reg.
regt.	regiment	regimento	
Rep.	Representative	representante	
Rep.	Republic	república	rep.
Rev.	Reverend	reverendo	R.; Rdo.
Rev.	Revolution	revolución	
R.I.	Rhode Island	Rhode Island	
riv.	river	río	
R.N.	Registered Nurse	Enfermera Titulada	
r.p.m.	revolutions per minute	revoluciones por minuto	r.p.m.
R.R.	Railroad	ferrocarril	f.c.
Ry.	Railway	ferrocarril	f.c.
R.S.V.P.	Please answer		

S

S.A.	South America	América del Sur	
Sat.	Saturday	sábado	sáb.
S.C.	South Carolina	South Carolina	

Abbreviation	Meaning	Spanish equivalent	Spanish abbreviation
Scot.	Scotland	Escocia	
S.D.	South Dakota	South Dakota	
sec.	second; section	segundo; sección	
secy.	secretary	secretario	secret^o.; srio.
Sen.	Senator	Senador	Sen.
Sept.	September	septiembre	sept^e.; set^e.; se^{bre}.
Sgt.	Sergeant	sargento	sgto.
sing.	singular	singular	
So.	South	sur	
Soc.	Society	sociedad	soc.
Sp.	Spain; Spanish	España; español	
sq.	square	cuadrado	cuad.
Sr.	Sister	hermana	
S.S.	steamship	vapor	
St.	Saint	San; Santo (-a)	S.; Sto.; Sta.
St.	Street	calle	
subj.	subject	sujeto	
Sun.	Sunday	domingo	dom^o.
supp.	supplement	suplemento	
Supt.	Superintendent	superintendente	supert^{te}.
tbs.	tablespoon	cuchara grande	
tel.	telephone; telegram	teléfono; telegrama	tel.; TLF
Tenn.	Tennessee	Tennessee	
Test.	Testament	Testamento	Test^{mto}.
Tex.	Texas	Texas	
Thur(s).	Thursday	jueves	juev.
TNT	trinitrotoluene	trinitrotuoleno	TNT
trans.	transitive; transportation	transitivo; transporte	
tsp.	teaspoon	cucharita	
Tue(s).	Tuesday	martes	mart.
TV	Television	televisión	T.V.
U., Univ.	University	universidad	
u.c.	upper case	caja alta	
U.K.	United Kingdom	Reino Unido	R.U.
U.N.	United Nations	Naciones Unidas	O.N.U.
U.S.A.	United States of America	Estados Unidos de América	E.U.A.
U.S.A.	United States Army	Ejército de los Estados Unidos	

Abbreviation	Meaning	Spanish equivalent	Spanish abbreviation
U.S.A.F.	United States Air Force	Fuerzas Aéreas de los Estados Unidos	
U.S.N.	United States Navy	Marina de Guerra de los Estados Unidos	
U.S.S.R.	Union of Soviet Socialist Republics	Unión de las Repúblicas Socialistas Soviéticas	U.R.S.S.

V

v.	verb; volt	verbo; voltio	v.
Va.	Virginia	Virginia	
V.D.	venereal disease	enfermedad venérea	
Ven.	Venerable	venerable	v.
Visc.	Viscount	vizconde	
viz.	namely	a saber	v.g., v.gr
vol.	volume	tomo; volumen	t.; vol.
V.P.	Vice President	vice presidente	
vs.	versus; against	contra	
Vt.	Vermont	Vermont	

W

w.	watt	vatio, watio	v., w.
Wash.	Washington	Washington	
W.C.	water closet	servicio (de aseo)	serv.
Wed.	Wednesday	miércoles	miérc.
Wisc.	Wisconsin	Wisconsin	
wk(s).	week(s)	semana(s)	
wt.	weight	peso	pº.
W. Va.	West Virginia	West Virginia	
Wyo.	Wyoming	Wyoming	

Y

yd(s).	yard(s)	yarda(s)	yd(a).
yr(s).	year(s)	año(s)	

Z

Z.	Zone	zona	

Abreviaturas — Español-Inglés
Abbreviations — Spanish-English

Abreviatura	Significado	Equivalente inglés	Abreviatura inglesa

A

ab.	abril	April	Apr., Apl.
a. de J.C.	antes de Jesucristo	Before Christ	B.C.
admor.	administrador	administrator	adm., admin.
afmo.	afectísimo	yours truly	yrs. trly.
agr.	agricultura	agriculture	agric.
agto.	agosto	August	Aug.
a.m.	de la mañana	in the morning	A.M., a.m.
art.	artículo	article	art.
Arzbpo.	Arzobispo	Archbishop	Arch.
apdo.	apartado	Post Office box	P.O. Box
atto.	atento	yours truly	yrs. trly.
av.	avenida	avenue	Av., Ave.

B

Br.	Bachiller	Bachelor (academic)	B., b.

C

c.	centígrado	centigrade	c., cent.
c.a.	corriente alterna	alternating current	a.c.
cap.	capítulo	chapter	ch., chap.
Cap., capn.	Capitán	Captain	Capt.
c.d.	corriente directa	direct current	d.c.
c.f., c. de f.	caballo de fuerza	horsepower	hp., h.p.
cg.	centigramo	centigram	cent.
Cía.	Compañía	Company	Co.
cm.	centímetro	centimeter	cm.
Cnel.	Coronel	Colonel	Col.
C.P.T.	Contador Público Titulado	Certified Public Accountant	C.P.A.
c/u	cada uno	each	ea.

D

D.; Da.	Don; Doña	(titles of respect; no English equiv.)	
der., dra(-o).	derecha(-o)	right	r., rt.

337

Abreviatura	Significado	Equivalente inglés	Abreviatura inglesa
D.F.	Distrito Federal	Federal District	F.D.
dic.	diciembre	December	Dec.
dls.	dólares	dollars	dls.
dom.	domingo	Sunday	Sun.
Dr.	Doctor	Doctor	Dr.

E

EE.UU.	Estados Unidos	United States	U.S.(A.)
en.	enero	January	Jan.
E.P.D.	en paz descanse	(May he) Rest in Peace	R.I.P.
etc.	etcétera	and so on	etc.
E.U.(A.)	Estados Unidos (de América)	United States (of America)	U.S.(A.)
Exca.	Excelencia	(Your) Excellency	Exc.

F

F.	Fahrenheit	Fahrenheit	F.
f.a.b.	franco a bordo	free on board	fob.
facta., fra.	factura	invoice	inv.
F.C.	ferrocarril	railway; railroad	ry.; rr., R.R.
feb.	febrero	February	Feb.

G

g(r).	gramo	gram	gr.
gnte., gte.	gerente	manager	mgr.
gob.	gobierno; gobernador	government; governor	govt.; gov.
Gral.	General	General	Gen.

H

h.	hijo	son; Junior	Jr.
hect.	hectárea	hectare	ha.
Hnos.	Hermanos	Brothers	Bros.
hosp.	hospital	hospital	hosp.

I

ib.	ibídem	in the same place	Ibid.
id.	ídem	the same	id.
Ilmo(-a).	Ilustrísimo(-a)	Most Illustrious	Mt. Illus.
impr.	imprenta	publishing house	pub., publ.

Abreviatura	Significado	Equivalente inglés	Abreviatura inglesa
Ing.	Ingeniero	engineer	engr.
ingl.	inglés	English	Eng., Engl.
izq.	izquierda	left	l.

J

J.C.	Jesucristo	Jesus Christ	J.C.
jue.	jueves	Thursday	Thur., Thurs.

K

kg.	kilogramo	kilogram	kilo.
km.	kilómetro	kilometer	km., kilom.
kv.	kilovatio	kilowatt	kw.
k.p.h.	kilómetros por hora	kilometers per hour	k.p.h.

L

l.	litro	liter	lit.
L.A.B.	libre a bordo	free on board	fob.
lb(s).	libra(s)	pound(s)	lb(s).
Lic.	Licenciado	Licentiate	Lic., L.
lun.	lunes	Monday	Mon.

M

mar.	martes	Tuesday	Tu., Tue., Tues.
med.	medicina	medicine	med.
mg.	miligramo	milligram	mg.
miérc.	miércoles	Wednesday	Wed.
mm.	milímetro	millimeter	mm.
m/n	moneda nacional	national currency	
Mons.	Monseñor	Monsignor	Msgr., Monsig.
mrz., mzo.	marzo	March	Mar.
m.p.h.	millas por hora	miles per hour	m.p.h.

N

n.	nacido	born	b.
nac.	nacional	national	nat., natl.
No., núm.	número	number	no.
nov.	noviembre	November	Nov.
N.S.	Nuestro Señor	Our Lord	

Abreviatura	Significado	Equivalente inglés	Abreviatura inglesa

O

oct.	octubre	October	Oct.
(O)NU	(Organización de) Naciones Unidas	(Organization of) United Nations	U.N.
onz., on(s).	onza(s)	ounce(s)	oz(s).

P

pág(s).	página(s)	page(s)	p., pp.
P.D., P.S.	Posdata	postscript	P.S.
p.ej.	por ejemplo	for example	e.g.
pl.	plural	plural	pl., plu.
p.p.	porte pagado	postage paid	p.p., P.P.
ppdo.	próximo pasado	last	
P.R.	Puerto Rico	Puerto Rico	P.R.
pral.	principal	principal	pral.
prof.	profesor	professor	prof.
pta(s).	peseta(s)	peseta(s)	

R

Rep.	República	Republic	Repub.
r.p.m.	revoluciones por minuto	revolutions per minute	r.p.m.

S

S.	San(to); Santa	Saint	St.
S.A.	Sociedad Anónima	Corporation	Corp., Inc.
sáb.	sábado	Saturday	Sat.
S.A. de C.V.	Sociedad Anónima de Capital Variable	Corporation with variable capital	
sept.	septiembre	September	Sep., Sept.
S.M.	Su Majestad	His (Her) Majesty	H.M.
Sr(es).	Señor(es)	Sir, Mister; Sirs, Gentlemen	Mr.; Messrs
Sra(s).	Señora(s)	Madam, Mrs.; Mesdames, Ladies	Mrs., Ms.
Srta(s).	Señorita(s)	Miss(es)	Miss, Ms.
sria.	secretaria	secretary	sec., secy.
sría.	secretaría	Office of the Secretary	
S.S.	seguro servidor	Yours truly	yrs. trly.
S.S.S.	su seguro servidor	Yours truly	yrs. trly.

Abreviatura	Significado	Equivalente inglés	Abreviatura inglesa
t(on).	tonelada	ton	t.
TNT	trinitrotolueno	trinitrotoluene	TNT
Tte., Tente.	Teniente	Lieutenant	Lt., Lieut.
U., Ud.	usted	you (polite sing. or pl.)	
U.R.S.S.	Unión de Repúblicas Socialistas Soviéticas	Union of Soviet Socialist Republics	U.S.S.R.
V., Vd.; Vds.	usted; ustedes	you (polite sing.); you (pl.)	
v.	verbo	verb	v., vb.
v.gr.	verbigracia	for example	e.g.
vier.	viernes	Friday	Fri.
V.M.	Vuestra Majestad	Your Majesty	
vol.	volumen	volume	vol.
yd(a).; yd(as).	yarda(s)	yard(s)	yd(s).

PESOS Y MEDIDAS
(WEIGHTS AND MEASURES)

Medidas Métricas (Metric Measures)

PESOS
(Weights)

Tonelada	2204.6 lb.	Ton	2204.6 lbs.
Kilogramo	2.2046 lb.	Kilogram	2.2046 lbs.
Gramo	15.432 granos.	Gram	15.432 grains.
Centigramo	0.1543 granos.	Centigram	0.1543 grains.

LINEALES
(Linear)

Kilómetro	0.62137 millas.	Kilometer	0.62137 miles.
Metro	39.37 pulgadas.	Meter	39.37 inches
Decímetro	3.937 pulgadas.	Decimeter	3.937 inches
Centímetro	0.3937 pulgadas.	Centimeter	0.3937 inches
Milímetro	0.03937 pulgadas.	Millimeter	0.03937 inches

CAPACIDAD
(Capacity)

Hectolitro		2.838 bushels	Hectoliter		2.838 bushels
	o	26.418 galones.		or	26.418 gallons.
Litro		0.9081 cuarto de galón (áridos)	Liter		0.9081 dry qt.
	o	1.0567 cuarto de galón (líq.)		or	1.0567 liq. qts.

VOLUMEN
(Cubic)

Metro cúbico	1.308 yardas^3	Cubic meter	1.308 cu. yards
Decímetro cúbico	61.023 pulgadas^3	Cubic decimeter	61.023 cu. inches
Centímetro cúbico	0.0610 pulgadas^3	Cubic centimeter	0.0610 cu. inches

SUPERFICIE
(Surface)

Kilómetro cuadrado	247.104 acres.	Sq. kilometer	247.104 acres.
Hectárea	2.471 acres.	Hectare	2.471 acres.
Metro cuadrado	1550 pulgadas^2	Square meter	1550 sq. inches
Decímetro cuadrado	15.50 pulgadas^2	Square decimeter	15.50 sq. inches.
Centímetro	0.155 pulgadas^2	Square centimeter	0.155 sq. inches.

WEIGHTS AND MEASURES
(PESOS Y MEDIDAS)

U.S. Measures (Medidas de E.U.A.)

Weights
(Pesos)

Onza (avoirdupois)	28.35 gms.	Ounce (avoirdupois)	28.35 grams.
Libra	0.4536 kgs.	Pound	0.4536 kgs.
Tonelada larga	1.0161 ton. met.	Long ton	1.0161 met. tons.
Tonelada corta	0.9072 ton. met.	Short ton	0.9072 met. tons.
Grano	0.0648 gms.	Grain	0.0648 grams.

Linear
(Lineales)

Milla	1.6093 kms.	Mile	1.6093 kms.
Milla marina	1.853 kms.	Naut. mile	1.853 kms.
Yarda	0.9144 ms.	Yard	0.9144 ms.
Pie	0.3048 ms.	Foot	0.3048 ms.
Pulgada	2.54 cms.	Inch	2.54 cms.

Capacity
(Capacidad)

Cuarto de gal. (líq.)	0.9463 litros.	Liquid quart	0.9463 liters.
Cuarto de gal. (áridos)	1.101 litros.	Dry quart	1.101 liters.
Galón	3.785 litros.	Gallon	3.785 liters.
Bushel	35.24 litros.	Bushel	35.24 liters.

Cubic
(Volumen)

Pulgada cúbica	16.387 cm.^{3}	Cubic inch	16.387 cu. cm.
Pie cúbico	0.0283 m.^{3}	Cubic foot	0.0283 cu. ms.
Yarda cúbica	0.7646 m.^{3}	Cubic Yard	0.7646 cu. ms.

Surface
(Superficie)

Acre	0.4453 hectáreas	Acre	0.4453 hectares.
Milla cuadrada	259 hectáreas	Square mile	259 hectares.
Yarda cuadrada	0.8361 m.^{2}	Square yard	0.8361 sq. meters.
Pie cuadrado	929.03 cms.^{2}	Square foot	929.03 sq. cms.
Pulgada cuadrada	6.4516 cms.^{2}	Square inch	6.4516 sq. cms.

By Gladys C. Lipton,
Asst. to Dir., Bureau of Foreign Languages, Board of Education of the City of New York;
and Olivia Muñoz,
Dir., Foreign Language Instruction, Houston Independent School District.

- 1300 word entries spotlighting the most commonly used words—a dictionary especially for beginners
- special reference tables—bilingual number tables, measurements, grammatical terms, classroom expressions, and more

Each word entry is followed by a pronunciation key and includes a sentence example using the word; idiomatic expressions are included. The overall format of the book is simple. $4.50 paper

At your local bookseller or order direct adding 10% postage plus applicable sales tax.
BARRON'S EDUCATIONAL SERIES, INC. 113 Crossways Pk. Dr., Woodbury, N.Y. 11797

1001 PITFALLS IN SPANISH

Cover common pitfalls in vocabulary nuances, grammar, usage, and style, each illustrated by contrasting examples. All topics are arranged in alphabetical order for easy reference. Ideal for use in courses and for gaining fluency in Spanish language. $3.95 pa.

At your local bookseller or order direct adding 10% postage plus applicable sales tax.

BARRON'S EDUCATIONAL SERIES, INC.
113 Crossways Park Drive, Woodbury, New York 11797

201-501 VERBS
fully conjugated in all the tenses

New verb handbooks indispensable to foreign language study, to be used with any standard texts.

These specialized dictionaries serve the twofold function of rapid reference and systematic mastery of the most commonly used foreign language verbs. In addition to regular verb formations with their English equivalents, they include the most frequently used verbs which are irregular in some way.

___ 201 Arabic Verbs	$10.95	___ 201 Spanische Verben	$3.95
___ 201 Chinese Verbs	$9.95	___ 201 Spanish Verbs	$2.50
___ 201 Danish Verbs	$7.95	___ 201 Swedish Verbs	$5.95
___ 201 Dutch Verbs	$7.95	___ 201 Turkish Verbs	$7.95
___ 201 Franzosische Verben	$3.95	___ 201 Verbes Anglais	$3.95
___ 201 French Verbs	$2.50	___ 201 Verbes Espagnols	$3.95
___ 201 German Verbs	$2.95	___ 201 Verbos Franceses Conjugados en todos Sus Tiempos y Personas	$3.95
___ 201 Modern Greek Verbs	$8.95		
___ 201 Hebrew Verbs	$5.50		
___ 201 Italian Verbs	$3.50	___ 201 Verbos Ingleses	$7.95
___ 201 Japanese Verbs	$3.95	___ 201 Vietnamese Verbs	$7.95
___ 201 Latin Verbs	$2.95	___ 201 Yiddish Verbs	$6.95
___ 201 Polish Verbs	$5.50	___ 501 French Verbs	$4.50
___ 201 Portuguese Verbs	$4.50	___ 501 German Verbs	$4.95
___ 201 Russian Verbs	$4.50	___ 501 Spanish Verbs	$4.75

At your local bookseller or order direct adding 10% postage, plus applicable sales tax.
All prices subject to change without notice.

BARRON'S EDUCATIONAL SERIES, Inc.
113 Crossways Park Drive, Woodbury, New York 11797